U0661378

New Exploration
in Classical Aesthetics

刘士林 著

古典美学新探

上海交通大学出版社
SHANGHAI JIAO TONG UNIVERSITY PRESS

内容提要

本书是关于中西古典美学研究的理论成果。共包括上、中、下三卷。上卷为康德美学解读,主要讨论美学本体论、审美活动主体基础、审美活动伦理基础、审美活动学科基础。中卷为中国文章之美赏论,主要包括庄子《让王篇》与中国士大夫生命美学原理、《论语·先进篇·子路侍坐章》与中国文章之美的深层结构、曹植《洛神赋》与男性政治欲望的审美化过程、王羲之《兰亭集序》与中国文章的"伤逝"审美情怀。下卷为艺术文化评议,主要涉及公共艺术、真正艺术与通俗艺术、形象文化时代的思想启蒙、中国话语与中国情感等。附录中收有作者关于西方美学家的文章及关于作者美学研究的采访数篇,有助于读者全面了解本书的研究对象及作者本人在美学理论上的独特研究视野和方法。

图书在版编目(CIP)数据

古典美学新探/ 刘士林著. — 上海:上海交通大学出版社, 2020
ISBN 978-7-313-22791-1

Ⅰ. ①古… Ⅱ. ①刘… Ⅲ. ①美学—研究 Ⅳ. ①B83

中国版本图书馆 CIP 数据核字(2019)第 295990 号

古典美学新探
GUDIAN MEIXUE XINTAN

著　　者:	刘士林		
出版发行:	上海交通大学出版社	地　　址:	上海市番禺路 951 号
邮政编码:	200030	电　　话:	021-64071208
印　　制:	上海新艺印刷有限公司	经　　销:	全国新华书店
开　　本:	880 mm×1230 mm　1/32	印　　张:	10
字　　数:	237 千字		
版　　次:	2020 年 11 月第 1 版	印　　次:	2020 年 11 月第 1 次印刷
书　　号:	ISBN 978-7-313-22791-1		
定　　价:	68.00 元		

前言　诗性智慧与中国美学的现代性

在 20 世纪 90 年代越来越五花八门的美学话语、著述和丛书中,最可怕的是,对之望而却步的不再是老先生、导师、权威;而是年轻的学生,是青年学生的冷漠与疏离。问为什么,则曰读不懂。这是一个令人寒心的现实。美学不是感性学吗? 为什么最富于生命活力的热烈青春不接纳它? 美学不是最讲超功利吗? 为什么最富于幻想的纯洁心灵弃之于不顾? 在悲叹美学无论如何已经热不起来的同时,先不要指责商业社会、文化转型等现实境况,冷静地反思一下自身倒更有益处。哪个少年不善钟情,哪个少女不善怀春,这是人性本身的至真至纯。因而不能说是人生拒绝了美学,只能说我们的美学研究背弃了它与生命存在古老的契约。而且还应该指出:80 年代的美学热,实际上是由朦胧诗和伤痕小说开启的,正是凭借这一股感性东风美学才飞舞于华土。然而曾几何时,在理性与知识的导向下,我们的美学研究在挣摆它的感性大地之后,也终于迎来了它门前冷落的黄昏。

美学书没有人买,根源在于美学不"美"。这是一种美的异化,是灰色美学理论与充满生机的自由审美活动之间最严重的脱节。那么必须予以追究的问题是:造成这种情况的原因究竟何在?

首先,中国美学研究的理性化与科学化情结严重遮蔽了它根本的感性与艺术性本质的澄明。这主要是受西方古典哲学美学影响。它剥夺了美学研究根本的审美尺度，也放逐了审美经验与艺术情感的中心性；而把逻辑结构、新方法论以及对各种时髦哲学话语的鹦鹉学舌当作了理想目标。固然它使美学研究逻辑严谨、不苟言笑且理性盎然；但本质上是以理性训练来非法替换感性享受，所以美学研究必然要从"（审美学的）诗"异化为"（知识学的）思"。它由此而丧失本体以及对人性审美自由的呵护。况且美学之思充其量只能成为一团心理、情绪与概念的荒诞组合，它们连理性的清晰的形式美也难以达到。而美的本义在于它是一种高于哲学的"诗"，它不仅超越"思"的过程与方式；作为一种人性生而固有的直观直觉能力与诗化形式结构，它也正是救治被"思"所扰乱的"躯体的智慧"的唯一手段。

其次，中国美学研究格外注重的是死亡、悲剧、审丑与不和谐。这种心态本身就值得反思，美学在这里越出了它的有效范围，更多地是在做着伦理学的工作。死亡、悲剧、苦难、丑恶，与人的意志功能相关，本就是属于伦理学的对象。当美学不是以审美方式去化解个体的压抑、焦虑与孤独，而是以刺激意志的方式造成诸心理功能之间更多的破裂与矛盾时，它实则已成为"理性的狡黠"的一种工具。丧失了其本体功能，也必然丧失它的本体存在。毋庸讳言，这是深受西方现代存在哲学影响的结果，所以其主题、术语、思维方式、价值观念也都如出一辙。这种美学研究的伦理化，是导致中国美学异化为非美学的一个重要学术根源。而中国民族思维中浓烈的道德理想主义精神，不仅使我们难以对这种异化产生积极的批判，而且它还从传统中获得了极大的庇护与鼓励。这正是中国美学积重难返的一个重要原因。

最后，既然美学在"真的追求"与"善的探索"时都迷失了自身，那么是否如李泽厚所云"美是真与善的统一呢"？答曰："非也。"因为作为一种统一体无论多么精巧或美妙，美的存在结构都只能是一种附属的、次生的、化合的文化心理产品。这样美不仅从此丧失了人性本源资格（即不再与真、善相并立成为人性的三大基本精神要素），而且也为取消美在生命结构中的本体论内涵打开了逻辑通道。实际上，正是这种充满理性狡黠的统一论，取消了美的本体论证明的必要性，并导致美学研究对象的失落或倒错，于是美学研究只能或倾斜于哲学或倾斜于伦理学，而唯独不能显现出它自身的独立存在结构。这既是美学研究无法建构自身的对象性与实在性，也是从真、善角度替代审美维度阐释自由（实则异化、遮蔽美的本体存在）的根源。它还直接导致了美学研究的二律背反，如主观派与客观派、形式派与内容派、心理主义与理性主义等等。美的本质，不是被替代为以"真"为主导结构的"真善结构"，便是被替代为以"善"为主导结构的"善真结构"，其中充斥的只是"智慧的快乐"或"道德愉悦"，而唯独没有审美快感。

我对于美学根本的觉醒就是终于领悟到美的本体性：美就是美。

但这又不是说，美与真、善无关。美学和知识学一样，需要有思维，有知识。但它更是一种反思维的思维方式，批判知识的知识学。与知识学以其知识框架把所有对象抽象化为概念存在、与理性思维以其逻辑框架把整个宇宙构造为人化自然正相反，美学知识要做的真正工作是将抽象化的对象还原为真实的存在本身，是对人与万物按照理性／伦理性原则所结成的文明契约的否定，是一种让万物按照它自身固有的内在尺度澄明于世界的诗性智慧。在某种意义上，它也可以说是"化对象"，即让对象从异化中回归它自身并以它固有的方式显现在世界中。它是偶然的，不具备逻辑上的规律性，但它又从未背弃过宇宙的"四时明法"；它不是真理，也不可能达到理性的统一，但它又与一种"天地大美"相濡以沫。可以称之为美学知识，但这种"知识"绝不同于日常世界中的实用知识，相反它的存在正是要彰显日常知识与思维的有限性；正是在这种界限之外，人的生命精神才找到了实现其本质力量的对象：

"景外之景""秘响旁通""水中月""镜中花"等。这既是它的世界,也是它的语言之家。

美学与伦理学一样,需要有直觉的超规律作用,并且只有摆脱日常的经验功利计较后才能显发自身。但这两种直觉形式所得到的内容却迥然相异。伦理直觉所获得的一切从不可能超出神秘的主体世界,是对其类本质中某种超出了自然规定的自我意识的澄明。但由于伦理直觉、伦理主体的发展与生成以及道德意志的自由实践,必须建立在伦理主体与生命自然力量对峙、分裂与斗争的基础上,它的自由度越高也就必然以更为沉重的文明异化为代价,所以从逻辑上讲就不可能解决人与自然的矛盾以及实现人生的根本性和谐。而美学直觉则真正突破了主体性的文明防线,它不仅走出了纯粹理性的先验王国,同时也真正破除了个体意志的类之牢狱。从本质上讲,美学直觉是一种对宇宙万物固有关系的再发现,是对世界原始状态的澄明,是一种把人类生产为人类,把万物生产为万物,把世界澄明为世界的审美建造方式。只有在审美直觉中,人类才真正失去了不堪重负的类的锁链,以"吾丧我"的方式得到了真正的整个世界。此时伦理直觉阶段的紧张与焦虑也就风烟俱净,而代之以一种融汇于宇宙中的轻松愉快的审美自由。中国古代诗人经常讲到的"懒""闲""乐""欢喜""漫与""浑然"等意象,所指征的就是这种伦理主体的消解和生命的平常道心的复活。它是一种真正的回归,是"少小离家老大回",是"布裙犹是嫁时衣",是"少无适俗韵,性本爱丘山。误落尘网中,一去三十年。羁鸟恋旧林,池鱼思故渊",是主体的"故态"复萌与"反观"自身,是在洞破与超越了类的意志功能之后的真正解脱。所以我说审美活动的目的不是康德标举的"道德—文化的人",而是"审美—自然的人"。

如果按照结构主义的观点,并不存在实体意义的美本质,本质只是一种不同结构要素所结成的结构关系,并且这种结构关系深深地潜埋在美与真、善的逻辑的与历史的关系网络之中。这当然是正确的,但我特别想强调的一点是,在使用"关系即本质"这个结构主义第一原理之前,必须首先肯定其各结构要素(尤其是美)的本体自明性。也就是说,必须从逻辑上确定一个使美的因素不断向自身凝聚的核心,它是一种先于所有"知识"与"实践"的"存在",它内在于"真、善、美"三分结构这一命题的逻辑之中。拒不承认或者非法使用各种经验批判方式来证明、分析其中任何一个要素,也就取消了它们"不可分析"的本源性,其结果则是把人类三分精神结构二元化甚至一元化,而此时这种学术游戏也就只能到此结束。因此,建构美学学科的第一原则,就必须允诺真、善、美这个精神三分结构的自明性,这不仅关乎美的本体论问题,同时也是建立美学与知识学、伦理学之"阐释循环"的基本保证。这样,美学本体与知识本体、伦理本体就不再是构建性的"对立统一"关系,而是上升为一种更为崇高的调节性的"三元分立"。后者在这里的确切含义是指美与真、善共同构成人类心理整体结构,它们在本体层面上各自独立,在功能层面上是互相调节;前者的内涵是三者之间只有一种"对立统一"关系,对立是暂时的、表面的,而统一才是终极的、根本的。它同时否定了真、善、美三者的本体性,这也正是我们美学研究中诸如"美是真""美是善"或"美是真和善的统一"等理论观念泛滥成灾的根源。

经过这种艰苦的逻辑批判以后,也就为正确描述美的本体存在提供了一种学术语境。美是人类生命结构中一个基本的结构要素,并与真、善共同构成人类精神三原色、三种不可互相取代的本源性。它的本体功能在于它能够通过调节因过度知识化或伦理化而倾斜的人类精神结构。这既是它的本分,也是它的天命。美不可能承担起改造客观世界或者主观世界的使命,因为它既不可能像知识学那样增进文化知识创造财富,也不可能通过伦理意志来改变善恶力量之对比。但是也不必特别悲观,由于它本身就是人类精神结构不可或缺的基本要素,所以也不可能被彻底吞噬掉，尤其是当人类因求知而困顿、因求善而悲观时，审美活动作为一种自由的象征也就开始君临这个伤痕累累的大地。对一个美学研究者来说，这是一种学术活动必需的自知之明，即美学不可能承担起知识学与伦理学的现实功能，所以古人称之为"雕虫小技""文章小道"；但就在这一小道中，由于它在人类精神结构中的本体性而通往宇宙之大道，它对人性情感、生存意义与生命快乐有着根本性的意义。只有理解了此点，美学家们才会安心于知识、伦理之外的第三世界、情感世界之中，我想这时的美学家，才会成为真正的美学家，才能写出一些充满美感的美学书来。它是诗，又是艺术，它的魅力与意义，它的存在与尊严，亦足以与科学、与伦理学鼎足而立。而且本着这种考虑，我还认为，美学研究最好从探索伦理学与知识学的本性开始，这样才有助于弄清真正的美学、伦理学、知识学各自的问题是什么。在细部上由于人类精神结构的"互渗律"可能会纠缠不清，但经过这样一番"先验批判"之后，至少在大的方向上就不会再张冠李戴或缘木求鱼。

把逻辑批判引渡回民族历史，这就必然带来一个如何重新认同民族审美经验以及如何创建中国美学的现代性问题。一个民族的美学就像它的生命基因一样，是深深地潜埋在其历史与传统之中的。这其中关键的问题是要弄明白：在中国传统文化现代化的汹涌潮流中，美学所肩负的历史使命与精神功能究竟是什么？尤其是它与知识学、伦理学所承担的使命与功能的根本区别何在？从上文分析来看，当代美学建设的主要精神资源，一是以"善"为中心的西方古典哲学，二是以"真"为理念的西方现代哲学。然而由于这两种精神资源之间存在着矛盾斗争，所以一方面表现为以真理、理性、逻辑、科学主义去改造、批判中国道德主义文化传统，另一方面又在对理性本身的怀疑、否定与伦理学批判中表现为对中国本土文化传统的积极复归。它们在开启中国当代美学逻辑框架时，既是"显现者"，又是"遮蔽者"，这种双重的矛盾身份是造成中国美学价值分裂的根源。固然当中国美学处于起步阶段时，这些不仅可以理解而且难以避免；但是必须承认的是它本身已经成为中国美学进入更高形态的致命障碍，而只有摆脱这种内在的价值分裂才能使中国美学找到它的现代性。寻找中国美学的逻辑框架，我认为首先要做的就是区分开美学与知识学、伦理学各自的现代化路向。从总体上看，走向工业文明，呼唤科学与民主、法律与人权，这是传统文化的现代化方向；但是，另一方面它们主要是中国伦理学与知识学的方向，而不是中国美学的现代化方向。如果说知识学现代化为了捍卫理性的现代尊严而必须呼唤科学与民主，伦理学现代化为道德的当下实践作辩护必须呼唤法律与人权；那么，由于美学的根本目的在于守护人的心灵与情感家园，由于它在历史异化中从来没有争得这个神圣权利，由于它每次以知识学或伦理学方式澄明自身时都是以巨大的情感付出为代价，所以它的现代化路向就只能是回归美学自身。而且无论文明如何进化，它的本性就是要背弃了感情与心灵的意义，所以在诸种知识体系纷纷脱离传统走向现代化的过程中，作为精神守护的美学，只有在对其天命的固守与回归中才能实现其现代化之梦。

正如庄子《德充符》所指出的："人而无情，何以为之人。"在当代技术文明、数码科技日益发达，并且深刻渗透与改造生命主体的"知情意"系统之时，为了捍卫人类心灵与情感的自由，正应该把"美学现代化"的主题词从"走向科学"变为"回归自身"。在某种意义上，它可以说是对中华民族诗性文化本源的一种回归。批判、改造、利用古典文化的功能尽可以由中国文明的知识系统和伦理系统来承担，而捍卫其审美性、诗性、艺术性与人性，对之采用与知识革命、伦理改良截然不同的"爱"的态度，充分阐发诗性智慧以及诗意栖居的生命本体论意义，这才是当代美学在现代世界的真实"天命"。这里，与中国传统文化有着内在统一性的诗性智慧，则成为中国美学思维与生命自由体验的本源。作为一种与逻辑思维相并列的另一人类精神基础性存在结构,只有当它与理性智慧同样成为人类生活的最高目的时,审美活动才能够与知识学与伦理学拉开本体论意义上的距离,并且能够在对理性智慧种种思维狡黠与现实诱惑的清醒认识与顽强抗拒中,把迷途的游子引回久违的精神故乡。

目　录

上 卷

康德美学解读

为美学辩护
——美学的本体论阐释

  为美学辩护，要解决的主要问题有三个：首先是"美是什么"，因为没有"美"，就没有"美学"。其次是"美学是什么"，它要论证的是一种专门认识（叙述）"美"的科学（话语）是如何可能的。换言之，即使世界上到处都有"美"，但假如不能通过一整套符号、形式和概念把它明确下来，那么人们依然不可能知道什么是美的。在这种意义上讲，"美是什么"和"美学是什么"，是为美学辩护的前提的前提、基础的基础。如果"美"根本不存在，或者"美学"根本不能成立，那么所有的辩护，即使说得天花乱坠、顽石点头，不也都是多余的吗？最后则是要判断"美"和"美学"对人类到底有多重要，或者说，为什么人类一定要有美学这种"饿了不能当饭吃、渴了不能当水喝"的东西，只有这个价值问题得以解决、获得共识，才能使人们确定对此要投入多大的人力资本，或者说才能更好地了解他们这样做的意义。对于美学这门学科的生存和发展来说，这几个问题就是美学研究的基本原则。

一、美 是 什 么

美是什么？尽管这是一个再简单不过的问题，但要想给出一个明确的答案，简直是不可能的，所以关于这个问题至今没有一个能被普遍接受的看法。这是因为关于"美是什么"，在最根本的意义上，是由人们如何认识美的思维方式，或者说是如何陈述审美经验的元叙事直接决定的，这就难免要发生"有一千个读者就有一千个哈姆雷特"的多元结果。因而，要真正解答这个问题，最关键的问题在于如何确定一个真正具有合法性的美学语境。

尽管"滔滔者天下皆是也"，但从思维方式或深层语法结构的角度，大体上可以把"元叙事"划分为三种类型。一是"存在决定意识"的元叙事，在这里"美"是一种可以被人的意识所认识和反映的客观之物，而美的本质就直接存在于那些具有审美性质的客观之物的规律之中。二是"语言决定世界"的元叙事，它的意思是，美是什么完全在于主体固有的用来描述他的审美经验的深层话语结构，正是这个话语结构决定了人们可能陈述出什么样的感性审美经验。三是"美的本体否定论"的元叙事，即放弃对"是什么"这样深奥的哲学问题的探索，而潜心研究具体体现在审美经验、审美现象、艺术作品之上的"美"。

对此可以简略评价如下，前两种元叙事都承认美的存在，主要问题是它们说得对不对或好不好，因而对它们的问题留待下面再说。首先需要警惕的是第三种元叙事，因为它有一种取消"美"的危险倾向，而如果"美是不存在的"，或者说"一种关于美的一般知识或观念"无法成立，那么美学这门学科也就丧失了所有意义。在这种元叙事中，实际上只是回避了关于美学的最根本的问题。可以举一个例子，否定论者的真正意思,只是说关于美的一般本质或普遍规律很难构建出来,但是,它决不能被扩展为美的一般本质是不存在的。试想,如果没有一种具有共通性的审美标准或原则,人们在具体生活中又是依据什么东西来做出审美判断的呢?只要有共同的审美判断,就意味着一定存在一个叫"美的本质"的东西。也可以说,不是美的本质不存在,只是人们没有一双发现它的眼睛。

而实际情况似乎还要糟糕。"美是什么",这个美学研究的"第一义"问题,之所以在当代美学研究中销声匿迹,主要是因为已经没有什么人再对它严肃认真地关注和思考了。不仅是一般人不思考它,就是专业人士也是如此。在他们进入美学的大门时,不是从古希腊人讲的"惊奇",而多是从一般的美学教科书开始的。如果说前者是一种直接和"美本身"打交道的方式,它可以使思想者在直观中思考对象,并且不肯轻易放弃现象背后的本质,总要在美的现象背后找寻某种更深层的根源。那么,后者则从一开始就没有接触过"美本身"(其中审美本质与审美现象混沌一体),而是从柏拉图、康德、黑格尔、尼采、海德格尔或其他什么人的"美是什么"开始的。也就是说,他们从一开始就没有注意到"美是什么"这个问题本身,因而也就不可能产生探索审美经验背后的东西的想法和期望。这恐怕就是美学史越长,而人们对"美是什么"更加陌生的原因。因而像否定论者那样放弃对"美是什么"的探索,实际上很可能只是为自己思想上的懒惰找借口。

对此还可从另一方面加以分析。一般的专业人士在碰到有人问"美是什么"时,他们的反应很像古代的大禅师,他们最厌恶的就是小和尚问"什么是佛""什么是佛祖西来意"一类的问题。尽管禅师们都是得道高僧,但一遇到这样的问题,没有一个不是"无名火起"或者摆出"不可与言"架势的。这其中的原因大约有二:一是对没有任何专业基础的外行来说,由于这个问题涉及的概念、知识和专业技术比较多,因而绝不是用一两句话就可以说清楚的,而要用一种人人都懂的大白话把它说得生动又清楚,那简直是难于上青天。二是对于当代美学专业人士来说,更重要的原因是长期以来他们已经不再思考这个本体论问题了。这其中的潜台词是:"你不问我康德怎么说,黑格尔怎么说,海德格尔怎么说,却来问这个一下子摸不着边际的大问题,叫我如何回答你呢?"一般说来,专业人士都是从读柏拉图、康德、黑格尔、海德格尔等开始的,他们就只知道康德等人怎么说,很少有人独立思考"美是什么"这个基础本体论问题。即使对此偶有思考,也由于总是依傍前人设定的思路和语境,而不再有直面"美本身"的诗性智慧能力。因而他们最喜欢和别人切磋往还的,都是先辈的思想、话语和理论,那才是他们如数家珍的东西。而近现代以来实证哲学对思辨哲学、科学问题对人文问题的排斥,正是形成这种学术风气的哲学根源。但是,问题在于,如果对这个带有根本性的问题不加解决,那么,人们又有什么必要把宝贵的精力投入到这样一个摸不着、看不清的对象上呢? 所以,美学是什么,这个在古典哲学中"美学何以成为可能"的问题、这个在现代哲学中"诗人何为"的问题,在当代依然是为美学辩护时必须首先回答的。

在辨明了辩护的第一要义在于回答"美是什么"之后,当然需要给出一个明确的界定和解答。在生命本体论的语境中,美是人类生命机能中一种愉快与不愉快的心理感觉。这里先把谜底揭开,然后再回答为什么。

二、作为科学的美学如何可能

既然美是人的一种愉快与不愉快感,那么美学当然就是一门研究人的愉快与不愉快感知识原理的学问了。话说起来虽然简单,但关键在于如何才能从人的愉快与不愉快感中抽象出一种具有普遍性的知识原理来。尽管在理性主义者看来,这个世界除了主体的"形式",其他一切无非都是"材料","形式"是本质,因而所有"材料"最终都是要被赋予某种"形式"的。但这不过是一种理性独断论的虚构,实际情况是世界上有很多东西是没有原理的,或者是无法找到一个确定的知识原理的,它们一直隐藏在自然、本能、偶然、神秘、未知、命运、混沌等概念之下。而人类生命机能中的"愉快与不愉快感",就是一种"不可名状""脱有形似,握手已违"的对象。因此,像这样一种"不可理喻"的东西,如何才能获得其"原理",使之成为一门严密的科学,就是第二辩护要达到的目的。

在面对这个问题时,人们所遭遇的困难是巨大的。康德有一句名言叫"趣味无争辩",中国也有句俗语"萝卜白菜各有所爱",它们最能代表科学美学在逻辑上所面临的严重威胁。有的人喜欢甜,有的人喜欢辣,这其中真的有什么"原理"吗? 有的人喜欢吃萝卜,有的人喜欢吃白菜,怎么证明白菜一定比萝卜好,或萝卜一定比白菜好呢? 即使从科学实验角度可以得出一个"真理",比如说萝卜的价值比白菜的价值高。但这种普遍的知识一旦遇到具体的个人,实际上也是纠缠不清的。一方面,科学没有办法证明,萝卜价值高于白菜价值的原理一定适合个人,也许他此时恰好最需要白菜;另一方面,尤其重要的是,它无法协调人自身的愉快与不愉快感,尽管一个人接受了"萝卜价值高于白菜价值"的知识原理,但对一个一看见萝卜就痛苦得要命的个体,依然没有办法改变他喜欢"吃白菜"的天性。个人的艺术趣味和爱好,就更是如此了。但特别需要说明的是,这绝不是一种关于美学"怎么都行"的态度导向。只是要提醒人们所面临的对象的复杂性,以及与之相关的"原理"的特殊性。在某种意义上讲,美学要研究的就是这样一种不可对象化的"对象",是一个没有办法说清楚的话题。

在面对这样一个特殊对象时,最老实的态度应该是充分尊重美学的复杂性,以便把原理设计得能够和它的实际对象相匹配。但由于理性主义者的"傲慢与偏见",这种尊重"对象"的态度很快就被彻底遗忘了。在一部漫长的美学史上,一般来说,几乎没有人怀疑过一个放之四海而皆准的科学原理的存在,相信只是由于方法、智力等方面的限制而尚未找到它。因此,如何使这门实际上低于实证科学的"感性学",在不断地理性探索中"走向科学",甚至是用代数学和方程式来演算人的愉快与不愉快感,成为美学家们的责任与梦想。但结果如何呢?打一个比方,和人们最初学习美学时相似,一般人以为只要学习了一些知识和原理,就可以把握美的本质或艺术规律了。但实际上完全不是这样,随着对美学的深入了解,人们往往发现以前的知识、观念、理论方法都是问题成堆的。在这里特别容易碰到所谓的苏格拉底的困惑,即对它的了解越多,对对象本身不是越来越清楚,相反却是更多地发现自己的无知和言说的困难。知识活动的结果最后反而成为"我只知道我什么都不知道",或者是"我什么都不能说清楚",这不是一种知识活动中最大的悖论吗?所有美学研究与表述的困惑和困难,实际上都是由此而来的。在种种问题中,最坏的一个结果就是导致美学的不存在论,如实证哲学那样把"情感问题"视作一个"伪问题"。道理很简单,像这样一种不可能获得普遍原理的东西,还研究它干什么呢?这是美学成立的最大学理障碍。

尽管人人都有审美愉快和其他的审美经验,它们在很多情况下还是共通的,但一门以此为研究对象的美学何以不能成立呢?这只能说明两个问题:一是证明了那种想把美学建设成实证科学的试验的失败,不是美学不存在,只是那种科学美学模式不存在。二是直接提出另一个重要问题,如果要想有一种可以研究不用争辩的趣味美学,就必须重新考虑如何预设"科学"的分类原则和内涵，也就是说，只有建立一种不同于自然科学的人文学术分类原则，并且建构它自身的语境、游戏规则和价值目标，才能使美学研究获得本体论基础。维特根斯坦早期和晚期对美学的不同态度对我们有很大启示。他早期是一个美学否定论者，像当年的柏拉图要把诗人驱逐出"理想国"一样，他也要把"情感问题"和"价值问题"驱逐出实证哲学的范围。但他在晚期的"生活世界"思想中，对包括情感对象在内的许多非逻辑对象表示了尊重，说自己无论如何也不会对它们妄加评论。由此带来的一个启示是，要认识和整合全部的人类生活经验，仅有一个自然科学的分类原则是远远不够的。而对此最公正的态度无疑是，一方面"为科学立法"，使之从无效的领域彻底退出，另一方面，还必须在实证科学退场之后的空白地带重新建立另一种解释系统。

对于美学，我更愿意用人文学术，而不是人文科学来称呼它。因为在美学的禀性和深层结构中，有一种根深蒂固的拒绝实证主义和科学规范的东西。任何科学都需要有一个确定的研究对象，正如海德格尔所说："'思'总是要思某物。"而如果所思的不是某种确定的"物"和"对象"，那只能是不可思议的。而美学在研究对象上的不确定，恰恰是它最根本的属性。要使美学能够成立，一个最基本的前提是尊重它的特殊性，这包括审美对象的特殊性和审美原理的特殊性。由于美学很难被纳入实证性的自然科学和人文科学之内，因而只有补充一个新的学术分类框架，才能更好地对它进行研究和阐释。什么是人文学术呢？也就是香港学者金耀基讲的"人文学"，它"主要有两大块，一个是美学，一个是伦理学，分别讲什么是美的，什么是善的"。① 这个分类框架的

---

① 《假如只有牛顿……》，《社会科学报》，2002 年 10 月 24 日。

合法性，我以为正是源于维特根斯坦的逻辑哲学，即为他在实证哲学中驱逐出来的"情感问题"和"价值问题"，专门建立一个新的学术框架。也就是要把传统的"作为科学的美学如何可能"问题，在现代语境中置换为"作为人文学术的美学如何可能"。这是对美学成立的最根本的辩护。

和在实证哲学框架中的美学本体否定论完全不同，在人文学术的分类框架中，不是要把情感问题从知识探索中完全驱逐出去，而是要为它建立一种更高级的、内在机制更加复杂的、方法更加多元的分析系统和新学科形态。

三、美学有什么用

但凡一个东西需要为之辩护，当然是它的存在受到了某种现实的威胁，以至于不辩护就丧失了生存下去的根据。对于美学来说，这种威胁就是"美学有什么用"。一般说来，这既是任何一个人首先要问的，同时也是业内人士最不耐烦的问题。人世间值得用有限生命关注和追求的东西很多，如果美学什么用都没有，又有什么必要对它投入本就不够充裕的人力资本呢？而在知道了美学在原理上的复杂纷纭之后，有时即使是最初有志于此的准专业人士，也难免要产生"美学有什么用"的疑问。这就是第三辩护要加以解决的问题。用通俗的说法就是，像美学这样一种理论究竟有什么实践意义？

在某种意义上讲，这个问题像幽灵般的一再出场，首先表明了美学从业者的失职或工作不力。至少他们对美学价值内涵的界定和言说都是很失败的。在面对这个棘手的问题时，美学业内人士的态度主要有二：一种是采用庄禅式的"不讨论"或"欲辩已忘言"。这样做也不是没有道理，一方面，像这样一种饿了不能当饭吃、冷了不能当衣穿的东西，能指望它有什么用处呢？另一方面则是由于美学在原理上过于复杂，若没有一定的接受背景，如知识、价值与趣味上的共通感，根本不可能进行有意义的交流。而为了避免麻烦，最好的办法就是"不争论"。但在这种比较高明的态度中，无疑有一种思索和启蒙上的懒惰。由于同时还取消了知识探索的意志和热情，所以走到极端则会使美学沦为一种专业人士的"黑话"，除了有限的二三知己外，其他人都是听不懂的。但要说明的是，这似乎还不是最危险的，至少为美学保留了一块小小的自留地。而另一种倾向则更加危险，就是把美学吹捧为人类或一个民族生存的第一需要或最高需要，如陀思妥耶夫斯基讲的"美拯救世界"，李泽厚讲的"人类学本体论"，这表面上似乎使美学获得了最高的尊荣，但实际上，由于用处总是和一个时代的社会需要相联系的，一种心理上的愉快与不愉快感，无论如何都是不可能和现实的衣、食、住、行等相提并论的，因而无论业内人士在逻辑上讲得如何头头是道，最终也难免给人一种色厉内荏，甚至是痴人说梦的感觉。实际情况是，美学只有在获得了相当丰厚的物质与精神基础之后，才能再谈这种本质上属于非功利的、无目的的愉快或不愉快。任何人类的生命活动都是需要一定的"物质条件"的，一种现实的审美活动和其他的人类活动方式总是处于一定的结构之中，如果片面强调或夸大审美活动的功能，那只能导致一种危险的审美独断论。美学最根本的功能就在于人的愉快不愉快这个心理层面上，如果不顾及这一点硬要使美学担负起它无法胜任的现实使命，那最终也只能拖垮本来就十分脆弱的美学自身。这正是当代许多美学辩护者的悲哀。做一件事情，总要有某种目的。关键在于如何理解这种目的，既不能把它说成是惊天动地的大事，也不应该把它说得一无是处，如何恰如其分地把它表现出来，这才是真正的辩护。只有在这样的辩护中,美学才能作为"不多不少"的"它自身"出场,以及担负它担负得起的审美功能。

在确定了实践辩护的基本原则后,对美学的用处可以分几层来谈。

首先,由于人的愉快与不愉快感是人性中的一个组成部分,因而研究它乃是出于了解人的本性、全面"认识你自己"所不可缺少的一种理性需要。康德有句名言:"只有人才审美。"当哲学家用"只有人才怎样"这个元叙事时,一般都是在阐释人的根本属性。对于古典哲学来说,它一般是从人和动物、人和自然的本体差异介入的。因而康德这句名言也就等于说"动物不审美"或"自然界是没有审美活动的",也可以说"是否有审美机能是人与动物的一个根本区别"。由于问题被提高到这样一个关涉"人兽之别"的高度,因而解读和阐释人的这种独特的审美机能,显得十分重要,至于人的审美机能在目前是否能够讲得足够清楚,则应该另当别论。审美机能是人最基本的生命机能或生命活动方式,这是人不同于自然界动植物的一个根本性尺度,如果不能正确地认识和了解它,或者说,如果不能搞清楚人的审美机能和动物的"生理—情绪"反应在原理上的不同,那么人就不可能完成全面认识自身这个崇高的理性任务,而人自身的很多问题,也都无法解答或者说会完全说错。比如人能欣赏一朵花的形态和色彩,而对于一只狮子,当这朵花不能成为它的食物或者说不能引起它的饥饿冲动之时,它对花本身就不可能产生任何"生理—情绪"的反应。在美学上阐明狮子和人对同一个对象的不同反应,就是在说明人不同于动物或其他物种的理性根源。

其次,除了古典哲学特别看重的"人兽之辩"外,在当代讨论这个问题还应该提出一个"人人之辩"的话题,也就是要论证审美机能不是某个人或某些人的特殊属性,而是人类固有的一种普遍的类本质。这个问题可以从正反两方面讨论。从正的一方面讲,如果审美机能具有这种类的普遍性,那么就应该是直接体现在最普通的个体生命活动之中的。在中国有一句话叫"合情不合理",它最能说明审美机能是普遍存在的。在中国的日常叙事中,这句话至少表明了人的生命活动受到两种内在尺度的制约和规定。如果说其一是根据意识机能的利害观念或伦理机能的应该原则去判断和行动,因为意识和伦理的不同活动方式在汉语中往往是混沌一体的,就是所谓的"理";那么其二则表明在日常活动中还存在着一种原理,完全是根据人在心理和情感上的好恶去活动。比如,在道理上明明知道上课应该认真听讲,但上课时有些同学就是一会儿小声说话,一会儿又在下面搞些连他本人都认为不对或不应该的小游戏。这就是因为他在做这些"于理不该"的小动作时有一种心理上的快感,表明人的生命活动,除了服从理智上的考虑、意志上的决断之外,还受到另外一种东西的支配,即人在感觉上的愉快与不愉快感。从反的另一方面讲,当我们说美感是人的本质时,并不是说人无论如何都不会失去它,而是说审美机能发育所需要的"物质条件"与精神资源相对更加复杂,甚至还可以说要获得一种高度发展的审美机能是十分艰难不易的。但有一点是可以肯定的,一旦人失去自身这样一种愉快与不愉快的生命机能,他的生命和生活一定是不完整的、甚至是完全异化的。也可以说,除了自然不审美之外,异化的人(即审美机能丧失或发育不全的人)也不审美。比如猪八戒吃人参果。如果一个健全的人来吃,他除了从意识的角度知道人参果可以长生不老,从伦理角度质疑"应不应该吃"之外,他还会对人参果的色泽、口感等有某种印象,而猪八戒除了意识机能比较发达、伦理机能也有些活动(比如感到理亏)外,对人参果的外观和味道没有任何印象,这只能说明猪八戒的审美机能已经完全消失了,或者说他的审美能力尚未发展。马克思称这样的人为不全面的、片面的、异化的人。这个例子当然有点极端,实际情况是无论一个人的物质生活多么贫困,无论他的道德素质多么低下,艺术感觉和品味多么粗糙,只要他的人性结构一息尚存,就不可能完全丧失一个人的愉快与不愉快机能。因为对于人来说,美感几乎就是他的一种生命本能,如同一只鹰的视力或一只羚羊的速度一样。比如电影《秋菊打官司》,村长把钱往地上一摔,并不是秋菊不知道钱有用,也不是她不需要这些钱,但她之所以不捡,首先是因为村长的行为引发了她情感上的不愉快,继而又引发了她意志上"不捡钱"的伦理决断。试想,如果秋菊不是一个人,而是一条狗,那么无论你以什么方式给它一块骨头,它都只有摇尾巴的反应。人不一样是因为在人的本质中多了那么一点点东西,它就是情感上的愉快和不愉快的反应。这是人与动物的根本差别,也是人的基本属性。要真正满足人的审美需要,前提无疑是了解这种愉快与不愉快的原理,这可以看作研究美学的一种最重要的现实原因。

最后,美学的直接用途固然很难讲清楚,但可以用思辨方式来回答。可以设想这样一种情况,假如缺少了美学,缺少了对人的愉快与不愉快原理的表述、再现,以及在逻辑上和价值上的坚守,那么在逻辑上只能导致两种结果:一是人成为最高级的理智动物,一言一行完全按照现实的功利需要运行,最终结果是"人是机器";二是通过伦理车床把人自身再生产为一种道德动物,一切意识和行为都按着道德原理运作,像小说中的君子国那样,这样的人类社会同样是可怕的。如果这两种情况成为真实,一个绝对必要的前提就是个体生命已经对理智机器和道德工具丧失了不愉快感。或者反过来说,只有对机械的功利人生充满喜悦,大脑才能不再处理人工智能程序之外的任何信息;只有对同样机械的观念生活感恩戴德,一个精神生命的自由意志才能心甘情愿地接受内在枷锁。但实际情况与此完全相反,恰好证明了人的愉快与不愉快原理对精神生命的重要性,甚至可以说,在强大的功利需要和伦理教化中,人类之所以没有完全丧失自由天性,完全是由于在他的生命中还有一种无论如何都不可能被阉割的审美机能。《庄子》中有一句话:"人而无情,何以谓之人?"在今天依然可以说,如果没有一种真正属于人的感情,那同样也不可能有真正的人存在和生活。美学所捍卫的正是人性的本体论根据,这一点永远是为美学辩护的根据。

"只有人，才审美"

——审美活动的主体基础

一、美学之门：从主体开始

所谓审美活动的主体基础，也就是说，需要一种什么样的主体条件，才能使一种不同于自然界的动植物生存方式，同时也不同于人类其他生存实践活动的审美活动在逻辑上成为可能。一旦把主体基础作为一个问题提出，就意味着我们的美学考察将抛开客体从主体开始。而为什么要从主体开始？这是我们首先要回答的一个问题。

根据一般人的哲学基础知识，首先碰到的就是唯心、唯物之辩。为什么不从客体或者审美对象开始呢？产生这样的疑问当然是有足够的理由，关键在于如何看待唯心与唯物的逻辑关系。我的一个基本看法是，它们来自两种完全不同的经验世界，在各自的经验对象上都有无可非议的合法性。也就是说，它们是一种二律背反的逻辑关系，在某种范围内都是正确的，一旦越界操作则要走向独断论，最明智的做法是把它们区别开，然后根据不同的经验对象选择唯物或唯心的方法。打一个比方，"火灼痛人"这个最普遍的日常经验，在唯物论看来当然是先有了主体被"物质的火""灼痛"的"感觉经验",才能在一片空白的主体精神世界中"积淀"或"抽象"出"火灼痛人"的知识或概念。但从先验论的角度讲,这个"火灼痛人"的知识或概念不一定就来自主体的"灼伤"经验,而是由于被"物质的火"所灼伤的对象是"人"这种具有"人性"或"理性生命本体"、不同于自然的特殊存在,或者更确切地说,是由于"人"在"灼伤"之先就具有一种可以从"疼痛感性经验"中整理出"疼痛纯粹概念"的先验图式,这是"人"可以"蒸发掉"各种各样的"感性经验"、"抽象"出大量的"概念"或"知识"直至"主观能动性"的最终根源。反言之,如果这里被"灼痛"的对象是一块"没有人性的木头",那么无论有多少次被"灼痛"的"感性经验",也只能一次次按照它的自然本性去"赴汤蹈火"。这个例子至少告诉我们,从主体出发去认识对象是自成一家之言的。特别是对审美活动这样很不稳定的学术对象来说,是一条更直接和更简洁的道路。

从主体开始就是从主体的生命机能以及生命活动方式开始,将美学研究与人内在的生命感受能力及外在呈现的活动结构直接联系起来,并由此直奔美学研究的对象和主题,即更直接地提出和回答这样的问题:为什么在人自身的生命结构中会有审美机能?或者是在人的生命整体结构中,究竟是何种内在机能直接促成了不同于自然界、仅仅属于人类的审美活动方式?在客观世界或杂乱的艺术经验世界中,与"今日格一物,明日又格一物"地探求本体相比,从主体开始是一种更为简捷的、"明心见性"的不二法门。由此对审美活动的认识和探索不仅会更加精细,有利于发现和审美活动联系最密切的生命机能,而且和抛弃了主客两分二元论传统的现代哲学(如现象学)也容易对接,从而把"人为什么会审美"这个美学最重要的哲学基础问题的探索推向深入。此外,需要补充的一点是,强调从主体出发只是一种学术策略,不同于从对象出发的客观主义美学研究,并不是对客观主义研究的否定,而是说两者可以各行其是。尽管最高境界是两者结合甚至统一起来,但由于目前人文学术的整体水平尚不能在逻辑上解决它们的序位问题,因而对两者也就不妨持一种真正的二元或多元视界。在我看来最忌讳的就是把两者纠缠起来,以一己之经验攻击另一个的观念,这只会影响和阻碍美学在知识和逻辑上的探索。

这里附带要说的一点是如何回应来自后现代哲学的挑战,后现代哲学所提出的问题是:人或者说主体,在今天还能成为一个知识或学术的对象吗?比如阿尔都塞说人是一个神话,即人是一个不确定的概念,而以这种摇摆不定的对象为基础来建构一门人文科学,本身就是一种冒险或像神话一样地不可能。这个问题主要留待下一节《审美活动的伦理基础》再讲。在此只给出一个不算答案的答案:主体的存在是绝对必要的,也就是说,要么就没有审美活动或美学,要么就一定要有从事这种活动的主体。而从主体开始,主要是要解决这样一个问题,即需要一种什么样的主体条件,才能建构出一种具有较为纯粹现代学术内涵的美学。

二、"只有人,才审美":从康德开始

从主体开始意味着是从康德的哲学谱系开始。康德关于主体、关于美学的话说得很多,但从人的生命活动与审美活动的关系角度看,康德讲的最重要的一句话是:"美只适用于人类,换句话说,适用于动物性的又具有理性的生灵。"(宗白华译:《判断力批判》上卷,第46页)"美只适用于人类",也被译为"只有人,才审美"。这是关于审美活动主体基础的最高阐释。一般说来,当哲学家使用"只有人,才怎样"的叙事

时，本身就是在对人性作本体论的界定或阐释，言外之意是，这个"怎样"是自然界中的万物永远无法达到的一个"质"的水准。当康德说"只有人，才审美"时，是把审美活动放置在"人兽之辩"这个严肃的哲学语境中讨论的。也可以说，如果人不审美，就没有和动物的类本质的差别，人就不是人了。由此可知，正是在康德这里，才把审美活动提高到了人的本体论高度，康德的意思是："主体只有在有了审美能力之后，或者只有在他能够作出审美活动之时，这个主体才能成为不同于自然的真正的人。"由此引申的是只有能够把握自然规律与秘密的知识能力，甚至再加上可以为自身立法的伦理意志，对于一个全面的生命主体来说，仍然是不够的，因为衡量他的全面性的还有一把审美尺度。康德的伟大，或说对美学的最大贡献就在这里，因而他才应该是真正的美学之父，而不是通常所谓的鲍姆嘉通。

康德的"只有人，才审美"，也可以使人联想到《庄子》的"人而无情，何以谓之人"。但两者的境遇和方式完全不同，《庄子》本来讲的就是"卮言"，别人懂不懂与己无关。而康德就不同了，这个德国哲人是绞尽脑汁地想要讲清楚、说明白。而后来美学史上几乎所有的基本问题，都是在康德试图把自己的天才直观经验讲得更清楚一些时发生的。这个问题可以从两个方面加以了解。

首先是康德采取的论证方式。康德哲学的基本特点是一切唯主体是问，关于审美活动的解读也同样如此，康德是从对人的审美机能的分析入手的。康德对审美机能的论证方式，是一种我们今天已经很不习惯的思辨哲学方式，基本上不涉及经验的证据，主要是在逻辑演绎上进行推理、做出判断。康德是通过对人的生命机能的先验分析，而不是经验分析去论证审美机能的存在。具体说来，不是从经验中找到大量审美机能存在的事实，然后再把它们理性加工改造、提升为概念。相反，思辨哲学的特点是一切从概念或抽象体系出发，这种概念与体系的提出完全基于康德所谓的"理性的需要"，也就是严格区别人与自然万物或更严格地要求人自身的内在要求。一般说来，哲人们不关心这种需要是否有物质的与精神的条件，或者能否在经验界中行得通。他们关心的仅仅是，如果缺少了一个概念或者思辨体系中的一环，那么人的本体论根据或者说人与自然界的区别就一定会变得暧昧不清。由于他们坚定地相信人一定是不同于自然万物的，由此也就证明了他们关于人性的概念与整个体系都是正确的。总之，从头到尾，一切都是在抽象世界中运行的，和经验、事实、历史和现实无关。这其中有中世纪神学"本体论证明"的明显痕迹，和后来建立在科学实验基础上的实证主义的隔膜和矛盾是显而易见的。但其是其非不是一个十分容易得出的判断，因为在先验分析与经验论证、思辨哲学和实证哲学之间，依然存在着一个无法解决的二律背反。在这两套话语的深层结构中，潜在的是两种完全不同的价值理念。思辨哲学中最高的价值理念是"人兽之辨"，全部言说都基于一种提升人的存在的潜在价值判断。而在实证哲学中人和万物的精神差异却消失了，它们被阐释为都是按照自然规律（作为科学研究的对象或结果亦即科学规律）运动的物质或实体。这两种关于人性的言说与价值理念各有各的合理性，是永远不可能统一起来的。而对它们最明智的态度，就是把两者区别开，这是了解康德哲学首先需要解决的语境问题。一个人如果了解了康德哲学的良苦用心和提升人性的理性努力，那么他对思辨哲学家的精神理念是不会随意以科学的名义诋毁的。

这样一个基本态度，是接近康德哲学智慧和灵魂的第一步。康德论证审美机能的元叙事即"只有人，才审美"。像后来有些生理美学关心的"动物有没有审美或情感机能"，特别是像今天的后现代美学宣扬的建立在"新感性本体论"基础上的"肉体狂欢",从一开始就是被康德美学拒之于千里之外的。"只有人,才审美"？为美学研究奠定了一个很深的古典哲学基础。这个原理的逻辑框架可以浓缩为"人非草木,孰能无情":从正的一面讲,"草木无情",即自然界是没有情感的,而人又不同于自然万物,所以"只有人,才审美"是一定成立的;从反的一面讲,人非草木,为什么不是草木呢？是因为人比一般的动植物多了一种叫"情感"的东西,也就是通常所谓的人是有情感的动物。这两方面的循环论证指向一个共同目标——审美机能是人的天性。康德把它命名为与理性意识、伦理意志三足鼎立的判断力。康德的全部哲学思考都旨在说明人之所以不同于自然界中的万物,是因为人比万物多了三种东西。他的三大批判就是为了说明这三者的原理是不同于自然界的一般规律的。简单来说,动物只有感觉经验,而人却有一种可以用来整合感觉经验的先验概念;动物只有本能反应,而人却有一种可以用来超越自然本能的实践理性;动物的喜怒完全受制于现实利害,而人的情感活动却在遵循着另一种超功利的形式原则。对于一个思辨哲学家的理论研究来说,他用这样三个原理论证"人兽之别"就足够了。至于现实世界中的张三、李四是否能够承担起这个"天赋职责",不是他所关心的。如果再多说一句,也可以说哲人的意思还有"如果不这样,人就不是人"。康德做完三大批判,之所以洋洋得意,我想原因大概就在这里吧。

　　与人有知识在于他有纯粹理性、人有伦理在于他有实践理性一样,对于人何以会有一种不同于动物的审美情感,康德的解释是在人的生命机能中有一种"判断力"。它是人可以获得审美愉快、审美经验的先验根源,与纯粹理性和实践理性一样,判断力的存在也是无法在实践中证明的。特别是思辨哲学的时代过去后,像康德那种对判断力原理非经验科学角度的证明,是极其不能令人满意的。随着"科学时代"的到来，人们已不再相信还有理性之光不能照亮的角落。从黑格尔开始，包括马克思，都在试图对康德那个谜一样的"判断力原理"进行科学说明，以便使美学这门"哲学的预科生"发展成为一门真正的科学。而这其中最关键的问题则在于如何给康德语境中的"审美先验形式"一个经验的解释。

其次，则是要考察一下康德美学本身的问题。很多哲学史家都指出过康德的"摇摆性"，这当然不是毫无道理的。在《判断力批判》上也是如此。想一想也不奇怪，在康德所处的那个理性主义时代，任何人要想拒绝科学的诱惑都是十分困难的。可能包括康德本人，对康德关于判断力的批判都是不满意的。除了在论著中的一些细部有含混和自相矛盾之处外，更重要的是在康德美学思想中存在着两个"叙事者"。康德关于美学最重要的著作实际上有两部，一部是早期充满天才设想的《宇宙发展史概论》，另一部则是大家熟知的《判断力批判》。简要言之，前书的主题是强调感性机能"是不可分析的"，而后者则属于"强为之名"的知识探险之举，即一方面根据理性意识的原理把感性机能的本质阐释为"在于形式"，另一方面又根据伦理意志的原则把感性机能解释为"道德的象征"，这就是《判断力批判》两个部分所要讲明的"大义"。这两种描述是有很大区别的。当康德说它"不可分析"时，实质上是拒绝了对感性机能作经验论证，是把判断力看作一种人的天性来对待，也是符合他的整个先验哲学的深层语法结构的。这与后来维特根斯坦要求理性对情感对象保持沉默也是相通的，实际上还在暗示后人对感性机能的研究应该存在着不同于实证科学的其他思路。但是很显然，要一个人放弃他引以为荣的理性主义是极其困难的，所以即使康德本人，也不自觉地要利用他那个时代其他人文学科的知识原理对"不可分析"的先验审美机能进行说明。这实际上已经由"不可分析"走向"可分析"

（只不过是分析起来复杂一些）。康德在《判断力批判》中就是这样做的。一方面利用纯粹理性原理在"形式"上做文章，结果就是在"鉴赏判断"中"诸直观的机能……摄在概念的机能之下"；另一方面则利用实践理性原理在"内容"上做文章，结果是把审美机能的实践描述为所谓的"无目的的合目的性"。在深层语法结构上，这样做的一个结果就是使关于审美机能的解释逐渐滑向了理性主义的解释框架，同时逐渐丧失了在诗性智慧语境中解释审美机能的逻辑可能。

由此可知，在因为异常丰富而显得矛盾重重的康德美学中，为后人的阐释保留了两种可能的路向，如果后来的美学家能够充分注意到这两种可能之间的矛盾和张力，那当然是美学本身最大的幸运。然而遗憾的是，在理性主义和实证科学极端扩张的"后康德美学"中，康德早期美学思想中"不可分析"的天才预想，必然要被理性的分析技术和科学的实证精神解构，或者是被驱逐到美学的边缘地带。与这一条"不可分析"之路上行人的寥寥无几相比，在运用知识学与伦理学话语重建美学体系的大道上完全是另一番熙熙攘攘的热闹景象。在"审美机能可分析"或"美感无秘密"的道路上，有两个人最值得关注。他们分别是运用知识学原理分析审美机能的黑格尔、运用伦理学原理阐释主体感性机能的李泽厚。黑格尔直接提出了"美是理念的感性显现"，他运用知识学原理把审美情感叙述为一种低层次的知识机能，从而把主体的审美机能直接转换为一种科学的对象。为什么说李泽厚是从伦理学角度阐释审美机能的呢？这是因为尽管李泽厚研究美学是从一般的人类实践活动出发的，但实际上他的许多关于美学的讨论都不能看作纯粹的美学话语，而在真正触及康德具有先验性质的"审美形式"时，李泽厚的核心观点是在《美学四讲》中提出的"伦理判断的弱形式"，这就把他的庐山真面目充分暴露出来。但是问题在于，即使由于功利内涵的不断消失而使得伦理判断的伦理内涵无限变弱,但在本质上仍然只能是一种伦理判断,又怎么可以和审美判断完全等同呢?黑格尔的独断论阐释就更不必说了,如果审美形式只是理性形式的一个低级阶段,同时它的活动机制在最高原理上又完全符合知识的一般规律,那么康德设想的审美机能和知识机能、伦理机能的三足鼎立格局就只能是一种虚妄。由于问题已经严重到可以彻底取消审美机能的地步,所以对此是不可以掉以轻心的。

三、实践活动与审美活动

正如前面所分析的,审美机能在康德那里本来就是一个二律背反,即一方面是不可分析的,另一方面又可以通过知识学与伦理学原理加以分析。很显然,黑格尔和李泽厚只继承了《判断力批判》中的分析方法,而完全忽视了《宇宙发展史概论》中强调的"不可分析原理"。这一点突出表现在三个元叙事上,如果说康德《判断力批判》的美学元叙事是"判断在前,享受在后",那么,作为黑格尔《美学》深层结构的"理念在前,美感在后",以及作为李泽厚"积淀说"深层结构的"实践在前,审美在后",与前者完全是"家族类似"的。由于黑格尔仅仅把人的生命活动局限在自我意识运动中,因而他对人的主体结构的探索就显得比较狭隘,在这一点上,不如李泽厚的实践本体论更有说服力。因而,在深究"有什么主体机能,才能有审美活动"这个美学存在的生命本体论问题时,就可以暂且将黑格尔美学悬置起来,以李泽厚美学为主要分析对象。

由于是从"批判哲学"出发论证审美机能,因而李泽厚和康德的关系是微妙而复杂的。一方面,两人的共同之处很多,特别是他们在逻辑起点、基本思路和最终目的上可以说基本一致。在逻辑起点上都是从"人的活动不同于动物"这个古典哲学的深层结构(人兽之辩)开始的,即在"只有人,才审美"这一点上两人完全一致。这也正是各种批判者不满意李泽厚以及李泽厚本人对后现代文化总是很恐慌的根源。在基本思路上都是要想尽办法弄清楚审美形式的内在机制,而不是把它简单地归结为人的知识能力或意识机能,也不是把它等同于后现代美学中完全无形式的一团混乱而盲目的本能。两者的不同只在具体方法上,康德借助的是他那个时代最流行的思辨哲学技术,李泽厚则充分运用了自己时代人文学科的总体知识结构。在最终目的上也是如此,他们建立美学的目的都是要更好地为"道德的文化的人"服务,在精神上提升人性构成了他们潜在的价值理念。

两人的差异也是显而易见的。首先,尽管都是从"人兽之辩"出发,对于康德来说,人不同于动物是因为人有一种判断力,这就直接突出了审美机能的生命本体论内涵;而李泽厚则把审美机能迂回到人类的物质生产以及在生产实践中生成的人类学本体论上,这就是说审美机能不是区别人与自然的直接本体要素,相反它只是借助人的生存实践活动才成为人的一个精神特征。从根本上埋伏下取消审美机能独立存在的可能,当然也直接威胁到美学作为一门独立人文学科成立的主体基础。其次,李泽厚对康德的批判与继承是片面的。他借助实践这个宏大叙事吞噬了康德在《宇宙发展史概论》中的"不可分析原理",又用积淀说把康德《判断力批判》中萌芽状态的理性阐释学发展到极致。在继承康德"美在于形式"的层面上,尽管提出了"美是自由的形式"一说,但由于这种自由的形式完全是"人化自然",即一种人工的产物,因此在深层结构上和黑格尔的"理念"是完全一致的。在其中深藏的是一个理性主义的价值理念,就是要运用知识的力量为一切神秘存在找到理性根据。

当然,问题的关键不在于李泽厚的解释是否符合康德本义,甚至康德本人也承认《判断力批判》只是"指出了原理",而未能正确地表述出来,因而对它加以清理、批判和阐释都是必要的。但是并不代表可以像后现代主义者那样"怎么都行",康德的一个最基本判断标准是能否把人的审美机能或审美活动的主体条件讲清楚。先看康德美学的矛盾处或思想模糊处。和康德的哲学框架一致,康德美学中有一个"不可分析"和"可分析"(或者说必须分析)的二律背反。前者使审美机能往往显得"山重水复疑无路",而后者又往往将人带入"柳暗花明"的新境界。这两者实际上是不可分离的,如果说后者使对审美机能的知识探索成为可能,那么前者则永远保留了审美本体的独立存在,使它不被知识的力量完全吞噬。在《判断力批判》中,我们看到的正是这个二律背反的紧张和斗争,一方面,康德在讲"崇高"时特地举大自然的数量、体积作例子,在讲艺术理想时特别强调艺术要像"自然",从中可看出他早期著作《宇宙发展史概论》中的"语调"和"声音";另一方面,当康德必须借助逻辑语言解剖审美机能的"诸先验原理"以及阐释它的"价值内容"时,实际上也就为后来者解构康德美学留下了逻辑上的空子。这是康德一生没有办法解决的矛盾,所以他的墓志铭"头上的灿烂星空"(可以看作《宇宙发展史概论》的象征)和"胸中的道德律令"(可以看作主体性结构的理论硬核)完全是等量齐观的。但在科学主义成为上帝的时代,这个二律背反在理论实践中是一定要被取消的。而实际情况也是如此,如李泽厚用积淀说来解释康德的"先验审美形式",或者说用实践活动来解释康德主体神秘审美机能的发生,在科学语境中做出了对这个美学之谜的最高解释。面对"只有人,才审美"这一经验现象,在康德看来,是因为在人的生命结构中有一种"先验形式感",虽然不能从经验科学

的角度解说清楚，但这种机能作为人的天性的存在是明白无疑的，否则
人就不可能成为区别于自然界的人自身；而在李泽厚看来，这种先验的
形式本身在来源上并不神秘，不过是人类在生产实践中各种经验活动
的升华或结晶。比如"我"怎么会与和个体毫不相干的"陶器花纹"产生
审美感应呢？如果要康德来解释，他一定会说因为这些花纹本身就是
"纯粹美"，而主体先验存在的——即主体无法意识到的——"形式感"
是个体同它发生情感交流的根源。而李泽厚则会说，尽管你本人可能
和"陶器花纹"毫无关系，但实际上你不是一个"单子般的存在"，在你的
血脉和深层心理结构中"积淀"着整个民族的生存经验，在这种集体经
验中一定有它们发生现实联系的记录，只是你无法意识到或回忆起来
罢了。这就把在康德那里"恍兮惚兮"的神秘"形式感"解释得一清二
楚了。

　　是什么帮助李泽厚完成了他的康德批判呢？一言以蔽之，"实践"
二字。要正确认识实践美学的得失，关键在于对实践本身能否成为审
美活动发生主体条件的资格审查。按照马克思的解释，人的生命活动
之所以不同于动物界的生存活动，关键原因在于"人的本质力量对象
化"。动物的生存活动是单向的，仅仅作用于对象而不指向生命自身，
所以每一个自然物种都只能永远停滞在他们祖先的历史水准上；而人
的生命活动则是双向的，一方面，主体的生命本质力量不断地物化为它
的生产对象，另一方面被这种力量提升了的自然对象反过来也创新着
主体的结构。正是在这个反反复复的生产实践中，动物的感觉、情绪和
需要才逐渐生成人的精神意识、心理结构和自由意志。说实践产生了
人的理性主体当然是不错的，特别是在理性主体偏重于一种工具本体
的语境中。但实践是否就是和知识活动很不相同的审美活动的发生根
源，是需要和李泽厚实践美学讨论的关键。在我看来，李泽厚在逻辑上

犯了一个致命的错误,他把实践概念无限地扩大了,使实践成为一个像黑格尔的"理念"一样无所不包的东西,把人类世界中的一切都解释为实践甚至是生产实践的产物。对实践的批判和改造是要把这个元叙事微型化。简单来说,实践的两个要素是主体化与对象化,前者是一种和大自然打交道的生产方式,后者是一种和人的生命自然(即本能)打交道的生产方式。如果说从前一种实践中直接再生产出可以把握自然规律、造福人类的知识主体,那么在后一种实践中则间接再生产出特别善于处理人的社会矛盾的伦理主体。这就是在实践活动的两个最重要的主体要素。它们可以使人自身发展为区别于自然存在的精神生命,但它们显然不是可以产生审美活动的主体条件。这是因为实践活动的具体对象都是有内容的、有利害的,与真正超功利的审美活动无关。一旦主体和对象发生了两种实践的联系,这时的生命活动也就不再是能够产生愉快和自由感的审美活动了。在逻辑分析上,由于实践活动本身总是不可能超出这两方面的内容,因而也可以说,尽管实践活动可以区别开人与动物,但它显然不是以审美活动方式完成区别的所谓审美尺度。这也是李泽厚的实践美学无法超越的铁门槛。

由此得出的一个结论,如果要为审美活动寻找不依附实践活动、真正属于它自身的存在根据,那一定是要以康德的"不可分析原理"为逻辑起点的。也可以说,从主体基础的角度讲,一定要有一种和实践活动完全不同的生命活动,才能为人类的审美活动发生找到真正的根源。我把这种活动方式的两个要素称之为"非主体化"与"非对象化",其原因在于:只有在一方面不同于主体化的伦理活动、另一方面不同于对象化的知识活动之中,才可能为人类自由的审美活动提供一个坚实的主体基础。

"美是道德的象征"
——审美活动的伦理基础

一、伦理基础：回到康德

在讲了审美活动的主体基础之后，还需要补充一个伦理基础。这是由作为精神生命存在的人类与道德主体过于密切的内在关系决定的。如果说主体基础可以用来区别人的活动与自然界的存在，那么所谓的伦理基础则主要是针对美学的当下困境，它的目的是要在"既宣泄又积淀"或者说"消费即是生产"的古典审美愉快，与仅仅是恶性损耗或者说"只有解构没有建造"的后现代肉体狂欢之间建立一种本体差异，在当代精神生产形成的鱼目混珠状态中，使两者在逻辑上走向终结。伦理基础所提供的是一种极具现代性内涵的批评与理论资源。它的精义：只有建立在伦理基础上的审美活动，才能将人类真正的审美愉快与自然界的本能冲动所带来的快感，以及异化生命在非理性或反理性过程中由于解构一切形式原则所导致的纯粹肉身狂欢区别开。

这个话题很容易使人想到康德的另一句名言——"美是道德的象征"。而一说出这句话，就意味着我们的言说又将从康德开始。和古典哲学中许多微言大义的至理名言一样,对"美是道德的象征"的各种解释也是不可胜数的。这里只简单谈两点:一是何以一定要从康德开始? 二是在当代语境中讨论伦理基础是否必要? 这是对康德充满道德内涵美学命题进行补充或现代阐释最重要的两个先验前提。

首先谈"从康德开始"的问题。这一问题关涉的是"道德象征"的本义以及康德为什么会在《判断力批判》中提出这个具有浓郁伦理色彩的概念。这不仅直接关涉我们能否"从真正的康德开始",同时也关涉能否证明"审美活动的伦理基础"。

一般人在研习康德时总会遇到一个很大的困惑。康德在《判断力批判》的上半部分着重讲"美在于形式",而这样限定的意图主要是要把美学、伦理学与知识学区别开。康德对它们进行了相当清楚的论证,即伦理学的对象是(有)主观(利害的)内容,知识学的对象是(有)客观(利害的)内容,也就是说,凡是内容都和主体的某种利害关系有关。只有当康德说"美在于形式"的时候,才在对象身上切分出一个属于形式、表象、外观的东西,而这个无利害的东西恰好构成了美学的研究对象。或者反过来说,只有当美学专注于一个对象的形式时,才在逻辑上与伦理学、知识学彻底区别开。比如,面对一个苹果,人们在日常生活中一般会有两种态度:一是从知识的角度考虑它的实用价值。这时的苹果对主体主要呈现的是它的客观内容,如它的营养构成、作用等。二是从道德的立场出发追问"应不应该吃"。尽管表面上与客观的利害情况无关,但本质上并不是完全无利害的。因为在"应不应该"的追问中,主体作为人、特别是其区别于动物界的人的需要——这种来自主观的内容与利害关系成为首要研究内容。由于这同样会使主体陷于紧张、焦虑甚至痛苦的生存状态中,所以真正愉快的生命体验是从一开始就被放逐了的。比如日常生活中人们常会这样讲:"这样做还叫人吗?"其中除了沉重与痛感,并没有什么别的了。总之,知识活动与伦理立法都和对象的内容亦即主体的利害有关,不管它们的实际内容是来自客观还是来自主体内部,生命在其中无法获得真正的愉快感是殊途同归的。所以,只有当康德说"美在于形式"的时候,才等于为美学的独立存在或本体论研究建立了坚实基础。只有在既没有客观利害又没有主观内容的形式上,才能建立起一门真正用来研究人的"愉快与不愉快感"的美学。

由此可知,"美在于形式"奠定了康德作为美学学科开山祖师的地位。只有在这个本体论基础上才能真正区分开审美活动、伦理活动与知识活动。或者说,在纯粹美学的学科范围内,包括知识活动与伦理活动在内的任何精神活动都是不具备合法性的。可以用来说明虽然一般人都认为康德不如黑格尔懂艺术,没什么美感和想象力,但仍不得不奉康德为开山祖师的原因。其他学者都没有康德讲得清楚,这是逻辑力量高于历史经验的证明。按理话说到此,康德本人也应该"至矣、尽矣、不可以加矣",但是不然,在《判断力批判》下卷涉及"目的论"时,康德又令人费解地提出了另一个重要命题——"美是道德的象征"。由于道德本身是一切主观内容与利害的核心,因而与"美在于形式"必然是严重冲突的。对此是不能以一句"康德喜欢综合一切矛盾的两面"来打发的,而如何解释这其中的曲折与秘密,也直接关系"象征理论"在美学领域中存在的合法性及意义。

这好像是德国哲人宿命的逻辑圈套,即马克思所说的"德国哲人返回内心",这个内心在《判断力批判》中则表现为对"善"的回归。对此加以责难与否定是很容易的,关键在于找到他们这样做的原因。这个问题在此无法详述,我只想就事论事地谈两点。首先,康德毕竟是一个古典时代的哲学家,而德国古典哲学又是人类伦理理性精神的最高典范,因此康德的各种知识与思想探索都不可能不受这个时代精神的制约与影响。与后来尼采、萨特等人讲的那种酒神式的个体道德完全不同,德国古典哲学中的最高理念在于谋求真、善、美的和谐统一。哲学家尽管在逻辑上把真、善、美的本体差异讲得泾渭分明,但是在探讨目的论或者美与人类存在的关系时又必然要寻求新的和谐。这也是我一直把文明精神结构看作真、善、美三元结构的原因。其次,更重要的是表明了康德对美学走向独断论的一种警觉与先验批判。在今天的历史经验基础上,观察现代主义中的唯美主义与现代哲学的诗化倾向,尤其是在它们最高阶段生成的以欲望主体性为人的本质的后现代哲学中的种种情况,就会发现在审美活动中引入伦理基础,既不是智慧贫乏的产物,更不是逻辑混乱的结果,相反是一种更了不起的智力与天才判断力才能有的收获。

尽管纯粹美学直接的学术对象是形式,是没有任何利害关系的纯粹的愉快感,但无疑需要有一个基本前提——即我们在上一节讨论的"只有人,才审美"。进一步说,审美愉快是一种非常微妙的存在,既和人的情感活动、心理体验密切相关,又跟人的本能冲动、感性活动紧密连在一起。一方面只有受到知识与伦理的提升并摆脱自身固有的生理性质,又不异化为纯粹的意识或意志活动时,一种真正的审美愉快才能完成自身的本体论证明,这是就纯粹逻辑分析而言;另一方面,从历史层面上讲,如果说,审美活动在古典时代的最大障碍是时时有异化于知识与伦理活动之虞,那么在后现代的今天,面临的最大困境则是如何才能把人的审美愉快与动物的快感区别开。后现代文化及美学的最大特点就是以生理愉快的内容偷换了古典美学中由形式感带来的审美愉快。而把这两种在内涵上很不相同的"愉快"在逻辑上区别开,是当代美学最重要的批判与重建工作。古典时代的审美趣味主要是一种建立在很高的人性基础上的艺术品位,而在主张反理性、反伦理、反审美的后现代文化及美学中,只剩下了赤裸裸的纯粹感性,这种与伦理活动没有任何结构关系的新感性本体论,在深层结构上与动物的本能是完全一致的。如果不能把这两种感性本体区别开,那么就没法理解当代很多现象。康德强调"美是道德的象征",就是要对审美愉快加一个限定,区别开审美愉快和纯粹的生理愉快。正是在此意义上,对后现代美学与后现代的审美活动才可能有一种先验批判的作用。在逻辑分析上讲,后现代美学正是由于冲破了康德的伦理限定,才成为我们今天所看到的样子。由此可知,正是出于防止审美活动走向独断论,康德才提出了与"美在于形式"存在二律背反的命题,所蕴含的历史的合理性与逻辑本身所包含的巨大进步意义,也正在于此。一言以蔽之,只有不脱离伦理基础的审美活动,才能区别开人的快感与动物的本能快乐,以及异化者所谓的主要是建立在物质基础(包括生活物品的消费与物化的感觉两方面)上的"幸福生活"。

二、理性尺度及其局限

要理解"美是道德的象征"的合理性,关键在于理解伦理尺度与人自身存在的内在关系,或者说,关键在于分辨知识、审美与伦理三个尺度中,究竟何者才是人性结构中最基础的本体论要素。

我曾经多次表述过,人有三种尺度可以区别开人和自然。一是用来区别人与物质的知识尺度或理性尺度。众所周知,物质对象是没有意识的,尽管人也是一种物质存在,但比一般自然界的物质多了一点东西,那就是精神生命的意识机能。关于它的原理与存在主要是由西方理性主义哲学论证与阐释的。二是用来区别人这种动物与一般动物的伦理尺度。这也就是中国先秦诸子特别喜欢讲的"人兽之辨"。伦理尺度的核心是"应该原则",自然界动物的一切行为都遵从本能,从来不会考虑"应该不应该",直至人可以做到听命于内在的道德命令而主动牺牲或放弃肉体的需要与满足。三是根据"愉快与不愉快"原理活动的审美机能,这是一种更高的审美(人性)尺度。草木无情说的是植物没有喜怒哀乐,动物界的生存竞争也谈不上利害因素,甚至进一步说,只有那些超越了自然本能的人才能获得建立在情感本体上的判断力原理。审美尺度的本体功能在于区别两种不同历史水平的人:异化的人和自由的人。一个异化的人,一个审美机能完全被遮蔽的人,和一个完整的、全面的人的根本差别在于有没有审美感觉、审美能力。以上所述构成了确立人性本体的三种基本尺度,这是不言而喻的。在这三者之间还有一个相互比较,即在它们中间有没有一种基础的尺度。如果没有基础尺度,不仅人与自然的区别不可能建立起来,而且其他尺度的合法性也没有办法得到说明。如果有这样一个基础,那么它同时也是人的基础本体论。

根据我的考察,伦理尺度是人的基础本体论,可以通过和理性尺度、审美尺度的相互比较来说明。我们先比较伦理尺度和理性尺度的内在关系。在此要注意的是,西方哲学从柏拉图、苏格拉底开始,至后现代的哲学家们都会使用"理性"这个概念,但由于语境不同,内部矛盾可以说是五花八门的,有些甚至包含很多不属于理性的东西。比如古典哲学中就包含了很多伦理性的内容,现代哲学中则包含了较多的审美"话语",所以在考察理性尺度之时,我们只能抓"理性"的最高环节或典范形态,不能抓住随便一个什么人的一句话或一本书去演绎、发挥。在这个意义上,理性尺度主要是指包含着最高环节即科学理性或工具理性的黑格尔哲学。

在逻辑分析上讲,理性尺度的最高环节有两个:一个在理论上,一个在实践上。在理论上的最高环节是黑格尔《精神现象学》讲的"主—奴"原理。在这个原理中，黑格尔把理性尺度在逻辑上的存在方式讲得精辟极了。众所周知，黑格尔对理性主体的最高阐释尽在"理念"概念中，但"理念"不直接和理性的对象打交道，"理念"是"大全"，"大全"没办法区别开主体与对象，因而没有办法从事实践或历史活动，必须借助一种中介才能满足自己的需要，就好像地主雇用长工去和土地打交道才能获得生活资料一样。正如一个地主会逐渐丧失劳动本质一样，长此以往，必然出现黑格尔所谓的"异化"，即"主—奴"关系的相互换位：在劳动过程中，奴隶的生命机能充分发展起来，而不劳动的主人则一天天退化了。就实践角度而言，则以马克思的异化劳动理论最为深刻，异化劳动就是人在自己的活动中不是肯定自身，而是否定自身；他劳动得越多，他的生命不是获得发展，而是丧失得越彻底。它的深层原理可以阐释为工人在奴役自然对象的过程中丧失自身，资本家在奴役工人的过程中异化固有人性，这样一种"与物相刃相靡于是非"、不是相互发展而是彼此恶性损耗的"坏"生产机制。这个程序可以说明理性尺度对精神生命的异化，即本来人利用理性机能是为自身谋福利的，但最后使人自身异化为一个理性（知识）主体，人自身的全面性与主体性在活动中通通丧失了。也就是说，在理性尺度中，理性机能一天天强大起来，而作为它的主人的精神生命却一天天陷于困顿萎缩之中，很像庄子讲的"丧己于物"。很显然，在以理性尺度为内在生产观念的活动中，是不可能有什么真正的愉快感与自由感的。

古典哲学中最伟大的命题就是康德讲的"人是目的本身"，但在理性活动中，不管在抽象的意识领域，还是在工业文明的实践中，最终都直接否定了人存在的全面性。在逻辑上表明的是理性尺度不能承担区别人与自然这一基本职能。而一些真正的大哲学家，他们在看到"自我意识的异化"与"现实世界的异化"后,一般开的一个药方是用道德来限制理性,或是用超越必然规律、超越理性活动的审美尺度来限定。比如康德就说科学像古希腊的独眼巨人,只有一只眼睛,怎么改造?就是再给他一只道德的眼睛,让他看到在他的活动中给人自身带来的异化后果。再比如,在现代主义哲学及文学艺术中,反复强调的也是一个社会的理性化、制度化越发达,离一个真正自由的、可以使人性获得更多发展空间的世界就更遥远。尽管理性尺度可以最大限度地满足人类现实的生存需要,但由于其最终结果是把人物化为按照某种机械原理行动的"机器人",所以当然不可能是精神生命真正的家园。把这些经验分析转换为逻辑原理,也就是说在理性尺度中不具备区别人与自然、建立基础本体论的起码条件。

三、审美尺度的内在问题

基础本体论是不是西方存在主义等现代哲学讲的审美尺度呢?不是。实际上西方现代主义的哲学、美学、文化思潮,一直到后现代社会的内在生产观念,都是按照审美尺度来生产与建造的。在西方世界兴起的反理性主义思潮,如 19 世纪的尼采思想、20 世纪的柏格森学说和存在主义等,都是针对理性尺度和它所带来的现实后果而发的。它们的一个共同主题就是相信"美拯救世界",即依据审美尺度可以挽救已经成为一片荒原的现代文明。而后现代主义更是从整体上把人的生活世界审美化了,有人认为现代主义与后现代主义是两种完全不同的东西,而我更倾向于把后者看作前者的最高阶段。因为它们不仅在反理性这个基本观念与大方向上完全一致,而且都是希望通过想象力与感性机能的复活改变现实世界。两者所不同的只是现代主义把希望寄托在个体的心理机能生产上，而后现代文化则通过高度发达的传媒技术试图创造一种虚拟的"社区生活方式"。在想象力机能这个最重要的生产媒介上，两者是完全一致的。这也是可以把它们看作同一种审美主义思潮的原因。

实际上逻辑的结论往往是不带任何浪漫色彩的。关于审美尺度及其生产方式的最后结果，也可以从理论与实践两方面加以考察。

先看审美尺度在理论上的最高代表。由于西方现代美学思潮过于混乱，所以姑且以诗化哲学统称。它的主要特征有三：一是反理性，更确切地说是反理性尺度本身；二是反伦理，这个伦理特指已被充分科学化的经验伦理；三是反美学，指反古典美学，因为他们认为古典美学和个体的深层意识、深层存在是无关的。从逻辑分析上讲，诗化哲学的最高环节是马尔库塞的"新感性本体论"。马尔库塞认为人的欲望、情绪都具有生命本体论的性质。在以往的理性哲学里，人的无意识、本能是不具有本体论资格的，因为这种本能是和动物相同的东西。但是新感性本体论将之完全倒过来，基本观点可以阐释为"我冲动故我在"，亦即人的本体论被界定为是否有一种不同于其他个体的独特生命冲动。可以从生命哲学所说的"生命之流"来理解它的基本内涵。在生命哲学看来，只有理性、经验干扰、扭曲的"生命之流"才代表个体生命最真实的存在，为个体的情绪、潜意识乃至生理冲动赋予了生命本体内涵。不是说古典时代的人们就没有这些情绪与冲动，而是因为人们不承认它们具有本体论内涵，所以随时都可以把它们转化、提升为具有清晰形式的理性意识。一旦把人的这些自然冲动看作生命最高的本质，就会麻烦极了。由于感性冲动与理性原则永无息止的战争，要捍卫个体这种飘忽的、偶然的、稍纵即逝的"新感性"，则要以反对人自身的一切历史文化成果为前提。对此可以举一个例子来说明，你现在不想听课了，内心产生了一种想走出教室的冲动,这时还不要紧,关键在于你对此采取何种哲学态度。在生命哲学看来,这个想走出教室的自我是最真实的自我,是你的本体并凝聚着生命的最高价值,因而你就应该不顾一切地实现这个最高的自我。但如果你是一个古典哲学信仰者,那么这个问题本身都是可笑的,你会觉得这是不理智的、幼稚的甚至是要严格批判的。在价值观念日趋多元化的今天,当然很难作出最后裁定。如果生命哲学成为一个时代的主流意识形态,那么所有的现实世界中用来维系一个社会正常运转的社会机制在顷刻间就会土崩瓦解。比如大家此刻都产生了走出教室的冲动并付诸实践,我们这个由"教"与"学"构成的小社会当然就立马从我们眼前消失了。就我个人的看法,我以为这个感性与理性的二元矛盾还是在古典时代处理得比较好,对个体必然要产生的感性冲动,古典时代一方面是通过给予必要的来自理性的压抑与限制,另一方面则是在心理世界中另辟一条艺术实践与审美想象的道路,为现世中苦闷的灵魂提供自由呼吸的空间,从而保全了社会与自然的利益与需要。

与当代的新感性本体论相对,不妨把传统的审美冲动称作旧感性本体论。旧感性本体论不是不会产生"想出走"的愿望,但在大多数情况下,主要停留在心理学世界中,一般也就是"想想而已",顶多在思想上"开开小差",或者如康德所说的是一种想象力等生命机能的"和谐的游戏"。而在新感性本体论则完全不是这样,它的一切所作所为都不再具有"游戏"的性质,而是要解构与颠覆现存的使他的本能因受到压迫而产生极大"不快"与"焦虑"的现实世界本身。他提倡"本能革命"的目的也不是适当地缓解一下"理性冲动"与"感性冲动"产生的矛盾,从而以优雅的"形式冲动"使相互冲突的双方达成短暂的停火协议。这里也可以举一个简单的例子,一个天性活泼的女学生,如果她在古典时代受到某种压抑,那么她摆脱压抑的方式无非是读小说、写诗或者一个人在被窝里低声哭泣,这与马尔库塞讲的女学生用超短裙来挑战校长所代表的整个现实秩序是完全不同的。前者在接受了现实秩序的同时又努力通过想象力来排遣内在的压抑与焦虑,后者在拒绝了一切现实秩序之后成为自己都不再认识的人。这两种感性本体论的深层机制正如康德说的两种快感:一种是生产性的,这种愉快消费越多,主体的愉快机能就越健康、有力;另一种则属于枯竭性的,遵循的是异化劳动原理,即主体享受的愉快内容越多,自身的享受能力就会越来越退化。总之,在旧感性本体论的"想象力游戏"中最大限度地保留了审美愉快的非功利性,并在其中生产出人的快感与本能冲动的本体差异,从而在审美方面曲折地实现了人与自然的区别。而新感性本体论实则已经转向"只要审美而否定一切的审美独断论",此时不仅看不出什么是"人的东西"什么是"动物的东西",而且所有的感性活动也因为充满了现实冲动而不可能再有任何真正的愉快。

对新感性本体论来说,真正的困境在于无法完成"在否定一切压抑与异化中如何实现真正的愉快感"的理论证明。不仅在逻辑上,在实践中也同样如此。这一点可以通过最高实践成果的后现代文化方面来了解。

审美尺度在实践上的最高成果是消费文明。与以往的人类文明不同,在消费社会中最重要的生产工具是电子传播技术。如果说传统生产工具的发明与改革主要是服务于人类的"向自然进军",那么电子传播技术的出现第一次改变了人们的生产工具概念,它的发明与创造完全是为了更好地同人自身打交道。特别是在当代大众文化中,电子传播技术甚至仅仅是为了人的感觉与想象力的再生产而发展起来的。生产工具的变化在根本上改变了当代人的生存方式。它带来的是一种新理念。这个理念可以表述为是烧饼重要还是镜子里的烧饼重要？在传统观念看来，这是个三岁孩子都明白的道理，所谓"镜子里的烧饼不能充饥"。但是在以电子传播技术为生产工具的消费文明中，这个传统最坚定的生活理念已摇摇欲坠了。举一个例子，有一个广告叫"今年二十，明年十八"，尽管在传统语境中也有这么一说，但基本上是属于"想象力的游戏"一类，没有人会当真。然而在当代电视屏幕的催眠下，广告却真的可以成为人们现实生活的一部分。而那么多人之所以一次次上各种广告的当，是因为他们已经完全听命于电子传播技术这个虚拟的统治者了。我把在电子传播技术中的这种混淆是非与真假不分称作"形象的异化"，一言以蔽之，即主体在他所生产的五彩缤纷的形象世界中彻底丧失了同真实事物打交道的感性机能，或者是被剥夺了过一种真实现实生活的生命本质力量。由于这些异化的形象都是电子传播技术二度创作的结果，并且完全是为满足人的感觉与心理机能而产生的，所以可以看作审美尺度在当代进入实践层面的直接结果。由于广告的真实性仅仅在屏幕或主体的感觉中才有效，所以人的生活在逻辑上就必须是一种现实的，与需要他的感觉、心理、意识与意志全面合作的，这种异化比马克思讲的"劳动异化"更可怕。在其中，人自身被片面地再生产为一种消费机器，并且只知道按照某种商业或者意识形态的"菜单"去消费。在大众文化中一个人当然可以有快感，但快感本质上更是一种早就被编制好的数字程序而已，因而与古典时代那种有血有肉的真实的喜怒哀乐，是完全不可的。

由此可得出这样一个结论：理性尺度把人的本质讲得偏低，在其中人与对象只能发生有利害内容的功利关系，因而很难使人成为真正自由的与愉快的人；而审美尺度又把人讲得过高，由于抽离了人与自然的本体差异，因而充其量只能给人带来一种虚幻的、没有主体的审美乌托邦。如果说理性独断论的结果是"只见物，不见人"，那么审美独断论的结果则是"只有欲望（刺激与痛感），没有愉快（和谐与优美）"。在我看来，不是海德格尔存在主义哲学讲的"此在"，而是人的伦理机能才构成了精神生命的基础本体论。在其中可以实现人与自然的分离，这个分离是将一切自然活动纳入人类学范畴的最重要前提。正是由于伦理尺度构成了精神生命的基础本体论，所以任何真正的人的活动都不可能脱离它，而审美活动也同样要遵从这样一个精神生命的基本框架。这正是我提出新道德主义的根源。也可以说，只有在新道德主义的语境中，"美是道德的象征"才能获得坚实的逻辑与历史条件。

　　最后要说一点，提出审美活动伦理基础之意义主要表现在两个相关层面：一是需要什么样的伦理条件，才能使人成为真正的人？这一点是真正的审美活动最必要的前提。二是正因为有了这样一个自相缠绕的内在结构关系，审美活动与伦理活动才产生一种不可废弃的相互需要关系。也只有从这个语境出发，康德"美是道德的象征"才能获得真正有深度的现代阐释。美当然不是道德，但是两者之间是相关的，或者说真正的愉快与人的道德本体是有直接关系的，就在康德所说的"象征"概念的隐喻之中。这也是席勒提出"运用美的形式的必然界限"的深远意义所在。

"美在于形式"
——审美活动的学科基础

一、存在、意识与话语

在当代哲学界有一个说法,叫语言学的转向。它的意思究竟是什么呢？我以为它指的是哲学或者说人类思维方式以及隐含在其中的基本价值观念的基础性转换。从西方哲学史的角度看,主体的精神活动方式主要发生过两次重大转换,即从客观本质到主体的意识结构,以及从理性主体的意识结构到话语主体的语法规则。对前者大家是熟悉的,而对后一种转换及其对人类生活世界的剧烈影响,大多数人至今仍不了解。

这里可以举一个简单的例子,对"花是红的"这种经验,首先,当人类的思维特别关注客观世界之时,表明的是一种客体大于主体的世界秩序,人类活动的意义及合法性都是需要根据客观世界来判断的,因而花到底红不红,主要判断依据不在于主体,而在于一整套从感觉经验中总结出来的、指称客观存在的知识规律体系。其次,当人类精神的核心转移到主体的意识机能时,判断依据就变为我们意识中是否先验存在着一种"花是红的"的观念或者说这个观念在逻辑上能否成立,因为这决定着对感性经验整理的合法性,最关键的并不是客观世界中是否生长着一朵小红花,而是在我们意识中有没有一朵小红花的纯粹概念。再次,当人类的注意力完全转移到主体的语法结构与话语之后,情况再次发生了根本变化。这时问题可以描述为无论大地上生长的那一朵小红花,还是主体思维中抽象的小红花的表象,都变得不再重要;最重要的在于主体有没有一种话语机能来表述或者愿不愿意用自己掌握的话语使游离在主客体之间的生命经验获得永恒的符号形式。如果不能用语言使之走向存在哲学讲的"澄明",那么这朵花即使存在——无论以具体可感的客观形式,还是以抽象的需要思辨才能把握的主体意象——由于不能进入符号世界之中,所以跟不存在没有什么差别。这里实际上出现的是描述人类活动的三种语法结构,分别是存在、意识与话语。它们的关系当然不是历史进化论的一个取代一个,而是同时并存,并且随着历史条件与社会需要的变化,决定着何者可以浮出水面或者何者必须沉入深渊。

具体到美学研究来说,当然也会受哲学基础转换的影响。这种影响可以表述为有没有一种客观存在的"美的本质",或者说有没有一种可以整理、建构客观经验的"审美意识",最关键的问题还在于主体有没有一种可以谈论、呈现其审美对象的合法美学语境以及具体美学话语。与此相反,在百年中国美学的学术探索中,人们一直热衷于讨论美在客观、在主观或者是在主客观之间这一类问题,除了表明中国美学研究的哲学基础陈旧落后之外,还表明中国美学研究者如果不先追问一下他们话语自身的合法性,那么最终的结果就无异于将美学的根基建立在流沙之上。

语言本体论告诉我们存在是一回事,如何认识它是一回事,而如何表述它又是一回事。由于它们都与我们经验中的对象直接发生联系，因而必然有主次关系。话说回来，包括语言本体论在内，都需要对其合法性及有效势力范围进行界定与论证，因为它们本身不过是观察、理解、把握世界的一种视角、语境以及行为方式。在处理这个问题时，我觉得有两方面需要加以警惕：一是决不能采取一种独断论的方法，一笔抹杀客观论者与主观论者的合理性，而是说它们三者分别代表三种美学治学方法与路向，各有各的经验基础。二是同时还要坚决反对在学理结构中将三种方法等量齐观。这里必须解决一个问题：谁是现代美学学术意识与时代精神的真正代表？对此可以略加比较：在逻辑分析上讲，这三种说法分别是以唯物论、唯心论以及分析哲学为最高代表。尽管它们各有产生的历史经验基础，并由于这种经验基础而获得了部分的合理性，但是它们在纯粹理性或学理结构中的长短还是显而易见的。如果说用对主体意识结构的本体探索取代对客观世界的"今日格一物，明日格一物"，是缘于一旦沉湎于现象世界的汪洋大海中就永无"明心见性"之日，那么也可以说，以语言本体论取代意识结构的第一性，是因为前者提供的对象比后者具有更高意义的客观性或可实证性。从客观本体到意识本体再到符号本体的进程，在逻辑上的必然性也可以这样来总结：客观本身（物自体）不可知，在生产实践中打开的只是现象世界；而主观意识结构作为一种思辨的反思的结晶本身又是难以实证的，有一种反思路径或知识方法就会有一个"小宇宙"；而只有当它们（无论客观世界还是主观经验）以符号形式凝定为"文本"之后，才能够为学术研究提供更加稳定的研究对象。由此可知，在存在、意识与话语三种语法之间，显然只有后者才能把一门人文学术提高到更加精纯的现代学术境界。

什么是现代美学，或者说中国美学的现代性内涵何在？对这个问题尽管可以多方探索,但其中最关键的在我看来在于其中有没有一种以相对确定的话语符号可以取代杂乱无章的客观经验以及人言人殊主观经验的现代学术意识。以此反观百年中国美学中许多学术或非学术的问题与论争,可知在最根本意义上恰恰是因为论者缺乏这种现代学术意识。无论是"美在客观"论所信仰的客观本质,还是"美是主观的"所追求的内心直观,都是把"有没有美"(差别仅仅是以什么方式存在)当作美学研究最重要的问题。而在当代人文学术语境中,这个问题已经丧失了学术与学理上的意义。在语言本体论看来,如何合法地描述与阐释美才是美学研究中最重要的本体论问题。美本身究竟存在不存在,在主观或者在客观本身并不重要,最重要的是描述与阐释人类审美活动的知识与理性游戏在逻辑上是如何可能的。也就是说,只有先有了关于美学的话语游戏规则,才可能把不管在主观还是客观的人类审美活动,反映也好,表现也罢,真正地带到一个澄明的境界中。

一言以蔽之,这也就是所谓的审美活动的学科基础与先验条件,即专门用来解释与描述审美活动的知识语境与叙述话语如何成为可能。这才是直接关系美学能否成为一门现代人文学科的根本性问题。

二、批判康德,还是回到康德

具有现代学术内涵美学的建立,关键在于如何确立它的逻辑起点。对此确立的方式不外有二:一种是按照进化论语法,接着在时间上距离我们最近的理论开讲;另一种则是从知识考古的角度,在逻辑分析意义上找出最接近现代学术理念的知识谱系,也可以说完全是超越历史与知识进化论的。我仍然相信,康德的"美在于形式"就是那个与现代学术意识最接近的美学元观念。循此前行,就可以为中国美学的学科建设提供一个坚实的学理基础。这个问题可以从正反两方面简要讨论。

从正的方面讲,讨论学科基础本身就是在当代条件下回到康德的一种理性的努力。这其中最关键的是,"美在于形式"在逻辑上把三门基础人文学科(知识学、伦理学与美学)的基本界限及活动机制严格区别开,使它们各有各的对象,各有各的功能。在康德之前柏拉图区分不了美和善;黑格尔之后美学又成为理性精神的初级阶段;而现代主义与后现代美学则分别混淆了美与丑、感性愉快与纯粹欲望的本体差异。马克思为《新亚美利加百科全书》撰写的一个美学条目中,也基本上是赞同康德这种划分的。在美学条目的前半部分马克思主要是重复康德,把人的心理机能分为知、情、意三部分,它们分别对应三种基础人文学科。它们的功能分别是:一种使人的理智越来越清楚;一种使人的行为越来越完善;一种使人的感觉越来越具有形式上的和谐感。尽管在这个条目的后半部分,马克思认为美学只有在用数学公式表述时才成为真正的科学。但在逻辑上与黑格尔的理性独断论已经趋同了,所以可以暂且存而不论。因为康德早就讲过"趣味无争辩",美学及其所对应的感性活动是永远不可能用数学公式加以解决的。

要确切理解康德的本义,我觉得特别需要讨论一下"形式"与"内容"的关系。它们是以"利害"或"功利性"为铁门槛的。康德讲的"利害"和"内容"是一个意思,因为只有"内容"才会引起利害关系。这里的"内容"又可以区分为两种形式:一种是客观的,一种是主观的。客观内容构成了知识学的对象,主观内容则是伦理学的对象。比如抓到一只梅花鹿,和人有利害关系的梅花鹿有两种:一是客观方面的利害,如人如何用工具捕捉到鹿以及鹿在市场上值多少钱。这个"内容"纯粹是为了满足人的生存需要而产生的利害关系。在知识学方向上,人和对象只有这样一种利害关系。理智越发达、知识越发达，人对客观利害的考虑就越充分。这一点不限于生产工具，很多实证性人文学科如市场营销术一类，也都是如此。二是主观方面的利害，如把小梅花鹿放生。虽然牺牲了客观方面的利害，通过销售获得的利润没有了，但满足了道德上或信仰上的需要，证明了自己有爱心、有人性、有关怀动物的机能以及间接证明了人的自由意志等，所以这是一种只与主观相关的利害关系。然而，一旦有"利害"存在其中，则必会直接损伤人自然的愉快与不愉快感。或者说，一旦人的美感完全由主观或客观利害来刺激与生产，那么人的自由天性也就必然越来越依附于各种主客观条件，而不再是自由的。或者说，在利害关系中人永远都不可能与对象发生自由的交流。在逻辑分析上，由于同时摆脱了内容的客观利害与主观欲求，只有在康德的"美在于形式"观念中，才有产生出一种不夹杂任何主体欲念的自由活动。古典美学特别强调审美只能存在于对艺术的静观之中，正是因为他们洞悉了这一审美活动的要穴。

　　其实在某种意义上，理解这个"审美无利害"的原理不算困难，主要是许多人总要追问：到底有没有康德讲的那种纯粹审美形式？所有对"美在于形式"这个逻辑起点的背叛，也都是在这种追问中获得动力的。比如黑格尔在形式中灌注理念的内容，李泽厚以积淀说在其中插入伦理内涵等。对此的一个正面答复是康德的形式是一种逻辑的存在，它的意思是说只有有了这样一种仿佛先验存在的形式，作为人文学科的审美科学，或者说可以有效解释人类审美活动的人文知识，再或者说不同于知识主体、伦理主体的审美生命才能成为可能。至于现代人总是顽固追问现实世界中是否存在这样一种与内容无关的纯粹形式，根本就不是思辨哲学家所关心的事情。一言以蔽之，只有无条件地肯定这种纯粹形式，才能为美学建立真正属于自身的对象。否则就不可能有美学这样一门人文学科的成立。对此可以从语言本体论角度补充一点现代阐释：语言决定存在，至于客观世界中是否存在纯粹形式，是既无法证实同时也无法证伪的。尽管在文明经验中没有纯粹形式，但不能保证以后也不会有纯粹形式。既然形式没有办法证实，也没有办法证伪，关键问题就不在于有没有这个形式，而在于人们是否找到了一种用来表述纯粹形式的美学话语。进一步说，如果人们无法陈述纯粹的审美经验，那是因为他们的这种话语机能被剥夺或异化了，绝不意味着这种形式本身不存在。因而，在当代精神条件下建立一种纯粹的美学话语，应该是美学学科进行现代性重建最重要的任务。在今天之所以谈这个纯粹形式越来越困难，是因为古典时代的康德话语，在后来的理性话语以及再后来的后现代话语中被彻底遮蔽了。要么不再从事美学言说，放弃一个自由人的天职；要么必须回到"美在于形式"的语境之中，这就是美学在我们时代所面临的生死抉择问题。

对所有的超越者来说，他们集体忽略的是追问本身合法性，即为什么可以用经验话语（内容）去验证本质上属于先验领域的"纯粹形式"。对此现代哲学已经检讨颇多，在这里我们仅结合中国美学研究中出现的一些严重危机，从"反的方面"说明背叛"美在于形式"这一康德原则的后果。这方面的问题实在太多，只从学理与实践两个方面略谈一二。

从学理层面上讲，一旦丧失了"纯粹形式"这个内在生产观念，就必然要导致美学学科在深层基础上出现危机。正如我多次指出的它的一个最大危机就是直接混淆了美学与知识学、伦理学的学科界限。在逻辑分析上，则是由于在"纯粹形式"之结构中掺杂进大量的理性、伦理性内容，必然导致"本体不明"之结果。以当代中国美学流派中的实践美学为例。李泽厚在《批判哲学的批判》第十章中说："美的哲学是哲学的最高峰。"这句话表面看起来不错，它表达了美学家希望美学可以对人类有更大的作为。但是具体到学理方面，则直接威胁到美学学科与哲学学科的基本界限。在某种意义上讲，这种学科混淆有必然性。美学附属于哲学本是西方美学一个最典范的形态，是从理性、感性二元论这个西方古典哲学的深层结构——美学表达感性，哲学表达理性，感性是理性的初级阶段——中直接转换出来的。在李泽厚讲这个话的时候，可以看出他与西方古典美学之间有很深的渊源关系。李泽厚同时还有"乐感文化""天人合一""有意味的形式"等说法，在这个方向上他的最高理论成果即美感是一种"弱化了的伦理判断"。与前者不同，在这里恰好可看出李泽厚与中国传统哲学（主体是儒家伦理学）的渊源关系。尽管在表面上不容易看出破绽，但如果把这两个命题简化为两个陈述句，无疑就会得出美学是哲学以及审美判断即伦理判断这两个逻辑公式。而如果这样的逻辑成立，那么还有什么必要去建立一门叫美学的基础人文学科呢？充其量在哲学或伦理学之下建立一门关于情感的"二级学科"就足够了！所以可以说，正是在这样一种类似中世纪神学的"本体论证明"——用经验方法证明先验存在——的美学研究中，取消了美学作为一门独立现代人文学科在逻辑上的可能。

在此顺便要补充的一点，尽管有不少学者已经看到实践美学本身有问题，如高尔泰、杨春时等，他们对实践美学都提出过批评，但由于他们基本上未能意识到李泽厚的根本问题在于混淆了不同人文学科的学科界限，因而并未在现代学术的意义上给予真正的批判与超越。比如高尔泰仍在讲"美的哲学就是人的哲学"，而杨春时与其他学者也毫不例外地要用美学解决人的生存问题。所以我对此曾经评价过："在用美学解决人的现实问题、人的存在问题上，在混淆美学和其他人文学科的基本功能上，在实践美学与后实践美学根本就不存在任何超越关系。他们的矛盾只在于所接受的哲学传统不同，甚至可以说，他们仅仅体现了西方古典哲学和现代哲学在中国美学理论框架中的矛盾与对立而已。"由于结果仅仅是中国美学从一种西方哲学走向另一种西方哲学，所以中国美学作为一门现代人文学科走向独立的现代性理想，可以说仍然是晦暗不明的。这些都可以看作我们以理性哲学、伦理哲学乃至非理性哲学等批判康德所带来的后遗症。由此所带来的各种严重的逻辑的与学理的后果，也不是短时期内就可以清理的。

在实践层面上讲，由于美学基本概念、学科内涵混乱，所以在所有与之相关的实践活动中必然会产生一系列连锁问题。这里仅举一个美育的例子。按照"美在于形式"的说法，审美教育的基本功能是使人的情感越来越丰富，使人的形式感越来越完善。然而由于不了解美的本质以及不清楚什么是美育，当代的审美教育与它的逻辑规定几乎完全是背道而驰的。与美学学科的尴尬与困境一致，审美教育在当代也基本上被异化为知识教育或伦理教育的一种手段。它的存在不是要完善人的形式感受机能，而是异化人天性中愉快与不愉快感受的心理系统，使人在接受理性异化与伦理异化时，可以减少个体的抵触情绪与反抗冲动。比如讲数学公式时放一段音乐或加一点画面，把团队活动拉到风景优美的大自然中，但由于最根本的目的在于传授知识或培养品德，所以不管是主体的形式感还是客观存在的审美外观，实际上只是充当了"狡黠的理性"实现自身目的的一种手段而已。由于只有更严格的、更高级别的理性分析能力才可以抵制"狡黠的理性"，因而如何在本体论的高度上区别知识、伦理与审美，也就变得十分紧迫与重要起来。尽管只有一个"纯粹形式"观念是不够的，不能避免现实世界中的种种异化与"恶"，但有没有这一点意识的自觉也是很不相同的。因为只有有了一个纯粹的概念，才能知道应该朝哪个方向去思考、去追求。这是人类向自由王国迈进的真正的逻辑起点。

由此可知，由于百年中国美学的内在症结大都源于对康德美学的批判，并在这种批判中同时丧失了极其可贵的现代学术意识，因而对于中国美学学科的重建来说，最重要的任务无疑在于重新反思中华民族的"批判哲学的批判"，以及如何在一种现代学术语境中处理 20 世纪的中国美学遗产。

三、本体分析与结构关系

当我们讲学科基础的时候，是放在一个更纯粹的学理背景下考察，其中恰好体现出一些现代学术因子。这很可能也是过去一般的美学理论很少讲学科基础，而一开始就从某种哲学基础出发的根源吧。必须指出的是哲学基础与学科基础完全不是一回事。前者主要是使美学附着于某一权力话语，而只有后者才能提出一门独立的美学与其他相关人文学科的结构关系问题。针对当代美学所面临的种种理论基础的挑战，这里有必要特别强调一下学科基础的意义。传统美学研究不讲学科基础，不讲学科是在什么样的情况下才可能成立，往往带来学科界限的混乱，结果往往是研究来研究去，最终发现美学学科根本没法成立。当我们说美学学科无法成立，不是说在学术生产线上没有大量的美学产品出现，而是说大量出现的美学产品都没有办法获得一个本体论基础，即看不出这门学科和其他学科有何种差别。比如很多书上都出现这样两个概念——科学美、伦理美——就是学科界限混乱的直接产物。如果把知识学、伦理学、美学当作三种最基本的人文学科，那它们之间一定要有一个很清晰的界限，有了这个界限三个学科才可能各自独立。这个问题不只在中国，美学史上一些美学理论也能反映出该问题。比如美国美学家门罗讲"走向科学的美学"，费尔巴哈讲"美学是未来的伦理学"等，都是由于缺乏现代学术意识而混淆了三种基本人文学术的结果。

接下来简单表述一下我对这个问题的看法。这里最关键的问题在于如何设定美学言说的现代学术语境。它的困难在于一方面要在逻辑上把真、善、美严格区别开，否则美学走向学术独立的学理基础就不存在，或者说只有大量的理性美学、伦理美学而不可能有纯粹美学自身。而所谓的科学美、伦理美等不伦不类的概念也是在这个基础上繁殖出来的。但另一方面，也要防止美学在现代学科独立路途中走向审美独断论，即完全割断它与知识学、伦理学在结构上的联系。这也是现代丑学以及后现代主义欲望美学带给我们深刻教训。前者的教训是美感与一切意识内容无关，后者则是感性冲动与一切伦理内容彻底断裂的结果，前者沦为幽灵般的无意识本能，后者则异化为无法区别生理刺激与审美愉快的纯粹欲望。正如我们在前文讲到的，对感性机能的分析与阐释实则需要有更高级与更复杂的理性机能才能进行，对于美学的学科界定与表述，同样需要更加复杂的深层语法结构。

这个深层话语结构的核心，我用两个概念来表达，一个叫"本体分析"，另一个叫"结构关系"。所谓"本体分析"就是要剔除掺杂在审美形式上所有的真与善的杂质，直接呈现的是美学的本体内涵即"美在于形式"，与主客观的内容无关。或者说，只有那种可以与主体的知识机能、伦理机能最大限度区别开的生命机能，才是一个精神生命进行审美活动的本体基础。"结构关系"是在经验层面描述审美形式必须选择的叙事策略。它的要义在于尽管美不是真、善，但美必须借助它与真、善的经验胶着状态，以及在对此种状态的分析、清理中显示自身。注意，这里的"结构关系"绝不等于辩证统一，也不等于李泽厚的"美是真和善的统一"，因为一统一就等于取消了"本体分析"的意义，其结果是美"不再在此"了,它不是被统一为善,就是被统一为真。这个结构关系要从结构主义的角度理解。结构主义有一条基本原则,我表述为"本质即关系",即对一个对象的把握必须在它与其他结构要素的关系中进行。比如教师和学生是一个基本结构,当我们理解"学生"时,是有一个潜在结构和"教师"这个潜在要素存在,否则单纯说"学生"我们是无法理解也无法描述的,任何一个对象只能在语言结构中显身。真、善、美是人类精神结构的三个基本要素。我们了解"美"(知识机能),是因为它与真、善仿佛先验地构成了一个精神结构,有这样一个潜在结构,审美机能才越来越像它自身。同样,知识机能与伦理机能也一样。尽管在人体解剖中找不到一种叫审美机能的东西,但在逻辑上,当一种机能越来越脱离知识与道德功能时,它无疑就是主体的审美机能。反过来说,当你判断一种快乐是不是审美快乐时,也要问一下它是不是实用的,是不是"应该的",如果都不是,那它当然就是审美愉快了。从这个深层话语结构可以归纳出两条原则:第一,本体分析是不可分析的。它相当于老子讲的"道可道,非常道",就是说美本体是不可做经验分析的。比如,日常生活中的一见钟情,两人既无知识上的考虑,也没有高尚的伦理行为,这喜欢从何而来? 根本没有办法做经验分析与证明。第二,结构关系是必须分析的。在结构分析中最常用的是冯友兰的"负思维"法,尽管不能直接说明美是什么,但说明了美不是什么,在说明了美不是真,不是善等之后,我们在表述上也就越接近美本身了。

最后还要说明一点,尽管康德提供的语境,贡献是巨大的,但由于他的研究仍局限在西方理性主义时代背景下,所以也不能说是功德圆满的。我对此做的一点探索就是为之补充了第四要素——"诗性智慧"(它作为原始思维,是完全不同于理性人或文明人的精神结构的)。当然,第四要素的提出也不是和康德完全无关的。因为康德在讨论"真"

的时候,除了提出"纯粹自我意识"之外,还提出了"理智直观"并把它看作前者的根源。在讲"善"的时候,除了讲"道德之善"还讲"自然之善"这个更重要的根源。甚至他在讲审美判断力的时候,也隐约提出了"原生的判断力"。康德在这些语义暧昧的概念深处,暗示出诗性智慧古老的身影与顽强的存在姿态。由于受"文明中心论"和理性哲学的影响,以及对原始思维等非文明的经验不够了解,康德未能把这些极具思想魅力的话题展开。在今天的知识水平之上,特别是借助 20 世纪以来文化人类学所取得的巨大成果,接着康德的这些话题往下讲,对更深入理解人情感世界与审美活动的本性来说,无疑是一个激动人心的以及更加辽阔的人文学术景观。

中　卷

中国文章之美赏论

"庙堂之外有自由"

—— 庄子《让王篇》与中国士大夫生命美学原理

一

你听说过这样的事情吗？

一个人好心要把他的王位让给另一个人，另一个人不仅不领情，简直就像遇到瘟神一样避之唯恐不及，他连别人的话都没有听完，就溜之大吉了。

这还不算什么，还有另一个人，他被大家逼着一定要去做君主，在想尽办法都没能逃脱后，上任时呼天抢地，痛不欲生。他一脸无奈与悲伤的表情，使人想到哈姆雷特"真倒霉，重整乾坤的责任轮到我头上来了"的表白。

还有比这更严重的，就是为了不当统治别人的人，他们会极端到以死抗争，而且不只是威胁，"再让我当君主，我就不活了……"，是真的去死，好像成为一个君主，比失去性命还要不堪。

按照普通人的看法，当官有权有势，就已经很好了，当大官自然更好，因为他占有的资源更多，至于做一个君主，更是天上掉馅饼的好事，意味着整个天下、至少一方水土的所有财富与权力都尽在指掌之中，没有任何人可以束缚他了。这是一个不需要解释大家都明白的道理，所以在一般的人生奋斗者那里，"有条件要上，没有条件创造条件也要上"，正是他们铁心遵守的人生准则。即使为此拼上身家性命也在所不惜。因为"成则王侯"的结果太诱惑人了，所以从小不务正业的刘邦一当上皇帝，第一感觉就是"当皇帝怎么这么好"？而他的对头项羽，一见到秦始皇出行时的豪华富丽场景，就顿生"彼可取而代之"的不臣之心。一部中国历史，人们听的更多的是忠臣如何"舍命陪君主"，奸臣如何日夜思谋着"篡党夺权"。即使在皇室内部，为了争夺王位，不知上演了多少父子相残、母子恩断、手足火并的悲惨故事，至于把君主的大位让来让去，简直是闻所未闻。

想了解一下底细与缘由吗？那就去读一读庄子的《让王篇》吧。

二

话说回来，推荐《让王篇》叫人去读，会遇到一些明显的问题。最大的麻烦很可能是庄子的好文章多了，为什么偏偏要读它？

单就文章本身看，《让王篇》的价值的确不高，这也是它被编排在"杂篇"的原因。《庄子》一书收有文章三十三篇，分为"内篇""外篇"与"杂篇"三部分，大家一致的看法是，"内篇"系庄子本人所作，是了解庄子思想与文采最重要的文本，"外篇"次之，而"杂篇"问题最多，不仅在内容与文字上相当杂乱，有些还被怀疑为赝品。不幸的是，《让王篇》不仅收录在"杂篇"中，且自苏东坡以来，被普遍认定是伪作。以明末清初的大学者王夫之为例，他的《庄子解》对《让王篇》就只字不提，理由很可能是既非庄子的作品，当然就没有必要浪费口舌。还可以找到一些其他原因说明没有必要重视《让王篇》。比如从主题思想的角度，今人陈鼓应的解释应该算是相当客观的了，他说："《让王篇》，要旨阐述重生的思想，……本篇虽非庄子自作，却与庄派思想有相通之处，可能是庄子后学所写。"（《庄子今注今译》）庄子讲"重生"的章节不仅此一处，在"内篇"中有《养生主》、在"外篇"中则有《达生》《山木》等，通过它们来了解庄子的"重生"思想，在文献上不是要可靠得多吗？如果从审美价值的角度看，《让王篇》在以文采风流胜出古今的庄子文章中，更是乏善可陈。不仅文气不够连贯，在结构布局上拖泥带水，就是在义理上也多有拖沓、重复之处，有些内容与主题思想也有出入与抵牾，如果把它与庄子的"内篇"相比，差距是显而易见的。

先不讲为什么要特地把《让王篇》从历史尘封中提取出来，先编写一个简洁的故事梗概，帮助人们了解《让王篇》的具体内容。《让王篇》一共讲了十五个故事，主旨大体一致，就是篇名中所谓的"让王"。根据这些人物对"让王者"与"让王"本身的态度，大体上可以分为三组。

第一组"让王者"天性很高，立场与态度也十分鲜明，当别人以"王"相让时，他们连想都不想一下就拒绝了。如尧以天下让许由，许由不受。又让于子州支父，子州支父的回答显得很有水平，他说："我当然可以当天子了，但我本人正好患了一种幽忧之病，正在治疗，自己的病还没有治好呢，哪里有工夫去治天下呀？"再接着的故事与此大意差不多，主角换成了舜，他要把天下让给子州支伯。从字面上看，子州支伯与子州支父大概有些联系（也有人认为两者是一个人），所以子州支伯使用同一个理由拒绝了舜。第三个故事是舜以天下让善卷，善卷的身份是个农民，他回答说："我生活在大自然中，冬天冷了，穿野兽的皮毛，夏天热了，穿草木织的粗布衣，春天种地，可以活动身体，秋天收割以后，就可以好好地休息。太阳升起就去劳动，夕阳落山就回家睡觉，在天地之间自由自在,我要天下干什么呢?"可能是舜逼得比较紧,最后善卷只好逃到深山里。舜又要把天下让给自己的朋友石户之农,石户之农埋怨舜太不够意思,把这么沉重的负担转嫁于人,于是带着妻子"以入于海,终身不反"。这一组人物,在"不当王"这一点上立场坚定,态度分明,丝毫不肯含糊,是庄子的心声所在,所以才被排在"让王"阵营的最前排,具有很好的示范与榜样作用。

第二组"让王者"其根器不如前面一组,他们很可能不是不想当"王",而是在经历了激烈的思想斗争之后,特别是看到了"当王的坏处",经过反复思考,权衡轻重利弊,最终才做出了"不当王"的光明选择。这些人物主要包括大王亶父、王子搜、子华子、颜阖等,尽管他们悟"道"比较迟缓,但由于思想斗争的过程与普通人的心理活动接近,所以留下了不少值得玩味的细节,也富于文学色彩。如周文王的祖父大王亶父,与一般的"王"唯恐百姓四散离去不同,他的态度是"你们做我的臣子与做狄人的臣子又有什么不同呢"? 他并不是一开始就有这么高的思想觉悟,而是因为实在不忍心看着百姓因为跟从自己而惨遭野蛮狄人的杀害。这对于那些"居高官尊爵""见利,轻亡其身"的"今世之人"来说,具有很好的教育意义。越国一个叫"搜"的王子,之所以逃到一个叫"丹穴"的洞窟里不肯出来,并不是像西方童话中经常讲的中了巫婆的魔法,是因为亲历了"越人三世弑其君"的悲剧现实,"被革命吓破了胆",才主动放弃王子的荣华富贵,逃到岩洞里避难。但不幸的是,最后还是被拥戴者用艾草熏了出来,所以在登上返回宫廷的车马时,他还禁不住大喊:"君乎! 君乎! 独不可以舍我乎!"还有一个魏国的贤人子华子,当韩魏两国为争夺土地打得不可开交时,他去见面有忧色的国君昭僖侯。两人之间有一段很著名的对话,今人陈鼓应先生翻译如下:

　　子华子说："现在使天下人在你的面前写下誓约，誓约写说：
'左手夺到它就要砍去右手，右手夺到它就要砍去左手，但是夺到
的可以得到天下。'你愿意去夺取它吗？"

　　昭僖侯说："我不愿意去夺取。"

　　子华子说："很好，这样看来，两只手比天下重要，身体又比两
臂重要……"

在这段对话中，提出了一个相当尖锐而深刻的矛盾，一个人之所以
要把以"王"为中心的财富与权利让出去，是因为还有比它们更重要的东
西。把这个比较上升到哲学高度的是鲁国的"得道之人"颜阖，他说："道
的精华是用来处理身心矛盾的，剩余的可以治理国家，而它的渣滓才是
用来治理天下的。"在批评"今世俗之君子，多危身弃生以殉物"时，他创
造了一个很好的比喻，"以随侯之珠弹千仞之雀"，意思是说，生命宛如无
比宝贵的"随侯之珠"，用它去换取微不足道的"千仞之雀"，太不值得了。

由于文本自身的原因，以下思路就开始杂乱起来，其中值得一提或
者说可以作为第三组人物来讨论的，是楚国一个叫"屠羊说"的。从"屠
羊说"的命名看，应该是一个寓言式的人物，意为一个杀羊人。他在行
事上有点像老子的"功成而身退"，就是需要为"王"出力的时候，还是应
该出来"为王前驱""以手援天下"。一旦"王"的事情做完，自己与"王"
的关系也就随之结束，然后则是"从来处来，向去处去"，而不应被"王"
周围的富贵场面冲昏头脑。这个故事的具体情节是，楚昭王失国，"屠
羊说"跟着昭王鞍前马后效命，待光复以后，昭王要赏赐他时，他却不肯
接受，原因是"大王失国，说失屠羊；大王反国，说亦反屠羊。"至于为什
么不选择唾手可得的荣华富贵，而是要"脱我战时袍，着我旧时裳"，这
只能解释为他不想放弃自己已习惯了的、自由自在的"屠羊"生活方式，

尽管在一般人看来,这个生活可能一点也不值得留恋。

从子华子的"两臂重于天下也,身亦重于两臂",到"屠羊说"的"愿复反吾屠羊之肆",提出的是一个很重要的人生哲学问题,即在一个人的生命自由与外在的现实利害之间,究竟哪一个更重要?尽管《让王篇》的思想相当驳杂,叙事的条理也不够清晰,但由于它提出的是一个生命自由的重要问题,特别是还把批判的矛头直接指向了以"王"为中心的现实世界秩序,指出了在个体自由与现实政治秩序之间存在着无法解除的根本性的矛盾,这才是我们特别重视这篇一般人并不看重的文章的根源。政治与自由、财富与精神、现实与审美,不可兼得,这就是生逢乱世而又性情孤高的庄子所获得的人生觉悟,好像是怕人们对此不能真正重视起来,在文章快要结束的时候,他还讲了两个非常激烈的故事,一个是舜以天下让其友北人无择,结果无择"自投清泠之渊",一个是汤让瞀光,瞀光"乃负石而自沈于庐水"。潜台词是说:"你再要让我当王,我就死给你看。"

现代以来,在中国民族熟悉的西方格言中,有一句是"不自由,毋宁死"。对于庄子的《让王篇》来说,可以相应称之为"宁为'人'死,不为'王'全"。在对个体具有压抑、阉割意味的现实政治与与生俱来的自由意志之间,在中国古代的哲人中,从来没有像《让王篇》一样的,把不可并存的激烈矛盾如此空前紧张地表达出来。如果说庄子"内篇"主要是以抽象方式讲述"什么是自由"的概念,那么《让王篇》则以最尖锐的方式指出了现实世界中不自由的根源,这正是庄子心目中的高人们对"王"避之唯恐不及,甚至以死相抗争的原因。

三

话说回来,当"王"有这么多坏处,一般人听了,恐怕都会摇头说"不相信"。而如果仔细地读了文章，也许还会说："骗人，这怎么可能呢？除非他们都是傻子。"因为当"王"的好处与实惠实在太多了，随便就可以举出一大堆例子。但事情不尽是那么简单，否则，岂不等于说像庄子这样对生命有如此深刻情怀与领悟的古代哲人，都是脑子有问题的傻子吗？一个最简单的事实是，人们同样也可以举出一大堆"当王"的坏处。

当"王"的好处人所共知，这里不必赘言，至于坏处可以略举数例。明末清初的黄宗羲有一篇《原君》，其中有一段大家很熟悉的话，就是讲帝王的心痛。

> 既以产业视之，人之欲得产业，谁不如我？摄缄縢，固扃鐍，一人之智力，不能胜天下欲得之者之众。远者数世，近者及身，其血肉之崩溃，在其子孙矣。昔人愿世世无生帝王家，而毅宗之语公主，亦曰："若何为生我家？"痛哉斯言！回思创业时，其欲得天下之心，有不废然摧沮者乎？

做一个君主，由于占有的资源多，当然可以享受到普通百姓连想都不敢想的生活，但由于树大招风，寄生于政治、经济、军事中心，一旦风浪袭来，后果也是毁灭性的。《世说新语》中有一个故事，孔融因罪被捕的消息传来，一家上下都惶怖极了。只有他的两个儿子，依旧玩耍嬉笑如故，大的儿子九岁，小的才八岁。孔融看了心中十分不忍，对来抓捕他的人说："希望只惩罚我一个人，不知道两个孩子能够幸免否？"只见他的孩子慢走上前来说："大人岂见覆巢之下，复有完卵乎？"果然，没过多久，抓捕孩子及家人的人就来到家门口了。都说穷人的孩子早当家，其实一直生活在政治风暴中心的富家子弟，同样早熟得厉害。

"最是无情帝王家。"帝王之家的悲剧与普通人的小病小灾、小打小闹，是不可同日而语的，因而一直是诗歌、传奇与戏剧的中心内容，如果要开一个详细的清单，那实在过于冗长了。这里只举两个例子吧，在戏曲《长生殿》有一段杨玉环的临终唱词：

> 魂飞颤，泪交加。堂堂天子贵，不及莫愁家。难道把恩和义，霎时抛下。

诗人杜甫也有一首《哀王孙》的诗：

> 长安城头多白乌，夜飞延秋门上呼。又来人家啄大屋，屋底达官走避胡。金鞭断折九马死，骨肉不得同驰驱。腰下宝玦青珊瑚，可怜王孙泣路隅。问之不肯道姓名，但道困苦乞为奴……

无论是表面上花团锦簇的帝王恋情，还是在钟鸣鼎食中长大的皇子王孙，一旦帝国崩溃、世事迁移，就连过一种普通生活的卑微请求，都成了奢望。

黑格尔关于东方社会有一个说法，就是只有皇帝一个人是自由的。按照一般人的想象，"王命不可违""君叫臣死，臣不敢不死"，除了长生不老等违背自然规律的事情以外，皇帝还有什么不能办到吗？实际情形如何呢？看看历史学家黄仁宇笔下的万历皇帝，在长达30年的帝王生涯中，他就没有办法立自己喜欢的孩子做太子，虽名为君主，实际上不过是"紫禁城中的一名囚徒"。

> 皇帝决心以顽强的意志和臣僚们作持久的对抗，臣僚不让他

立常洵为太子，他也不立常洛为太子，甚至不让常洛举行冠礼以便向翰林院的官员就读。像这样双方坚持达十年之久。

迫于强大的舆论压力，他不得不放弃自己的打算。但是他的屈服是带着仇恨的。皇长子被封为太子，皇三子被封为福王到河南之国，从此皇帝的心灵上就留下了永久的伤痕，他的臣僚也再没有机会能使他按照他们的意志执行他的任务了。皇帝仍然是皇帝，但是再也不愿意做任何事情使他的文官快意。像这样又二十年。

身为天子的万历，在另一种意义上讲，他不过是紫禁城中的一名囚徒。他的权力大多带有被动性。他可以把他不喜欢的官员革职查办，但是很难升迁拔擢他所喜欢的官员，以致没有一个人足以成为他的心腹。他对大臣们的奏折作出决断，可以超出法律的规定，但是他没有制订法律的力量，官僚之间发生冲突，理所当然地由他加以裁夺，但是他不能改造制度以避免冲突的发生，而且他裁夺的权威性正在日益微弱，因为他被臣下视为燕安怠惰。各边区的军事问题必须奏报皇帝，但是皇帝自己不能统率兵将，在平日也没有整顿军备的可能。他很难跨出宫门一步，自然更谈不上离开京城巡视各省。连这一点选择的自由都没有，居于九五之尊还有什么趣味？①

大权在握尚且如此，更不用说那些被强有力的政治军事人物挟持的傀儡，以及历史上为数不少的或废或弑的帝王了。帝王的宝座是一

① 黄仁宇：《万历十五年》，中华书局 1982 年版，第 76—77、93—94 页。

块最肥的肉。项羽因为在争夺帝位中失败,没有脸面再见江东父老,自刎于乌江岸边,使后代那些喜欢这位"力拔山兮气盖世"英雄人物的人们十分感念,李清照就歌颂项羽为"鬼雄"。但换位思考一下,如果他当上帝王,就美满幸福了吗? 也很难说,看一点历代的宫廷实录或野史,就可以知道在花团锦簇的深宫大院里,埋藏了多少血腥与肮脏。还有所谓的"成则王侯",他们的日子究竟过得如何? 从古代的弑君者那里也可做一些推测,隋炀帝杨广以堕落知名,明成祖朱棣以残暴著称,都是因为在争夺王位的过程中,他们使用的手段过于卑鄙与残暴,虽然把江山抢了,但由于在这个过程中同时毁灭了人天生的善良与仁爱之心,所以也就背上了最沉重的负担,以后的日子当然不可能是"平生不做亏心事,夜半不怕鬼敲门"的了。不光是中国,在莎士比亚的戏剧中,也有一个关于弑君者麦克白的故事。麦克白本是苏格兰的一名贵族。他勇敢善战,深得人民的尊敬,后因女巫预言他要当国王,开始走火入魔,终于利令智昏,在国王访问他时把国君杀掉,自己登上了王位。但与开始时设想的"从此过上幸福的生活"完全相反,他神经脆弱得连敲门声都不敢听,直到最后众叛亲离,在绝望中自杀。照此看来,"让王者"不仅不是傻子,相反是相当明智的人。

当然,举了这些例子,并不是要全面否定当"王"的好处,因为那些好处同样是不言而喻的。当"王"到底好不好,也是不可能争论出一个结果。这是因为,没有一个大家都赞同的尺度来衡量,每个人的需要不同,对待生命的价值态度也不同,所以就不可能产生一个绝对的标准。正如庄子在《齐物论》中所说:"如果我和你争论,那么叫谁来做裁判呢? 如果找一个和我一样的人,那么他在没有开始裁判时,就已经赞同了我,所以对你当然是不公正的;反过来也是这样。如果找一个既不赞同你也不赞同我的,那他对我们两人都是不合适的。而在逻辑上也不可能存在一个既赞同你同时又赞同我的。"在这样的情况下,最关键的就不是费力争论"当王好"还是"不当王好",而是要透过"让王"的表象,看一看究竟想表达的意思是什么。一言以蔽之,《让王篇》提出这样一个问题,是一个人与生俱来的生命自由重要,还是在"与物相刃相靡"中享受外在的荣华富贵重要? 这就是"子华子的誓约"所提出的严厉拷问:"'左手攫之则右手废,右手攫之则左手废,然而攫之者必有天下。'君能攫之乎?"

对此,不同的人当然可以有不同的回答与选择,但至少应该承认,《让王篇》讲的"双臂重于天下",也是一种很重要的回答与选择,它把个体的生命自由看得高于一切。如果承认自由是人类生命的最高理想,那么它的重要性同样是不言而喻的。

四

在中国古代世界中,政治与自由真有那么大的矛盾吗? 这可能才是真正需要小心求证的。对此可以从两方面看。首先,这与中国农业文明的早期经验与特殊结构有关。从政治经济学原理上讲,一个完整的社会生产过程,是由生产、分配、交换和消费四个环节构成的。但由于不同民族早期自然环境、生产方式等方面的差异,也使得社会生产方式产生了很大区别。在《中国诗性文化》中我曾比较过古代中国文明与希腊文明,以为两者的根本差别就在于前者重视"分配",而后者重视"生产"。

中国很早就发明了耕种技术,属农业文明,而古希腊则属于牧业文明。农业文明自给自足,具有天然的封闭性;牧业文明则需要

交换才能生存下去。古希腊商业和航海的发达,都与交换的驱动
相关。由于这两种不同的生产方式,这就在人类自身的再生产中,
直接产生了两种非常不同的精神素质。交换贵在相互平等与利益
均沾,所以它的结构就积淀为契约性;而分配重在调节人际关系,
其直接后果就是产生出一整套严密的伦理秩序。①

在《谁知盘中餐》中,我对此做了进一步的说明:

> ……与商业文明特别重视交换环节的意义完全不同,由于实
> 际生产力的低下等原因,一种理想的分配体制才是中国农业社会
> 的核心。因而这个分配环节无论如何都是中国思想家不应该和不
> 能够忽视的东西。关于分配环节的重要性,这里可以举一个例子
> 来说明。张光直先生对中国青铜时代有一个出色的研究,就是发
> 现青铜在中国古代主要是用来铸造礼器(如作为权力象征的九鼎
> 等),而不是用来制造劳动工具和军事武器的。如果说,劳动工具
> 和武器的目的在于从事生产和掠夺,那么礼器的唯一的用途就是
> 一种权力的象征,它发挥作用的空间主要是在庙堂之上,而要解决
> 的问题则是如何控制和分配整个社会的生产和生活资料。②

由于决定一个社会存在的主要力量不是来自物质生产领域,而是
来自政治制度与意识形态,这正是中国古代政治制度对于社会具有死
生存亡重要影响的根源。拿破仑有一句名言,叫"政治就是命运",用来

---

① 刘士林:《中国诗性文化》,江苏人民出版社 1999 年版,第 42 页。
② 刘士林:《谁知盘中餐——中国农业文明的往事与随想》,济南出版社 2003 年版,
第 32 页。

解释中国古代人的生活世界，实在是再恰当不过了。

庄子本人对此当然是了然于心的。所以无论在"内篇"，还是在"外篇""杂篇"，他对政治代表人物及其理论主张的批判、抨击都是不遗余力的，远远超过"逍遥""齐物""养生"等一般人看重的思想主题。我曾说不能把庄子看作一种"审美文本"，而应该视作"政治文本"，原因也在这里。"杂篇"中的"让王"，把这个问题讲得十分清楚，这里还可以在"内篇""外篇"各举一例说明。

> 夫尧既已黥汝以仁义，而劓汝以是非矣。汝将何以游夫遥荡恣睢转徙之涂乎？（《庄子·内篇·大宗师》）

> 自三代以下者，天下莫不以物易其性矣！小人则以身殉利；士则以身殉名；大夫则以身殉家；圣人则以身殉天下。故此数子者，事业不同，名声异号，其于伤性以身为殉，一也。（《庄子·外篇·骈拇》）

由此可知两点，一是"王"的行为本身就是要戕害生命的自由，如同古代的"黥""劓"二刑；二是讲政治异化是无所不在的，无论是君子、小人，还是在古代境界最高的圣人。如果了解到这一层，我想随便否定"让王"与庄子思想的联系，就显得相当的肤浅与幼稚了。

其次则是它与古代士大夫特殊的生命存在方式直接相关。中国古代的士大夫基本上是一种"政治动物"，对此也可以分两层说。一方面的原因近乎是天生的，这主要与士大夫早期的生命经验与自身的生产方式有关。与西方的文化生命不同，我把中国古代士大夫称为"诗人政治家"，"与西方诗人哲学家通过理性思维区分开人与无机的自然界截然不同,中国诗人政治家则是通过'礼'的内在建设,以区别开人与禽兽的方式从原始混沌中生长出来的,因此它最为关注的正是人的政治属性与伦理本质(汉语中的'礼'恰好具有这样两重含义。)"①这种本性表现出来对他们的生命活动方式有一根本性影响,就是凡事不是直接面对自然,从大自然中获取生存必需的生活资料;而是特别擅长处理人与人之间的社会关系,以参政议政的话语方式"空手套白狼"。孟子把这叫作"以禄代耕""或劳心,或劳力;劳心者治人,劳力者治于人;治于人者食人,治人者食于人,天下之通义也"(《滕文公上》)。其是其非暂且不去讨论,但结果是显而易见的,就是个人的政治机能越来越发达,紧接着的一个连锁反应是个人生命的其他机能越来越萎缩,"觅食"方式越来越单一,空间越来越狭小,堵死了其他出路。儒家就是这方面最典型的代表。《论语》有言,"学而优则仕",意思是"士"的文化生命成熟了就要参与政治,而孟子讲得更加明确,他说一个"士"如果失去了"位",就像一个诸侯失去国家;一个"士"去做官,就像一个农夫要去种地一样。

由于君主是天下政治的核心,正如清代的张之洞所说:"君者五伦之要,百行之源,相传数千年,更无异议。圣人之所以为圣人,中国之所以为中国,实在于此。"因而,中国士大夫这种异常发达的政治机能,就等于"时刻准备着"献给君主,把整个原本自由的生命都抵押在中国政治的牌桌上,所谓"舍不得钱,不能为义士。舍不得命,不能为忠臣"(《围炉夜话》)。但是如果跟随君主可以实现自己的人生抱负,即使个体的自由受到很大的局限与制约,那也可以说是差强人意的。但实际情况如何呢?在中国古代戏文中,有一句话是"伴君如伴虎",范蠡的名

---

① 刘士林:《千年挥麈》,百花洲文艺出版社 2000 年版,第2—3 页。

言"飞鸟尽,良弓藏;狡兔死,走狗烹",更是为人们所熟知。在帝王身边徘徊不去的,无论忠奸,最终都是没有好下场的。什么都不因为,一切只是因为这个地方风浪太大了。庄子早就看到了这一点,他在《外物篇》中写道:

> 外物不可必,故龙逢诛,比干戮,箕子狂,恶来死,桀、纣亡。人主莫不欲其臣之忠,而忠未必信,故伍员流于江,苌弘死于蜀,藏其血,三年而化为碧。人亲莫不欲其子之孝,而孝未必爱,故孝己忧而曾参悲。

大诗人李白有一首《行路难》,也是讲士大夫的政治人生悲剧的:

> 吾观自古贤达人,功成不退皆殒身。
> 子胥既弃吴江上,屈原终投湘水滨。
> 陆机雄才岂自保?李斯税驾苦不早。
> 华亭鹤唳讵可闻?上蔡苍鹰何足道?

真正的尴尬就在这里,一方面,中国古代社会的现实要求高度专制的政治体制与统治秩序,也就是说,政治是这个国家存在的最重要的基础,另一方面,由于这种政治体制本身全面压迫与异化着每一个人(也包括黑格尔说的那个自由的"一个人")的自由与全面发展的可能,因而也可以说是这个民族最沉重的负担。由此就产生了两种态度,一者是以儒家为代表的"尊王","知其不可承担而承担之",据说,孔子假若三个月"无君",就会惶惶然,甚至要带上礼物去主动拜访君主。二者是以老庄为代表的"无王而治",即使有了君主的存在,但由于没有什么人肯去承担这一份过于沉重的职责,所以也是"名存实亡"的。

以"王"为中心、按照政治利益而聚合起来的人类社会,与一个人天生的自由身份是不能兼容的。利益的中心也是矛盾最激烈的地方,汉代的士大夫邹阳,在身陷囹圄时,曾写下这样一句话:"故女无美恶,入宫见妒;士无贤不肖,入朝见嫉。"(《狱中上书自明》)而真正荒诞的是,由于政治机能在生命中发育得过于成熟,所以没有进入"围城"的,总是千方百计、十年寒窗想去谋一官半职,而一旦进入后,则会深深体会到"高台多悲风"与"高处不胜寒",这绝不只是诗人创造的意境。朱熹有一句诗,叫"仕宦夺人志",讲的就是这样一个中国社会的政治学原理,即要做官就要付出自由。而中国古代士大夫之所以活得很累,一点也不洒脱,精神痛苦,心理负担很重,是因为君主本身的存在,这是这个阶层丧失自由的根源。尽管经验教训已不可胜数,但对从小受惯"修身、齐家、治国、平天下"教诲的读书人来说,要想让他们真正在现实中贯彻庄子的思想主张,是难于上青天的。这也正是庄子对孔孟"哀其不悟"的原因,在《逍遥游》中,他特别看不起那些才智可以胜任一官半职,行为可以成为一乡人榜样,品德符合一个君主要求,乃至获取一个小国家信任的人,把这些人比作是自鸣得意的小麻雀。由于这一切都是因为有了"王",所以它本身就成了庄子奋力抨击、欲除之而后快的对象,这其中的路数与所谓"擒贼先擒王"是完全一致的。

发现了不自由的根源,并不意味着从此就获得了自由,因为在意识中发现它与在现实中铲除它,完全是两码事儿,但在意识中发现它,则意味着为自由的人生与生活确定了一个正确的方向。由于这个原因,《让王篇》尽管言辞偏激,甚至义理不够清晰,但还是为深入了解中国古代的审美精神世界提供了一把关键的钥匙。

五

康德有一句名言，叫"美在于形式"。反言之就是"与内容无关"，美只能存身于无功利、无利害冲突的特定条件下。比如我们看一朵美丽的花朵，只欣赏它的颜色、芳香、样式等就足够了；如果一定要知道它的"内容"（无论是植物学上的，还是伦理学上的），那多半是要大煞风景的。这是就逻辑层面上而言的。对于历史上的中华民族来说，由于政治就是他们生存世界中最大的"内容""利害"与"功利"，是中国士大夫感官变迟钝、心灵遭扭曲、生命被异化的根本原因，所以，只要把康德抽象逻辑分析中的"内容"替换为中国历史世界上的"政治"，也就建立起了一个关于中国民族的美学原理，它可以表述为美在于"与政治无关"，或者说只要与政治有关，就没有了生命的自由。具体到由于蒙昧无知、一开始就稀里糊涂卷入政治的中国古代士大夫，这个关于自由生命的美学原理就可以表述为"只有告别庙堂，才能走向自由"。如同康德美学认为有"内容"就不可能有审美一样，中国古代士大夫只要一心一意想着"为王前驱"，那一定会像屈原那样"忧心愁悴，彷徨山泽，经历陵陆，嗟号昊昊，仰天叹息"，甚至连一个"春耕种，形足以劳动；秋收敛，身足以休食；日出而作，日入而息"的农民都比不上。

"美与政治无关"，这可以看作中国美学的第一原理。它表明了在政治与自由之间存在的是一种根深蒂固、无法解除的异化关系。什么是异化？异化就是不自由，用马克思的话说，就是人在他自己的活动中，不是实现自身，而是否定自身；他的活动越多，就越不像自己；他越是寻求意义，生活就越没有意义。因为他所做的一切，与他应该做的一切,正好是相反的。以中国士大夫与政治的关系论,他们生命本身的自由,是与卷入现实政治的深浅成正比的。一个典型的例子,中国士大夫的自由不是在他们红得发紫的官场上,而是在他们告老还乡以后,"少小离家老大回",远离了朝廷的争斗与风浪,才有可能过一种与自己的意愿不相违的生活;而对以往在外奔波、受命于王的岁月,他们喜欢用一个词就是"不堪回首"。这与"屠羊说"的"愿复反吾屠羊之肆"在逻辑上是完全一致的。

庄子在《秋水》中讲了一个乌龟的寓言:

> 庄子钓于濮水。楚王使大夫二人往先焉,曰:"愿以境内累矣!"庄子持竿不顾,曰:"吾闻楚有神龟,死已三千岁矣。王巾笥而藏之庙堂之上。此龟者,宁其死为留骨而贵乎?宁其生而曳尾于涂中乎?"二大夫曰:"宁生而曳尾涂中。"庄子曰:"往矣! 吾将曳尾于涂中。"

这个故事的寓意很明显,一个乌龟是愿意以死为代价留在庙堂之上受人尊重,还是愿意活着,哪怕只能活在乱糟糟的泥巴里呢? 答案是不言而喻的。其实,这个原理尽管源于中华民族的生命经验,但在一定范围内是具有人类共通性的。庄子的这个寓言,可以使人想到希腊犬儒学派哲人狄奥尼根,罗素的《西方哲学史》记有他的一个传说,说的是著名的欧亚大陆之王亚历山大来拜访他,当时他正在一个破瓮中睡觉。当亚历山大问他想要什么恩赐时,他的回答简单极了,就是"请躲开,别挡住我的阳光"。

由于这个原理源于中国农业社会的生活经验,是对中华民族生命活动的一份理论总结,因而与西方民族,特别是现代西方人对"自由"的理解与追求,还是有区别的。哈姆雷特曾思考过一个这样的问题:"默然忍受命运暴虐的毒箭,或是挺身反抗人世的无涯的苦难,通过斗争把它们扫清,这两种行为,哪一种更高贵?"在西方人看来,除了忍耐命运,就是反抗命运,忍耐者选择了宗教,而反抗者选择暴力革命。如果说忍耐者以耶稣为理想人物,那么反抗者的代表人物则是普罗米修斯。俄罗斯十二月党人雷列耶夫有一首《纳里瓦依科》,把反抗者描述得十分生动:

> 如果有谁首先站起来,
> 去反抗压迫人民的人们。
> 我知道毁灭将等待着他,
> 命运已经注定你应该死亡,
> 但是告诉我,
> 什么地方,什么时候,
> 曾经不需要牺牲就赎回了自由?

这当然是一种寻求自由的生活方式,但另一方面也说明他们不知道还有一条道路可走,那就是"逃避"。这是中国古代人们对于生活的一种基本态度,如同一个人说"惹不起还躲不起吗"? 在现实出路是"离得远一点"这一点上,直接体现了中西方在自由问题上的巨大差异。

在中国有几句话,非常能体现这种差异,如十年河东,十年河西;人挪活,树挪死等。所以同样在面对难以忍受的现实世界时,中国人最常选择的方式是"退一步走",是"寻得桃源好避秦"。例如大禹时代,在战争中失败的三苗,其大部分既非甘心做奴隶,也不是为了名誉而决战到底,而是充分利用中国地理环境的广博,逃到南方去,继续保持着其原来的生活方式。……这也是中国民族的一个基本生活方式,由于文明本身的二律背反,由于它的某些方面的进步总是相伴着另一些方面的退化而来,所以在文明进程中人们总是不断地要遇到新问题,在多数情况下,中国人自青铜时代起,所采取的策略即以退为进,以逃避现实来换取精神的自由,从隐士避世于政治文化不易影响到的深山老林,到清静无为的道家政治精神,从桃花源的社会理想到莼鱼之思的个人情怀,都是中国生命伦理学的现实成果。①

从《让王篇》中古代贤人对君主之位的退避三舍,到后来数不清的中国诗人政治家急流勇退、求田问舍,表明这正是中国古代士大夫在追求自由的过程中所遵循的基本准则。自由源于逃避,而不是抗争,是这种自由的最大特点。它源于中华民族对生命自由的独特看法,这也是从庄子开始的。在《养生主》中有一个著名的故事。

> 良庖岁更刀,割也;族庖月更刀,折也;今臣之刀十九年矣,所解数千牛矣,而刀刃若新发于硎。彼节者有间而刀刃者无厚,以无厚入有间,恢恢乎其于游刃必有余地矣。是以十九年而刀刃若新发于硎。

在遇到问题时,不是与矛盾同归于尽,而是想方设法地回避矛盾斗争,人世间的矛盾太多了,如果整天纠缠其中,还怎么可能享受到生命

---

① 刘士林:《中国诗性文化》,江苏人民出版社 1999 年版,第 53—54 页。

的安谧与舒适呢？庄子问："自三代以下者，匈匈焉终以赏罚为事，彼何暇安其性命之情哉！"（《在宥》）而他选择"安其性命之情"的方法就是逃避现实，就像游刃有余的庖丁，尽管人生征途上充满艰难险阻，但只要有效地避开各种矛盾冲突，一个人的生命同样会是宝刀不老的。由于政治中心是矛盾最集中的地方，所以基本思路就是回到政治异化较小的乡村与大自然中去。《让王篇》中"善卷"的故事，讲的就是这个道理。

> 舜以天下让善卷，善卷曰："余立于宇宙之中，冬日衣皮毛，夏日衣葛绤；春耕种，形足以劳动；秋收敛，身足以休食；日出而作，日入而息，逍遥于天地之间而心意自得。吾何以天下为哉？悲夫！子之不知余也！"遂不受。于是去而入深山，莫知其处。

后世的中国士大夫，当他们的生命在政治生涯中陷入困顿，当他们希望找回失去的自由之身时，基本上都是按照这个审美原理去实践的。

当我们说这是一个关于生命自由的美学原理时，也许有人会表示不同意见，因为它不具备一种理论所需要的概念、范畴与逻辑框架。其实，这正可以看作中国美学的一个根本特色，与西方人习惯采用逻辑语言证明不同，中国人更习惯于以具体的人物形象、生动的寓言故事来描述他们的智慧。这是一种"讲故事"的方式，具体的人物、事件、语言与情节，是他们理性思考出场的工具。庄子无疑是把"美学故事"讲得最好的中国哲人，正是由于这个原因，随便问一个中国的读书人，在古代圣贤中最喜欢谁？多半人都会说是庄子。为什么？第一，他比任何人都更深刻地发现了使中华民族生命痛苦、不自由的根源；第二，他用中华民族最习惯的话语把审美的秘密如叙家常般讲出来。

六

小时候听过一个故事，一个聪明的孩子中了举人，将至某地做知县。父亲觉得孩子太小，十分放心不下，临别时，一连三遍说："孩子，当官是人命关天的大事，可不能不慎重呀！"前两遍孩子都认真地回答："我会记住的。"到第三遍时，可能是小县官觉得父亲太啰唆，不耐烦地说："我知道了……"话音未落，父亲一把抓住他的胳膊说："孩子，这个县令我们不干了，你一点耐心都没有，怎么能当好一县的父母官呢？"

故事意味深长，可作多种阐释。在这里，它可以帮助我们理解庄子称为"重言"的写作手法。按照郭嵩焘的独特注释，"重言"就是反复地说。至于为什么要反复地说，只有一个理由，就是因为作者以为他讲的东西很重要，生怕别人不注意或忘记了。在某种意义上，它与《诗经》中的"重章"相近，都是把一个大致相同的东西反反复复地讲。只是由于诗歌与文章在文体上不同，"重章"的主要功能是强化某种特殊的情感体验，而"重言"强化的是文章内在的思想意义。"重言"是《让王篇》在文学形式上一个最突出的特色，整整十五个故事，讲的主题只有一个，就是"自由在于逃避政治"。如果明白这种写作方法，然后再去读《让王篇》，我想那很可能就别有一番滋味在心头了。

尽管"自由在于逃避政治"在原理上不难讲清楚，中国士大夫对政治异化的坏体验也是与日俱增，但由于政治这块肥肉实在太肥了，所以仅有生命美学原理是不足以抵挡滚滚红尘中的各种诱惑与幻象的。这也是理论不同于实践的原因。后世的士大夫，对庄子的文章尽管相当熟悉，但《儒林外史》一开头就发出了感慨："自古及今，哪一个是看得破的？"围绕着一部中国政治史，到底有多少人生悲剧发生？这是任何人都无法算清的一笔血泪账。

从来不做官或从来没有想到做官的士大夫,如《让王篇》中的那些圣贤,在后来的历史中几乎是看不到了。尽管明白绝对投身政治就绝对丧失自由,但要让中国的读书人完全脱离政治是根本不可能的。根据"逃避政治"的不同情况,可以把后来的士大夫分为两种:一是最初做一阵子官儿,在感到不如意,不符合自己的心意,或者感到劳累时,从官场中抽身而去。其中影响最大的是陶渊明,他最初为了解决衣食问题,只好"误入尘网中,一去三十年",但由于在官场中实在没有办法称心如意,所以就选择了一个晨光熹微的早晨,悄悄离去。在"归园田居"以后,生活一下子就充满了诗意与美。如他本人所说的:"悦亲戚之情话,乐琴书以消忧。或命巾车,或棹孤舟,既窈窕以寻壑,亦崎岖而经丘,木欣欣以向荣,泉涓涓而始流。……登东皋以舒啸,临清流而赋诗。"二是类似于《让王篇》中的"屠羊说",在应该为王、为国家出力时挺身而出,但在完成了"公家的事情"以后,还是要回去干自己的老本行。这里应该讲一讲南宋的著名诗人陆游,按照一般的理解,他应该是积极入世的。但实际情况也不尽然。在奉诏编修完《孝宗实录》和《光宗实录》之后,陆游不因自己的修史工作而感到自豪,相反却觉得几年的宫廷生活实在没有意思,在完成任务之后,他很快就离开让一般人眼红心热的京都,还写下两句诗:"人生快意事,五月出长安。"(《乍自京尘中得归故山作五字识喜》)总之,在古代的士大夫看来,只要不做官,就是自由之人,只要一被纳入社会政治体制之中,一切都会改变。

但是由于"普天之下,莫非王土;率土之滨,莫非王臣"的原因,特别是随着中国古代社会的发展,那种可以让人离"王"而去的"田园""深山"等地方越来越少。后来的士大夫,多半只能通过诗歌与绘画中的荒山古木,"聊以寄意耳"。也就是说,尽管他们不喜欢做官,但已没有实际的可能脱离官场,于是最初的现实行为就渐次演变为一种审美趣味。中国的山水画,尤其是文人山水画总是或隐或现的置一或几处农舍、几个渔夫或樵夫,表达的就是这种相当复杂的思想情感。如巨然的画,"加松柏草竹,交相掩映,旁分小径,远至幽墅,于野逸之景甚备";董源的画《落照图》,"远观村落,杳然深远";关同的画,"尤喜作秋山寒林,与其村居野渡,幽人逸士,渔市山驿,使其见者悠然如在灞桥风雪中,三峡闻猿时,不复有朝市抗尘冗俗之状"。翻开中国的传世名画,如马远的《踏歌图》,黄公望的《天池石壁图》《丹崖玉树图》《富春山居图》,吴镇的《渔父图轴》《渔父图卷》,王蒙的《青卞归隐图轴》《夏日山居图轴》,倪瓒的《渔庄秋霁图轴》,陈宗渊的《洪崖山房图》,王履的《华山图》,恽寿平的《松雪渔隐》……莫不如此。为什么中国士大夫的审美趣味这样幽峭呢? 只能说,他们原本的政治欲望,至此已经冰凉如水了。而就在"政治欲望退场"的过程中,一种充满禅意与超脱意趣的中国美学精神,在政治版图的"残山剩水"中,开始呼吸。

丰子恺先生有一幅画,"人散后,一弯新月凉如水"。那意境,那情怀,用来象征中国士大夫审美趣味的发生是再恰当不过的了。而在这些文字与画面的深处,似乎都可以听到一个幽灵的脚步声,它就是庄子《让王篇》中那一群越来越模糊的人物。

七

对这个原理需要作出的另一点解释是告别政治才有自由,并不等于没有这个政治化的过程就可以轻易获得自由。为什么呢? 一个最根本的原因是只有在政治中压抑、异化与不自由,才能产生对自由的需要、对更多自由的向往。要一个普通人放弃他的政治生命,就等于要他放弃享受而甘于贫贱，可能吗？一般说来，由于好逸恶劳的本性，当然是不可能的。在逻辑上，一个人有荣华富贵不去享受，是因为这种享受的成本太高，他觉得自己在这个交换过程中"得不偿失"。而这个判断与觉悟，只有在全面政治异化中，人们感到无法忍受时，或者说，只有意识到自由是无价的，自由是什么东西都不可替代的时，才有可能成为现实选择。因而，对此真正体验深刻的，并不是从来没有进入官场、童心未泯者，而是饱经风霜、历经磨难的诗人政治家。

明代大儒吕坤在《呻吟语》中有一句话："做官都是苦事，为官原是苦人。"就连性情十分开朗豁达的袁宏道，他平时最爱唠叨的也是"做官为什么这样烦、这样累"。

> 吴令甚苦我：苦瘦，苦忙，苦膝欲穿，腰欲断，项欲落。
>
> 作吴令，无复人理，几不知有昏朝寒暑矣。何也？钱谷多如牛毛，人情茫如风影，过客积如蚊虫，官长尊如阁老。以故七尺之躯，疲于奔命，使围之腰，绵于弱柳，每照须眉，辄尔自嫌，故园松菊，若复隔世。（《袁宏道集》卷五）

有很多士大夫还表达了一个相当奇怪的想法，就是当官还不如当一个农民更幸福。在一般人看来，这简直是胡诌，"站着说话不腰疼"，甚至是"占了便宜卖乖"。但实际情况也并非如此简单。陶渊明在一首诗中写道：

> 田家岂不苦，弗获辞此难。
>
> 四体诚乃疲，庶无异患干。
>
> 盥濯息檐下，斗酒散襟颜。

遥遥沮溺心,千载乃相关。

但愿长如此,躬耕非所叹。(《庚戌岁九月中于西田获早稻》)

它的意思是说,当然不是农民不苦,也不是劳动不够艰辛,但与更加残酷的政治斗争相比,这种痛苦仍属于"吃小亏占大便宜"一类。事实上也确实如此,摆脱残酷的政治斗争,是中国士大夫可以发现人生诗意的主要原因,正如陆游有一句诗说:"农家农家乐复乐,不比市朝争夺恶。"(《岳池农家》)只有真正经历过大的政治风浪的人,才能体会到这句诗中的人生三昧。它与《让王篇》中的"日出而作,日入而息,帝力于我何有哉"是直接相关的。

由于残酷的政治斗争可以直接激发人对自由的需要。所以历代的遗老遗少诗人,既有政治经验,又已洗手不干,往往能写出很多优秀的诗文来。金末元初的河汾诸老,是一个由金入元的遗民诗人群体,他们的不少诗句,都是曾经沧海的结果。

心无尘事汩,身与野云闲。(张宇《和李子微村居》)

冷艳只宜闲处著,浅妆难入俗人看。(段成己《红梅》)

得个黄牛学种田,盖间茅屋傍林泉。(房暤《思隐》)

逃渊鱼深处,避弋鸿冥飞。(麻革《归潜堂为刘京叔赋》)

而明末清初这个中国历史上重要的易代之际,更是如此。诗人们在诗文中均留下一个具有特殊内涵的意象,说白了就是"为什么死得晚"。如吴伟业的"浮生所欠只一死"(《过淮阴有感》),钱谦益的"苦恨孤臣一死迟"(《后秋兴》十二)。此外,吴梅村临终遗言是:"吾一生遭际,万事忧危,无一刻不历艰难,无一境不尝辛苦,实为天下大苦人。吾死后,敛以僧装。葬吾于邓尉、灵岩相近,墓前立一圆石,题曰:'诗人吴梅村之墓'。勿作祠堂,勿乞铭于人。"从中可以看出,被偶然的历史力量剥夺了个人的自由意志,造成了一种什么样的痛苦与悲伤!是用整个生命都无法弥补的。这也可以说明,为什么偏偏是那些饱经风霜的诗人政治家们,才可以写出真正有深沉内容与情感的文章。特别需要指出的是,这是中国民族与中国文章的基本命运,是不可改变的。一旦改变,或者说没有任何政治异化,那就既不可能产生这样一个独特的民族及其精神需要,也不可能出现异常美丽的具有中国特色的文学艺术。由此可知,《让王篇》提供的这个生命美学原理,本身就是了解中华民族美学精神、审美理想以及文章之美的基础。

八

不过,话说回来,政治不都是黑暗的,它本身也是文明时代人类生存最重要的工具,因为假如没有政治,人类可能早就在无法调节的矛盾冲突中毁灭了。正如恩格斯在《家庭、私有制和国家的起源》中阐述的,国家的产生是因为"社会陷入了不可解决的自我矛盾,分裂为不可调和的对立面而又无力摆脱这些对立面",如果没有一种力量来整合这些矛盾,那么人类就会"在无谓的斗争中把自己和社会消灭"。但恩格斯又说,由于国家"在一切场合在本质上都是镇压被压迫被剥削阶级的机器",由于历史中存在马克思所说的"文明的缺陷和旧制度的野蛮的缺陷",所以给人类带来的异化与苦难也是无法避免的。

为了生存,人类创造了政治,但同时也给自身戴上了最沉重的枷锁。正如印度诗人泰戈尔《吉檀迦利》中的一首诗:

"囚人，告诉我，谁把你捆起来？"

"是我的主人，"囚人说，"我以为我的财富与权力胜过世界上一切的人，我把我的国王的钱财聚敛在自己的宝库里。我昏困不过，睡在我主的床上，一觉醒来，我发现我在自己的宝库里做了囚人。"

"囚人，告诉我，是谁铸造了这条坚牢的锁链？"

"是我，"囚人说，"是我自己用心铸造的。我以为我无敌的力量会征服世界，使我有无碍的自由。我日夜用烈火重锤打造了这条锁链。等到工作完成，铁链坚牢完善，我发现这铁链把我捆住了。"

政治与人的自由发展的矛盾，无法避免。而如何在发展与进步的道路上，尽可能地减弱、消除人自身的异化及影响，是美学研究与审美实践得以存在的根据。中国古代文人也在自身经验与实践基础上提交了自己的一份答卷，对此必须严肃、认真对待。

"伦理之后是审美"

——《论语·先进·子路侍坐章》与中国文章之美的深层结构

一、从先秦的三种教学法谈起

在中国思想史上,思想解放、百家争鸣的春秋战国时代,如同一次"群贤毕至,少长咸集"的盛大人文聚会,不用说那些已永远被历史记住的光辉姓氏,就是许多在当时史册上偶然被一笔带过的人物,如果不是他们终老于斯的那个时代过于辉煌灿烂,如果他们生活在其他相对寻常的年代,可以毫不夸张地说他们都可以成为耀眼的巨星。"见龙在田,天下文明。"正是由于先秦时代这些思想巨龙狂飞乱舞,才真正终结了中华民族在思想与心灵上的蒙昧状态,从中华文明最初的基本框架到后来鸢飞鱼跃的大千气象,从中华民族外在的生活方式到内心深处的文化心理结构,可以说都是在那个激动人心的年代、在那些思想与行动的巨人手中完成的。如同恩格斯眼中的文艺复兴,对中国来说,同样需要巨人和产生巨人的时代。

先秦时代的精神创造能够绵延不绝,除了有那些创世记人物本身的伟大之外,还有一点值得后人深长思之,就是他们以截然不同但又十分成功的教育方式培养出可以承担"文化托命"职责的门生弟子。这也是先秦时代可以成为中国古代世界轴心的根本原因,因为无论干什么,合格的人力资源都是最重要的。尽管按照一般的规律,过于守成的弟子由于不能有所超越而总是显得"屋下架屋",而过于聪明的弟子又多半会走向"呵佛骂祖""离经叛道",但如果没有这些人的工作,无论是过于重实效、讲求躬行的孔、墨,还是基本上看不上言语的老、庄,他们的思想、情感与智慧,恐怕早已在时间的长河中涤荡一空。孔子的思想就是由他的弟子们整理出来,而庄子则除了"内篇"以外,其他的思想也多出于弟子或再传弟子之手,如果没有这些亲身领教了巨人光辉的弟子们的整理与传播,先秦时代的巨人们即使再伟大,也没有办法抗拒时间的雨雪与风霜,而使他们的思想与智慧常青不老。在这个意义上,考察一下先哲教育弟子的方式方法,对今天仍然是有重要参考意义的。

一般人都知道,孔子是当时最著名的教育家,他的弟子达三千,著名的大弟子有七十二人,如性格鲁莽的子贡、安贫乐道的渊回、喜欢反省自己的曾参,都是家喻户晓的人物。孔子还突破了教育为贵族服务的传统,开辟平民教育先河,此外还有他"因材施教""有教无类"的主张,也是中国教师经常挂在口边的。古人有一句话:"天不生孔子,万古如长夜。"讲的就是孔子通过教育开启中国民智的不朽功绩。在今天曲阜的孔庙中,有许多对联表达的都是这个意思,如"先觉先知,为万古伦常立极","教垂万世,继尧舜禹汤文武作之师"等。其实,除了孔子之外,当时还有许多教育家,甚至可以说,先秦时代的每一子都是一个教育家,比如墨子与庄子。一般人只知道孔子的学生多,而按照孟子《滕文公下》中的"天下之言,不归杨,则归墨",可知墨子的弟子绝不比孔子少。郭沫若先生在《十批判书》中则墨子有大弟子百八十人,可见不仅在数量上比孔门弟子多,有出息、成名的弟子也比孔门弟子多。庄子

《德充符》提到鲁国有一个叫王骀的人，尽管他的身体有残疾，但"从之游者与仲尼相若"。至于庄子本人的学生，尽管具体数目不详，但从《山木》等篇的记载看，可知他身边也有不少青年俊杰，他们整天跟着不修边幅的老师，东走走，西逛逛，遇到问题就随时请教。尽管这些人很少留下姓名，但是庄子在后世之所以有如此大的影响，与他们的奔走、宣传是有密切关系的。

"种瓜得瓜，种豆得豆。"按照这个逻辑，有什么样的老师，就有什么样的教学方法；而有什么样的教学方法，就有什么样的学生。也就是说，老师的思想是否可以以及如何延续下去，与老师的言传身教、具体教育方法直接相关。从这里出发，把孔、墨、庄三家的教学方法放在一起比较，是一件很有趣的事情。具体说来，墨子的教学方法最看重实践，他的基本信念是"民以食为天"，如果有一个男人不劳动，就会有人挨饿；如果有一个女人不织布，就会有人受寒。墨子不爱讲什么大道理，他整天带着弟子埋头苦干，他的一个很得意的弟子，跟了他三年，就变得面目黧黑，手脚长满了老茧，"不敢问欲"。为什么不敢享受一下呢？当然是老师管教得太严格了。实际上，这种教学方法在后世并没有完全消失，现代教育家陶行知当年办晓庄师范，提倡"和马牛鸡犬豕做朋友，对稻粱菽黍稷下功夫"，就有点像墨家的办学思路。而把"逍遥游"当作人生最高境界的庄子，当然不肯像墨子一样整天埋头苦干，觉得这与人情、人心违背得厉害。他的教学方法类似于古希腊的散步派，最典型的记载是在《山木篇》中。庄子带着学生行于山中，见到一棵大树，枝叶盛茂。但伐木者对它无动于衷。问为什么，则曰："一点用处也没有。"庄子对学生说："要记住此木以不材得终其天年。"从山上下来，师生一行住进朋友家中。主人很高兴，叫孩子杀雁犒劳客人。孩子问："有两个雁，一个能鸣，一个不能鸣，杀哪个？"主人想都没有想就说："杀不能鸣的。"第二天,弟子问庄子:"山中之木,以无用终其天年;主人之雁,以无用死。请问先生,要是您,您会怎么办?"庄子笑着说:"这很简单,我就生活在有用与无用的中间。"

相比较而言,孔子教书育人是最规范的。他有教室,室内有书桌几案,有经过精心编写的教材,有相对稳定的学习内容("六艺"),还有各种教学用的器具(如琴瑟等)。当然,学生也要交纳一定的学费。墨子是个霸道的老师,学生是敢怒不敢言,这严重限制了学生自由发展的空间,后来学生不是全部逃跑,就是表面上一套、背地里一套,这可能是墨学很快成为绝学的根本原因。而庄子则过于散漫,对学生要求不严,尽管他的学生无论性情还是天分都很高,但由于训练时偷工减料,所以最终难成大器。只有孔子的教育是最成功的。他的学生,除了具备终日乾乾的君子品德,还掌握了一整套政治技术,所以最终成为中国社会与文化传统的"廊庙之器"。但在某种意义上,孔子的教育方法并非完美无缺,它的缺点是很容易使人想到私塾,先生的严格要求,教材的刻板与无趣,对于那些什么都不懂、天真烂漫的孩子们来说,有时就像一种惩罚。读过鲁迅先生《从百草园到三味书屋》的人,大概都会对学童们大声朗诵"秩秩斯干,幽幽南山"印象深刻,也会产生同情:"日复一日,年复一年,这些孩子们怎么受得了啊?"如果他们厌倦了,该如何处理呢? 让我们从《论语》的一个细节开始讨论吧。

二、问题在孔子,还是在我们

在很多很多年以前,春天的黄昏,一整天枯燥而机械的学习终于结束,多数学生都已放学回家,教室里只剩下老师孔丘和几个他喜欢的弟子。这时,老师与学生开始交谈起学习之外的话题,老师说:"孩子们,你们长大以后都想做些什么事情啊?"这一切都如同我们每个人在小时候都会遇到的那样。

接下来的情况也是每个人都很熟悉的。最先发言的,总是性格外向的学生,子路说:"一个只有一千辆战车的小国,夹在虎视眈眈的大国之间,外有强敌压境,内又灾荒不断,让我去治理,只要三年,就可以使人民变得勇敢,懂得礼仪。"也如同那些性格直率的学生所得到的结果一样,老师只是未置可否地笑了一下。下面几个学生看来比较有城府,所以只能由老师点名来回答。第一个被点到的是冉求,他的回答就有些含蓄。他说:"一个小国家,疆域不要太大,最好在方圆五六十或六七十里之间,让我去治理,花三年时间,可以使人民衣食无忧,至于礼乐教化,那就要请更高明的君子了。"大概既没有得到满意的答案,也没有需要评议的地方,老师接着点的是公西华。看老师面无表情,公西华就更加小心,他说:"不敢说有能力治理国家,只是很愿意学习罢了。在遇到祭祀祖先或诸侯会盟的时候,我穿上礼服,能够做一个称职的司仪,就很满足了。"按照他们平时与老师的接触,三位学生的回答都不应有问题。老师一生的理想就是"修身、齐家、治国、平天下",如果说子路的回答过于率直,不符合老师讲的修身之道,冉求的回答显得不够虚心,那么公西华的回答,应该是深得老师之心了。然而,老师仍然没有任何表示,以有点失望的声音点了正在鼓瑟的曾点。曾点和自己的儿子曾参一起在这里求学,年龄更大一点,所以也格外沉得住气,他没有马上回答,而是首先把乐曲演奏完,才有点不情愿地说:"我和他们的理想不大一样……"但没想到的是,老师来了精神,穷追不舍地问:"有什么关系呢?不过是随便谈谈个人的志向嘛。"被逼不过,曾点振作一下,不慌不忙地说:"暮春三月,穿上刚制好的春衣,带上五六个朋友,六七个小孩,在沂水边戏戏水,再到高高的舞雩台上吹吹风,日暮时分,再一起唱着歌回来。"可以想象,几个师兄弟当时的反应一定是瞠目结舌,这也叫人生理想啊? 但令他们更不可思议的是老师竟然分外高兴地说:"这也是我的理想呀!"

历史的记录到此为止,我们无法知道子路等人是否会以"我爱我师,我更爱真理"的姿态同老师争辩,但只要对孔子的思想稍有了解,恐怕都会相当吃惊。一方面,生逢"君不君、臣不臣""礼崩乐坏"的乱世,孔子一生最喜欢谈的话题之一就是"为政",是如何重建一整套完美的国家制度以匡救时弊,在《论语·泰伯》中,从曾子口中讲出的千古名言:"士,不可以不弘毅,任重而道远。仁以为己任,不亦重乎? 死而后已,不亦远乎?"这就是一般人心目中孔子的真实精神与形象。像曾点表达的到春天的大自然里散步、休憩的志向,明显带有浓郁的逃避社会、回归自然的道家思想色彩,而与"纯然粹儒""修齐治平"的"学脉"以及"知其不可为而为之"的"士之道"很不相同。宗白华先生说,这是一种"超然的、蔼然的、爱美爱自然的生活态度",它开了"晋人王羲之的《兰亭序》和陶渊明的田园诗"(《论〈世说新语〉和晋人的美》)的先河,向人们表明的也是这一点。一个一生有志于天下的人,在天下特别需要援手、拯救的危急存亡之际,难道可以这样逃避现实、"聊逍遥以忘忧"吗? 是不是在现实中碰壁太多,使过于劳累的先生顿生"亢龙有悔"的意念,想通过放下肩上的担子以获得短暂的休憩呢? 这很难说得过去。大家都知道"岁寒,然后知松柏之后凋也"的名言,对于儒家这样的道德理想主义者,他们不仅不害怕各种现实的苦难与厄运,相反还一贯坚信,越是艰苦的环境与条件,就越有利于培养君子不怕牺牲、大无畏的道德情操。孔子反复说:"君子无终食之间违仁,造次必于是,颠沛必于是。"(《里仁》)"志士仁人,无求生以害仁,有杀身以成仁。"(《卫灵公》)还有孟子的名言:"故天将降大任于是人也,必先苦其心志,劳其筋骨,饿其体肤,空乏其身,行拂乱其所为,所以动心忍性,曾益其所不能。"也同样是对这个主题的引申与发挥。无论面对什么样的艰难困苦,儒家士大夫都不应该"临阵脱逃"。像曾点那种在"春光二三月"中郊游踏青的人生理想,本身就是君子懈怠、想偷懒、放弃责任的典型表现,因而非但不能容忍,更要加以警惕与防微杜渐。

然而,孔子,至圣先师,一个本该完美无缺、止于至善的人,仿佛与他的学生以及无数后世的仰慕者,开了一个无法"脑筋急转弯儿"的大玩笑。其实,也不止这一处。这个师生交谈的细节,很容易使人想到另一个不好解释的问题,就是"子见南子"。南子是卫灵公的夫人,容貌美丽而"有淫行"。用今天的话说,就是只有容貌美,没有心灵美。对这种人,按理说夫子应该是"退避三舍"的,但在《论语·雍也》中,有一条"子见南子"的记载。这件事太出乎意料了,以至于性格直率的子路逼得老师只能很没有脸面地发誓:"要是我做了什么不应该做的事情,就让老天爷抛弃我!就让老天爷抛弃我!"尽管后人对此做了许多"为圣人讳"的解释,如《史记·孔子世家》说此乃是南子召见,并非孔子本人的自愿觐见;《刘氏正义》抬高南子的身价,说"南子虽淫乱,然有知人之明,故于蘧伯玉、孔子皆特致敬"。但无论怎样,都难免给人"理不直气不壮"之感。

问题在孔子,还是在我们?这是问题本身的复杂性所在。一般说来,这不是孔子学生为了抹黑老师而编的故事,根本原因是后人狭隘的接受视野与阐释语境。具体说来,孔子不应该"吾与点也"或"见南子",并非源于历史本身,只是一种伦理叙事的想象与虚构,它的推理过程可以这样来了解,孔子是至圣先师,一言一行自当垂范万世,所以他满脑子想的只能是"天下兴亡"。如同20世纪初的革命者,西方人说,他们是这样一种人,即使在"谈情说爱"时想的也都是"革命"。但是他们往往遗忘了一个基本事实,孔子也是人,也有劳累、疲倦、困顿与需要休息的时候,这时的孔子,与一般普通人并没有太大区别,而且很可能与自己平时的言行有冲突之处,但仍然是一个真实存在的孔子。甚至可以说,只有在补充了这一半"感性的孔子"之后,孔子的生命本身才变得真正完整起来。大自然的"春风"与南子的"美貌",都是感性事物的象征,它们与作为儒家主流的伦理话语有冲突十分正常。它们从两个侧面提出了一个共同问题:圣人如何面对与处理他的感性经验、感性需要与感性欲望。这就超出了一般的伦理学范围,直接涉及一个人如何处理感性生命中的审美经验与自由需要。这是一个属于中国传统士大夫群体的问题,由于他们从小就被社会化为"伦理的存在物",所以都有如何处理伦理生命感性需要的困惑与难题。通过对"吾与点也"进行细部研究,可以得到中国伦理主体的审美活动原理,同时也是深入了解"中国文章之美"的一个重要美学基础。

说一千,道一万,还是要真心感谢那些圣人的忠实弟子,他们在编辑《论语》时没有肆意篡改它,使当年的真实情况一直流传至今,为后人提供了一个真实的文本。

三、走出"以伦理代审美"的怪圈

在 20 世纪 80 年代,一个当时知名的演讲家讲过一个家喻户晓的故事。在列车上,有一位漂亮姑娘,每个人第一眼看过去,都会被她的美貌打动。但是不一会儿,她戴着手铐被两个警察带走了——原来是个小偷。演讲家问听众:"这时你们还会觉得她美吗?"听众回答说:"不。"演讲家借此要讲明的是"塑造美的心灵"比外在的美丽更重要。

和许多人一样,最初我也觉得这个例子生动、深刻极了。但在学习、研究美学多年以后,我才发现演讲家毕竟只是演讲家,由于所受学术训练有限,在这里犯了一个很低级的"偷换概念"的错误。具体说来,他在论证中混淆了审美判断与伦理判断。他自己根本没有搞清楚人们第一眼看到姑娘并产生"她真美"的心理反应时,是从"形式""外观""无利害"等直观经验作出的审美判断;而第二次看到"戴手铐的姑娘"产生心理上的反感与厌恶,则是根据"小偷""犯罪"等现实利害关系所作出的伦理判断。人们当然可以把"美丽的小偷"批判得一无是处,但如果根据康德"美与功利无关"这个美学重要原理,也可以说,那被人们批倒批臭的,其实并不是"小偷的美",而仅仅是"美丽小偷"的"道德表象与本质",因为审美判断只关涉"形式上的舒适或不舒适"以及"心理上的愉快或不愉快",与伦理判断中特别关注的内容方面的"善与恶""利与害"等,完全是两回事,因而,在逻辑上是绝不可混为一谈的。

话说回来,在伦理文化积淀过于深厚的中国,像演讲家这样"偷换概念"的论证是十分普遍的。从童话故事中"各种美丽的邪恶者",到小说戏曲中大肆演绎的各种"潘金莲",都在不遗余力地渲染"心灵美"比"容貌美"重要,形式上的美丽甚至经常被等同于可怕的阴谋与陷阱。尽管作为一种道德说教很有用,也是完全可以理解的。但讲"善"尽管讲好了,不应该用"善"来替代"美",更不应该把"善"与"美"完全对立起来,好像两者的关系真的紧张到"你死我活"的地步。这也是对"偷换概念"必须加以清算,不能因为有用就姑息纵容的原因。

进一步说,演讲家"偷换审美与伦理判断",原因大约有两个:一是与中国古典美学最重要的传统——"以伦理代审美"直接相关,这是每个中国人自小熟悉、可以无师自通的精神本能或文化无意识。二是对"区分伦理与审美"的康德美学了解不够,由于缺乏这方面的知识启蒙与学术训练,一般人对康德的"美与利害、内容无关"等基本上是完全批判与否定的。懂不懂康德美学在某种意义上并不重要，但后果是不容小觑的，那就是在一般人的头脑中，很难真正弄清楚"什么是美""什么是善"，特别是"美"与"善"这两种心理情感与需要的根本区别何在？在观念中稀里糊涂是要付出沉重代价的。"以伦理代审美"，在逻辑上是只有"善"而没有"美"，在实践中是只有"生命的伦理活动"而没有"生命的自由活动"。

按照康德的说法，"只有人，才审美"，意思是说审美活动是人与自然界相区别的根本标志之一。在这个世界上，物质的运动是纯机械性的，与人的活动可以有意识、有目的完全不同；动物的生存完全是功利性的，而人类则可以与对象世界发生超功利的交换。就后一点来说，人与世界存在着自由的审美关系。比如，食草动物绝不可能欣赏草木的形式、色泽与芳香，而一个人会因为草木的美丽而花费大量时间、精力，尽管养花种草与他的实际生存没有什么直接关系。

按照马克思的说法，人生最高的理想境界是"全面发展的个人"。对这种"全面发展的个人"有两个基本界定，从逻辑上讲，是"使自己先天的和后天的各种能力得到自由发展的个人来代替局部生产职能的痛苦的承担者"。① 所谓"先天的和后天的各种能力"，主要是指人的知识机能、伦理机能与审美机能，而它们的"自由发展"意味着这三种机能处于一种和谐共生的状态中。像中华民族那种"以伦理代审美"，由于仅仅片面地发展了人的伦理机能，牺牲了作为最高自由理想的审美需要，显然是不属于理想状态的。相反，伦理机能的过度发达，伦理需要压倒审美方面的感性需要，相当于马克思讲的"局部生产职能的痛苦的承担者"，在精神生命的再生产中仅仅完成了片面的道德生产，最终导致的

---

① 马克思：《资本论》第 1 卷，中国社会科学出版社 1983 年版，第 500 页。

也只能是一种以伦理生活为中心的"片面的生活"。从历史上讲,马克思讲的共产主义社会,可以看作"全面发展的个人"的一个象征,在这里,"任何人都没有特殊的活动范围,而是都可以在任何部门内发展","我有可能随自己的兴趣今天干这事,明天干那事,上午打猎,下午捕鱼,晚饭后从事批判,这样就不会使我老是一个猎人、渔夫、牧人或批判者"。[①] 也就是说,他们的生命活动是自由的,既没有来自外部的生存压力,也没有来自内在意识的逼迫,是真正的"想干什么就干什么"。按照这样的观点看,儒家设计与提倡的那种"君臣、父子、夫妇"的生活模式,可以说是相当不理想的了。其根本原因就在于全面压抑了与人的生命自由直接相关的审美需要。正如冯友兰先生所说,儒家士大夫可以英勇地做到"不怕死",所谓"舍生取义""杀身成仁",但无论如何也不能体验到"生之快乐"。

人怎么可能没有自由的感觉、体验与需要呢? 按照康德的看法,没有对自由的"眺望"与"追寻",人就不可能与自然界的物质、动物有任何实质的区别。而按照马克思的看法,自由既是单个生命的逻辑规定,又是人类社会发展的最高理想,但实际情况往往不是人们没有与自由相关的审美需要,而是审美需要被人们过于狭隘的思想与话语遮蔽了。对孔子来说就是如此。

一般人最看重的是孔子与儒家士大夫的道德本质与表象。关于孔子的日常生活与精神生态,《论语·乡党》有一些详细的记载,诸如"执圭,鞠躬如也,如不胜。上如揖,下如授。勃如战色,足蹜蹜如有循。享礼,有容色,私觌,愉愉如也"。甚至参加完宴会,也要等"杖者出"之后,才能离开。此外,他还有许多要求,如"席不正,不坐""割不正,不食"

① 马克思、恩格斯:《马克思恩格斯选集》第 1 卷,人民出版社 1995 年版,第 85 页。

"不撤姜食，不食"等，为什么对自己要求这样严格？因为唯有循规蹈矩，才能做到为人师表，乃至于成为万世之师表。即使是大自然里的青山绿水，在孔子的眼中，也完全不是它们本来的样子。荀子《宥坐》中记述一个孔子"观水"的细节：

> 子贡问孔子："君子之所以见大水必观焉者，是何？"
>
> 孔子曰："夫水，偏与诸生而无为也，似德。其流也埤下，裾拘必循其理，似义。其洸洸乎不淈尽，似道。若有决行之，其应佚若声响，其赴百仞之谷不惧，似勇。主量必平，似法。盈不求概，似正。淖约微达，似察。以出以入，以就鲜洁，似善化。其万折也必东，似志。是故君子见大水必观焉。"

说白了，这哪里是一条奔腾汹涌的大河呢？这完全是一个君子应该有的各种品德与行为。在这里自然界的河流成了"道德的象征"，是以"伦理"之眼观物的结果。不仅如此，在现实中"浪子回头""痛改前非"，历来也是深受儒家士大夫集体欢迎的事情。如《世说新语·言语》中著名的"新亭对泣"：

> 过江诸人，每至美日，辄相邀新亭，藉卉饮宴。周侯中坐而叹曰："风景不殊，正自有山河之异！"皆相视流泪。唯王丞相愀然变色曰："当共戮力王室，克复神州，何至作楚囚相对！"

正如现代西方人所说"在奥斯维辛以后诗人就不应该写诗"，同样是面对大自然的美丽景色，在有了"元嘉草草，赢得苍黄南渡"的现实教训以后，本应沉溺于自然美景中的魏晋名士们也变得不再任性使气，他们"相视流泪",内心充满了"克复神州"的政治激情与欲望。照此来说,儒家士大夫基本上都是不懂得什么是美的,就像马克思说的那种对再美的景色也不会注意的"忧心忡忡"的穷人。

从某种意义上讲,这也不能算错,因为的确是孔子作为儒家开创者的家风与本色。但肯定是不全面的。换言之,如果孔子本人只是一个道德机器,一点人间的情趣与烟火色都没有,那也没有什么大不了的,按照伦理原则来解释他也是名实相符。但实际情况并非如此,至少在《论语·先进·子路侍坐章》中,给后人提供了从审美角度解读孔子的可能。但使人感到可悲的是由于"以伦理代审美"的原因,即使在孔子的弟子们那里,就已不能理解老师为什么把到大自然里春游踏青看得那么重要。而后来不可胜数的士大夫们,特别是戴着"道德眼镜"的程朱理学家们,对这方面的解释更是南辕北辙、"越抹越黑"。实际上,对此是根本用不着做更多解释的,只要我们能够承认审美是人的天性,也是全面发展的个人的基本需要,孔子的"吾与点也"就再正常不过了。

再进一步说,正如人们所熟知的一个原理,越压抑就越需要补偿。由于审美需要在伦理本位的儒家那里一直被压抑着,所以他们才经常会干出一些匪夷所思的事情,最早的一件就是夫子的"吾与点也"之叹,在一个三月的暮春傍晚,他突然厌倦了平时不离口的家国大事,而向往在美丽的春天里,带上几位朋友与孩子,到鲁国的郊区去郊游踏青该!奇怪吗?当然。但是如果走出了"以伦理代审美"的怪圈,就没必要大惊小怪了。夫子的这种想法,与马克思讲的"今天干这事,明天干那事,上午打猎,下午捕鱼,晚饭后从事批判"的共产主义生活方式,不是高度类似吗?因而,有这种想法,不仅不是所谓的不可思议,反而充分证明了孔子是一个发育全面的圣人。这表明除了"非礼勿视,非礼勿听"之外,我们的先生还有更加丰富复杂的内心生活,是一个渴望圆满、完整发展的人。换言之,如果他对美丽的春天、对大自然毫无感觉,就像《儒林外史》中的马二先生游西湖一样,那不才是真正的可悲吗?

在《论语·先进·子路侍坐章》中,提出的就是这样一个与中华民族审美利益息息相关的重大问题,就是圣人(或一般的儒家士大夫)可不可以为美丽的感性对象所动? 可不可以超越他们现实中的伦理判断与道德准则,与感性的现实世界发生真切而纯粹的审美对话与交流? 一言以蔽之,就是一个道德主体如何进行审美的问题。在某种意义上,也正是由于"爱自然之心未死",以伦理发蒙为生命基础的士大夫,才可以对世界抱以审美的态度与眼光,才可以在艰难困苦的人生现实中写出美文。因而,在逻辑上深入了解不审美的士大夫如何进行审美活动的机理与秘密后,就等于把握住了中国文章生产与创造的主体性秘密,这个秘密也是中国文章之美的深层结构。那些一脸严肃的士大夫,正是借助他们创造的美丽文章,表明他们不仅是有审美需要的人,而且也是有能力创造美与欣赏美的生活艺术家。

四、"让审美跟在伦理的后面"

唐代诗人柳宗元有一首《酬曹侍御过象县见寄》:

破额山前碧玉流,骚人遥驻木兰舟。
春风无限潇湘意,欲采苹花不自由。

这就是儒家士大夫最典型的审美心态与过程。对于从小饱读诗书、谙熟礼乐的儒家士大夫来说,不是他们不懂得春风无限的大自然的美丽,也不是没有采摘鲜艳花朵的审美冲动与需要,而是因为与自小养成的儒家文化心理，与他们在现实中披挂的威严的伦理面具不能兼容，所以在一般的情况下，他们只能压抑自己的感性需要，这就是诗人所说的"欲采苹花不自由"。

　　往深里说，这也是伦理生命自身没有办法解除的深层矛盾。伦理生命是文化教育的后天产物，是人的自然之躯中原本没有的东西，并且与人的感性需要与存在是激烈冲突的。康德经常说："要'幸福'，就不能要'德性'。"讲的就是这个道理。伦理生命凡事都要问是否"应该"？是否符合某种规范与原则？因此，一个按照伦理原则行事的人，言行处事总是如履薄冰、如临深渊、战战兢兢、小心翼翼，因而就不可能是一个随心所欲、畅快淋漓、纵情欢乐、豪气干云的自由主义者。思考太多，责任太重，使他们不能主动地满足生命的感性需要。相反只有对自身的感性需要与快乐主动克制，才有望成长为一个崇高的道德主体。古人有诗云："万古纲常肩上担，脊梁铁硬对皇天。"当代诗人舒婷也写道："也许肩上越是沉重，信念越是巍峨。"都可以看作对中国古代士大夫的逼肖描写。这样做的结果崇高的目的固然是达到了，但显而易见，由于是建立在对个体感性需要与快乐的压抑之上，所以其承担者就难免有一种"人在江湖，身不由己"的被动感，这是儒家士大夫在官场上、在现实中总感到"不适意""不自由"，以及渴望早日"功成而身退""解甲归田""告老还乡"的原因。为什么会这样？是因为一旦承担了沉重的责任之后，一个人就不能再"由着性子来"，不能干自己想干的事情，凡事都要从他人、从大局考虑。在这种情况下，说违心话、做违心事，就在所难免。这时，典型的伦理异化就必然要发生，士大夫在自己的伦理活动中，不是出于个人自由意志的选择与决断，而是受制于现实需要或某种外在压力；不是实现了自己的理想与愿望，而是处处否定自己的存在；不是感到自由与幸福，而是感到局促与不幸。正如冯友兰先生所说：

"儒家可以做到'不怕死',但也很难体验到'生之快乐'。"

正如尼采痛恨基督教使健康的生命日益衰弱一样,伦理异化在剥夺人的感性快乐的同时,也直接削弱了人们用来生活与创造的感性的生命力量。庄子曾讲过一个叫南荣趎的人,他的生命困境十分典型,他说:"如果我什么都不知道,人们就会说我是个'朱愚',如果知道太多,又使我感到忧愁;如果我不仁义,就会去伤害别人;如果我仁义,则会使自己陷入困境,我怎么才能逃出这种命运呢?"这个真诚的年轻人在当时困惑极了,便去请教当时的另一个智者老子。老子只是感慨他"丧失了自己""欲反汝情性而无由入",但在如何"寻找自己回来"方面,老子提出"行不知所之,居不知所为,与物委蛇,而同其波"等,但根本不是解决问题的现实之路。人怎么可以通过使自己变得什么都不知道,来摆脱实际上不可能不面对的现实世界呢? 南荣趎的痛苦在中国历史上是具有普遍性的,特别是从小受到儒家伦理发蒙后,每个人都会在生活中遇到这样的问题:承担"仁义"的崇高职责,必然要克制与压抑自己的感性需要,结果则是"反愁我躯",使生活很沉重、不快乐;如果不要这些劳什子,像杨朱那样"恣耳之所欲听,恣鼻之所欲向,恣口之所欲言,恣体之所欲安,恣意之所欲行",痛快固然痛快,但在受过儒家启蒙后,一个啮心的幽灵也会驱之不散,"这样做还能叫人吗"? 与西方民族相比,中华民族的精神负担过于沉重,其根源也许就在于此。由于没有其他出路,在多数情况下,人们只能选择忍耐,能够忍受、承担到什么地步就忍受、承担到什么地步。古代各种关于忍让的故事不必说了,当代作家戴厚英的父亲有一句遗诗:"六十多年少对话,忍让回避将到头。"(《风雨情怀》)从诗中看,作家父母之间的感情一定很不好,在今天看来,感情不好早点分手算了,为什么一定要忍受 60 多年的煎熬、至死方休呢?只能说,当一个人感性的生命意识与力量被各种儒家意识形态控制、扭曲后，就只能"或者由于习惯，或者由于悲哀，对本身已成的定局，再没有力量关怀"。

但忍耐只是主动的退让、牺牲与回避，并不等于问题本身的解决。长期下来只能是更深刻的异化，人的神经紧张得不能再紧张，筋肉疲惫得不能再疲惫。在儒家的日常生活中，为了应付越来越严重的紧张与疲倦，最常见的办法是"偷懒"，诗人讲"偷得浮生半日闲"，就是这半天什么都不干，找个地方好好休息一下，这个休息的地方，也多半是远离城市与文明中心的乡村、园林，或藏在深山里的寺庙。这些尽管与儒家身份略有冲突，但本质上还都算是好的。因为士大夫也是人，也需要休息，特别是他们肩上负担的东西比较多，多休息休息也在情理之中。最坏的结果无疑是由于身心过于疲惫而不想干了。这在后世常见的模式就是伪道学，用鲁迅先生的话说就是"满口仁义道德，一肚子男盗女娼"，这当然是末流了。如果不能走这条路，那唯一的办法就是减轻负担，恢复儒家内在的生态和谐。孔子似乎很早就关注了这一点，他提出的方案就是在春天到大自然中去走走。

任何一个人，都不可能满足于过一种单一、机械、干瘪乏味的"伦理生活"，总是希望人的生活有更多的色彩与更丰富的内容。一个人的精神需要越是丰富，就越渴望这样。这正是审美、艺术成为人类生活必需品的根源。但是由于审美需要一直是儒家压抑的东西，两者之间的逻辑与历史恩怨很多，再加上追逐感性的满足会直接影响伦理生命本身的利益，所以儒家对感性需要表现出"又爱又怕"的复杂微妙心态。然而其间潜藏着一个儒家士大夫的审美活动原理。这个原理的复杂、微妙之处在于：一方面，完全成为伦理人，实际上是任何一个人都不可能做到的，这是儒家需要审美、可以有自己美学的原因；另一方面，出于"伦理先行"这个儒家生命活动的第一原则，如果要儒家士大夫为了感性需要而放弃崇高的伦理职责,是他们坚决不肯做的。要了解他们的审美原理,就必须在这两个原则——"审美需要"与"伦理先行"——之间找到可以和平共处的"度"。

对此可以这样看,儒家士大夫是人,本质上更是伦理中人。又由于儒家的存在是儒家美学存在的生命基础,因而对儒家士大夫的审美活动来说,这个"伦理先行"必然要成为儒家美学的第一原则。只有先有儒家的生命主体,才可能有这个特殊主体的审美创造与美学思考。但是,由于在伦理境界中不可能有审美自由,所以要想有比伦理生命更高的自由生命,就必须从伦理纲常的藩篱中走出来。因为只有走出来以后,才会有海阔天空的自由世界,这就意味着儒家美学另一个同样重要的原则是只有超越伦理纲常的内在枷锁,才能启动走向自由的审美程序。这是典型的二律背反,即两个条件、两种原则都是合理的,都是必须同时无条件满足的。在这里,最关键的不是采取"是此而非彼"或"是彼而非此"的独断论态度,而是应该在复杂而微妙的矛盾关系中把审美原理的有效性及适用的范围勾画出来。特别要确定在儒家出走、寻求自由的过程中,可以出走到什么程度,才能在既不失儒家本色与主旨的同时,又让被"君臣""父子""夫妇"等重重围困的心灵突围出来。在这里,蕴藏的正是儒家士大夫在美学上的大学问。

西方人说,真正自由的人,是一举挣脱锁链的人。以这个标准衡量,最自由的应该是那些从儒门投奔到禅林的人。比如禅宗的二祖,那个在传说中为了求法而断臂立雪的慧可,在进入禅林之前,"久居伊洛,博览群书"的他,显然也是典型的孔教门徒。但由于领悟到"孔老之教,礼术风规,庄易之书,未尽妙理"(《五灯会元》),毅然走向把尘世与俗情了却得更干净的禅宗。但话说回来,这样自由固然是自由了,但那"自由"已不再是儒家的自由,已不再是儒家美学要关心与讨论的对象。由此得出一个经验教训：既不能不出走，不出走就意味着没有自由的冲动与意识，同时也不能走得太远，而忘了回家的路。这些在历史中必然展开的问题，孔子本人似乎已有所觉察，因此，在修建森严的道德正门的同时，他在自己的思想体系中也开了一扇可以眺望大自然、可以让三月春风吹进来的后窗。一言以蔽之，儒家美学的全部秘密就是《侍坐章》中的"咏而归"。

为什么要歌唱呢？是因为在漫长的冬天，或者是在"风刀霜剑严相逼"的社会里，人们的内心深处郁积了许多焦虑情绪，在春天到来的时候，他们最重要的事情就不应该再是"生生之德""天行健，君子以自强不息""厚德载物"等原教旨，而是如何尽快地回到春暖花开的大自然中，去喊、去叫、去狂奔，让生命如同春天的洪流，在无遮拦的原野上无目的奔涌……但是在生命狂呼乱叫的时候，还是要小心一点，在过于美丽、安静的大自然，也常常会发生谢灵运或王维诗中的那种情况：

> 昏旦变气候，山水含清晖。
> 清晖能娱人，游子憺忘归。（谢灵运《石壁精舍还湖中作》）

> 空山新雨后，天气晚来秋。
> 明月松间照，清泉石上流。
> 竹喧归浣女，莲动下渔舟。
> 随风春芳歇，王孙可自留。（王维《山居秋暝》）

既然大自然如此美好，如此符合人们内心的需要，那么还有什么理由不把城市里的灯红酒绿换成大自然里的山清水秀呢？还有什么理由不以江湖上的悠悠情思取代汉宫魏阙里的勾心斗角呢？许多儒家信仰不够坚定的人,多半是因为受到大自然的诱惑,而不再重新迈进儒家的门槛。这也正是孔子担心的事情,所以,在大自然里玩够了(其实只有一天的时间)之后,夫子说:"天快黑了,让我们回去吧,因为文明的世界里,还有许多事情等待着我们去做。"

尽管内心充满了对自然的爱,但是绝不肯因为它而遗忘自己作为文明人的职责,这才是儒家士大夫真正的家风与本色。宋代有一位只活了二十七岁的诗人王令,他有一首诗,把这一点讲得再细致不过了。

> 清风无力屠得热,落日着翅飞上山。
> 人固已惧江海竭,天岂不惜河汉干?
> 昆仑之高有积雪,蓬莱之远常遗寒;
> 不能手提天下往,何忍身去游其间!(王令《暑旱苦热》)

是的,不能让天下每一个人都享受到美好的生活,怎么忍心一个人龟缩在小安乐窝中,"管他春夏与冬秋"呢?由于这个更深层的原因,儒家的出走不是真的出走,不是真要遗弃现实世界中的责任与使命,而是在"向晚意不适"时的一种"气话"或"负气的想象",一种话语游戏而已。正如孔子未必真的要带几个人去春游一样,后世的士大夫经常感慨的"儒冠误身",多半也不能当真,那不过是他们在困顿、疲倦时"聊以寄意耳"。

德国诗人、美学家席勒有一句名言:"让美走在自由的前面。"他的意思是说,只有在美的引导下,自由才不至于沦落为无止境破坏的"暴力革命"。而儒家的旨趣正好相反,用一句话表达就是"让审美跟在伦理的后面"。因为一个人只有念念不忘现实职责,才不会因为贪图个人的幸福而遗忘脚下痛苦的大地。往深里说,首先,要承认伦理异化的合理性，因为没有这种异化，人就不可能成为不同于动物的人，也不可能产生属于人的对自由的需要。其次，不能让这个负担太沉重，否则主体不是被沉重的道德担子压垮，就是阳奉阴违、表面一套、背后一套。因而最关键的不是如何直接避免被异化，而是要在必要的异化后，寻找一种适当的方法去解除它。这就是我所谓的新道德本体论的要义所在，一方面，没有对道德异化的承担，人不可能成为与自然相区别的精神生命；另一方面，如果没有对道德异化的超越，就不可能有真正自由全面发展的个人。后者要解决的是一个更高层次的问题，即在成为人以后如何成为自由的人与可爱的人。在这个意义上，儒家的自由理念，与马克思的"只有在共同体中才可能有个人自由"①是最接近的。中国古代士大夫所体验的生命自由与愉快，基本上是按照这样一个审美原理复制而成的。

在现实世界中，由于担子总是太重，责任总是太多，因而，儒家的自由更多是在他们的文章中流露出来，"让美走在伦理的后面"，不仅是中国士大夫审美活动的基本原理，同时也恰好构成了他们文章之美的深层结构。

五、"田野小河边"的生命诗境

"田野小河边，红莓花儿开……"大自然里生机无限。

春天是自然界万物萌生的季节，也特别容易触动人，使社会化、伦理化、规范化了的感觉、意识与心理，如同坚冰下的春洪，如同残雪覆盖下的野草，如同冰凉外表下炽热的心，舒展枝叶，血脉贯通，蠢蠢欲动，

---

① 马克思、恩格斯：《马克思恩格斯选集》第 1 卷，人民出版社 1995 年版，第 119 页。

开始了新一轮的复活、生成与轮回。

在中国古代,有一个词叫"春气",它来自神秘的大自然,是一种不可抗拒的神奇力量,它可以使死者重生、使坚硬者变柔软、使枯黄的万物焕发出生命的新绿。它不仅仅作用于自然万物,同时也发之于人,使长久匍匐于严冬淫威下的躯体、意识与情感,革故鼎新,发出如春水般潺潺流动的音乐声。这是一种春天的生命诗境,它可以从生命中催发出最轻柔,甚至略带伤感的歌声。如张若虚的《春江花月夜》:

> 春江潮水连海平,海上明月共潮生。
>
> 滟滟随波千万里,何处春江无月明。
>
> 江流宛转绕芳甸,月照花林皆似霰。
>
> 空里流霜不觉飞,汀上白沙看不见。
>
> ……

在《元诗别裁集》中,有一首胡天游的《杨花吟》,可以与之相媲美:

> 吴江春水拍天涯,江上风吹杨柳花。
>
> 花飞满空无处所,随风直渡吴江水。
>
> 渡水随风太有情,萦花惹草恣轻盈。
>
> 狂如舞蝶穿花径,细逐流莺度绮城。
>
> 绮城楼阁连天际,杨花飞入千门去。
>
> 飞去飞来稍觉多,纷纷如雪奈君何。
>
> 珠帘绣箔深深见,舞榭妆楼处处过。
>
> 楼中美人春睡起,愁见杨花思荡子。
>
> 荡子飘零去不归,杨花岁岁点春衣,

梦魂不识天涯路，愿作杨花片片飞。

还有林黛玉的《葬花词》：

花谢花飞花满天，红消香断有谁怜？
游丝软系飘春榭，落絮轻沾扑绣帘。
闺中女儿惜春暮，愁绪满怀无释处，
手把花锄出绣闺，忍踏落花来复去。
柳丝榆荚自芳菲，不管桃飘与李飞。
桃李明年能再发，明年闺中知有谁。
……

杜丽娘的游园唱词：

原来姹紫嫣红开遍，似这般都付与断井残垣，良辰美景奈何
天，赏心乐事谁家院……朝飞暮卷，云霞翠轩，雨丝风片，烟波画
船，锦屏人忒看的这韶光贱。

对儒家比较"板"、经常正襟危坐的人来说又如何呢？按照一般的
理解，儒家士大夫的人格象征是梅花与松柏，他们对春天的反应应该很
平淡，甚至是不大喜欢的。"梅花欢喜漫天雪，冻死苍蝇未足奇"，越是
寒冷的冬天，越容易检验君子的品德与心性。换言之，最喜欢春天的是
"道是无情却有情"的庄子，人们总是说庄子喜欢大自然，然而更准确的
说法是庄子最喜欢春秋两季的大自然，喜欢春天是因为它温煦、没有矛
盾冲突，如《德充符》中的"使日夜无隙，而与物为春"；而喜欢秋天则是

因为繁华已落尽，在平稳、无风无浪的秋水般的安宁中，最适合人们寄托出尘之想。从孔子《侍坐章》的"吾与点也"看，当一年一度的春风重新吹绿齐鲁大地时，在习惯严冬的孔夫子心中，翻卷起难以克制的审美涟漪。春风扰乱了哲人的内心，使哲人把目光转移到春天的田野小河边。

其中的原因可从两方面看：一是如宋代理学家讲的，春天象征着宇宙最高的"生生之德"，在把生命、生机、生气"灌注"给天地万物的时候，在现实世界中原本激烈冲突的善与恶、文明与野蛮等，与儒家最高的生命精神相比，本身就变得非常零碎、层次低、不值得为之认真计较。也就是说，在春天这个特殊的审美生态环境中，不同事物之间的矛盾与冲突成为次要的，和谐与友爱成为根本性的。在这片刻的安谧与短暂的和平渊雅中，即使是相互冲突的人们，也会被功利性的力量征服，他们不再固执己见，不再怒气冲冲，不再相互仇视与残杀，如同贝多芬《欢乐颂》中所歌唱的那样，人人成为兄弟姐妹。二是还表明尽管儒家以伦理机能发达著称，但人固有的审美天性依然未泯。平时儒家不大讲审美天性，是因为他们觉得还有更加重要的事情需要处理。一旦与生存直接相关的压力消失，或者是在某一个功利需要相对淡出的片刻，他们不仅本能地要产生对审美与自由的渴望，而且由于遗忘久了或压抑得比较厉害，这种渴望表现出来会更加强烈与不可遏制。对春天的大自然的这份热爱，不仅不是儒家在大是大非上出了原则性问题，相反正是他们是人、是具有人的完整需要的证明。这不，一阵春风从傍晚的书窗穿来，即使像孔子这样的圣人，也会发出想去大自然里吹吹春风的感慨。后人把这种境界称为"齐鲁春风"，它为儒家士大夫解决越来越沉重的主体负担，继续在自己的大本营中混下去，提供了一个舒泄压抑、减弱异化、恢复弹性的诗性空间。当然，"齐鲁春风"与庄子的"与物为春"有很大的不同,"齐鲁春风"本质上只是一个短暂的"审美瞬间",不是整天与春天泡在一起,其他什么事情都不干了。儒家毕竟是儒家,审美在生活中只是很小的一部分,所以他们多半只能像孔子一样,在每个春天来临时,到田野小河边搞一点户外活动,发一点小小的感慨,稍稍放纵一下紧张的神经与筋肉,最终还是要回来做人间事业的。然而,也切不可因为它短暂,最终没有什么现实目的就以为它可有可无。正如苏东坡在一首诗中写道:"伸眉一笑岂易得,神之报汝亦已丰。"

"齐鲁春风"是儒家审美活动的原型,因为这个原因,后来的士大夫,对于春天是格外珍惜的。宋代是中国历史上又一个"群贤毕至,少长咸集"的时代,现代人说到宋儒,首先想到的是"饿死事小,失节事大"。实际上,这句话是有特定适用范围的,要意思应该理解为在面临道德与政治的现实困境时,要无条件地保持儒家士大夫的气节,决不应该把这句话理解为他们生活的全部。由于理学家更加珍惜生命与现世,所以他们的精神追求与审美需要比一般人要求更高,需要更丰富、复杂。比如他们大都非常珍惜欢乐,不管是贫穷如颜回的"陋室穷巷"的快乐,还是孔子的"齐鲁春风",孟子的"反身而诚"的快乐,都是文章中最津津乐道的细节。特别是在接触、濡润了大自然的春风春雨之后,与马二先生游西湖完全不同,士大夫因为读书、讲学、思考善恶与社会而迟钝的感官与板结的心灵,往往会破冰而出,以自己特有的声音与节奏,参与到大自然的万籁和鸣之中。

一个突出的现象是宋儒大都很喜欢写春游诗,这些诗一般也都写得生动、可爱,因而从古代开始,就一直成为儿童的启蒙读物。收在《千家诗》最前面的几首,可能是大家最熟悉不过的。

云淡风轻近午天,傍花随柳过前川。

时人不识余心乐，将谓偷闲学少年。（程颢《春日偶成》）

胜日寻芳泗水滨，无边光景一时新。
等闲识得东风面，万紫千红总是春。（朱熹《春日》）

律回岁晚冰霜少，春到人间草木知。
便觉眼前生意满，东风吹水绿参差。（张栻《立春偶成》）

此外，在书简与日记的只言片语中，他们也经常会写下对春天的一些独特心得体会，这些文字都是上等的好文字，与人们一般印象中理学家只知道穷究"义""利"之理、"忠""孝"之节，是大异其趣的。儒家士大夫对春天的爱，一直延续到现代中国大儒马一浮先生，他早年精研儒释，旁及理学，写下许多"理正词直"的哲学文章，目的都是要延续中国儒家的精神血脉。而到了哲人晚年，他最快乐的事情，就是带上门生与友人，一起泛舟在春天的西湖上，然后再写几首关于春天的诗。从1949年一直到1967年，年年如此，毫无倦意。这时，我们决不应该责怪他忘情山水之间，因为他平时的思考过于沉重，只有春天才能让他好好休息一下，在春天的里摆脱沉重的伦理躯壳，满足一下他作为人的感性需要。正是因为这片刻的休息，他才成为一个懂得生活、珍惜生命的可爱的人。

儒家的春天诗境是对康德伦理学的补充，尽管从一般的逻辑分析看来，德性与幸福是一对无法克服的矛盾。但是在不同于逻辑运算的历史世界中，它们完全是有可能达到某种短暂的和谐的。逻辑毕竟是逻辑，在更加生动、变化无穷的经验世界中，总是会有不同于严密体系的例外，以及不同于逻辑的更鲜活的"质"与"元素"生成出来。"齐鲁春风"就是在儒家的伦理体系中透露出来的审美气息。

六、伦理之后是审美

要做现实的人，就必须扎根社会。

要做自由的人，则必须回归自然。

儒家士大夫在生命中所遭遇的困境，在使他们的审美需要变复杂、变曲折的同时，实际上也给其审美活动赋予了更丰富的意味。与庄禅的审美自由相比，庄禅不大考虑社会条件的限制，因而在逻辑、实践上都要直接、简洁得多。由于审美生命自身又过于柔软，因而像儒家那样硬要它们在坚如磐石、纷乱如麻的社会土壤中扎根，在很多情况下是出力而不讨好的。但正所谓"一分耕耘，一分收获"，由于不是一心偷懒，肯在真实的大地上下功夫，所以一旦打开局面，儒家士大夫在审美上的收获，不是只知道"逍遥游""如脱桶底"的庄禅可以比拟的。这就是真实比想象、历史比逻辑、经验比抽象更加丰富、厚重、生动的原因。

一般说来，由于肩上的负担比较沉重，由于刚毅木讷而不轻言享受，由于心有城府而不愿意倾诉苦难，由于生命机能最主要的对象是"君不君、臣不臣"的世道人心等，儒家士大夫对于春天的到来，最初的反应是相当迟钝的，或者说过于发达的伦理机能对他们审美意识的觉醒，是起制约作用的。因而，儒家士大夫一般做不成早春的发现者，不像全身心盯着大自然的庄禅，从一朵花蕾、一枝柳叶、一片杨絮、一阵蛰虫的轻微骚动中，就可以感受到时节的更迭与气运的转移。但是正所谓"春雨带潮晚来急"，一旦儒家士大夫从他整天关注的社会中"蓦然回首"，发现了春天的大自然的美丽，特别是在他刚刚发觉之际，这美丽的对象实际上已所剩无几了，这时，他的第一反应就是像屈原一样，恨不得把所有美丽的花朵一下子全部采撷到自己怀中。也就是说，作为一个暮春的追逐者与欣赏者，尽管未能领略到春天初开的花蕾，但在对春天体验的强度与丰富性上，有时远远超过前者。德国作家黑塞曾说："我觉得，每一个新的春天总比上一个更为美丽，但是也总是比上一个消逝得更为迅速。"（《童年轶事》）对于儒家士大夫来说也是如此，暮春是春天最后的华丽，寒意已完全消失，春花与春色已经成熟，这是最令人留恋而又伤感的时光，伤感是因为它即将消逝，留恋则是因为还有最后的美丽。它既足以使铁石心肠的人变柔软，使一直被压抑的审美机能从板结的心灵中萌生新芽。

中唐诗人李涉有一句诗："终日昏昏醉梦间，忽闻春尽强登山。"（《登山》）把其中的"终日昏昏"换为《易经》中的"终日乾乾"，就完全可以移赠儒家士大夫了。平时整天忙于思考和处理国之大事，根本不知道窗外的春色已经来临，这并不能完全怪他们，实在是他们想做的事情太多了，也太急迫了。一旦有人告诉他们："喂，知道春天已经来了吗？"情况就会发生很大的变化，他也许会说上一句："咦，我怎么不知道呢？"很可能在话音未落之际，他就开始思考怎样在暮春时节，到大自然里好好舒展一下蜷曲了一个漫长严冬的思想与身躯了。审美需要在这暮春时节会超越一切，成为他生命中的第一需要。尽管追逐的仅是一种即将消逝的美丽，难免有"春光无限好，只是近凋零"的感慨与怅然，但也不见得是坏事，在增加了这样一种悲剧感与急迫感之后，对春天的爱不仅会变得更深沉，而且更有回味价值。孔子对曾点说："还是你说到我的心头上了。"大概就是这样一种原因吧。

当被伦理命令驱逐出去的这一半重新回来，这时的儒家士大夫会因为人性圆满而变得可爱起来。比如大家很熟悉的辛弃疾，他的伦理角色是一个民族英雄，出于儒家士大夫的天性，他力主北伐，收复故国，写下很多壮丽的诗句,如《永遇乐·京口北固亭怀》中的"金戈铁马,气吞万里如虎",《破阵子·为陈同父赋壮语以寄》中的"了却君王天下事,赢得生前身后名"。作为一个儒家士大夫,尽管"挥羽扇,整纶巾,少年鞍马尘",是他必须承担的现实职责。但是很显然,他在这种伦理生涯中不是无怨无悔的,这不是他人生最辉煌的时刻与最高境界,相反是"可怜白发生"的悲剧感慨,没有享受到生命的自由与乐趣。写到现实总是怨,可以说是辛词涉及现实人生时的情感变迁基调。如:

> 将军百战身名裂,向河梁、回头万里,故人长绝。(《贺新郎·别茂嘉十二弟》)
> 平生塞北江南,归来华发苍颜。(《清平乐》)
> 经行几处江山改,多少亲朋尽白头。(《鹧鸪天》)
> 唱彻阳关泪未干,功名余事且加餐。(《鹧鸪天·送人》)
> 如今憔悴赋招魂,儒冠多误身!(《阮郎归·耒阳道中为张处父推官赋》)

而最典型的是那首《鹧鸪天》:

> 壮岁旌旗拥万夫,锦襜突骑渡江初。燕兵夜娖银胡䩶,汉箭朝飞金仆姑。追往事,叹今吾,春风不染白髭须。却将万字平戎策,换得东家种树书。

在这首词前面有一个作者的说明:"有客慨然谈功名,因追念少年时事,戏作。"从"壮岁旌旗拥万夫"的辉煌时代,到"春风不染白髭须"的壮士暮年,尽管还有不情愿的意思在,但实际上正是在放下肩上的伦理担子后,才慢慢消解了他生命中道德理想与个体自由的紧张关系,使人生的审美意义流露出来。在辛弃疾这个典型环境中的典型人物身上,可以明白无误地看到"伦理之后是审美"这个中国美学的深层原则。

伦理在前,还有一层重要意义,可以借此与对象拉开一定距离,如同遗忘春天的人更能欣赏春天的美丽与珍贵一样,这也是中国士大夫总是把春天写得千回百转,乃至于柔肠寸断的根源。儒家士大夫不是不懂得美,在经历了疏远、迷失之后,他们在对美的理解与把握上,往往比一般的庄禅者更加深刻,富有更加绵长、深远的意味。还以辛弃疾为例,正是因为他在政治伦理生活中悲伤、失望与痛苦,辛弃疾一度疏远的乡村与大自然,才摆脱了一般人眼中的落后、贫乏与单调,呈现出生机与美丽。如"东家娶妇,西家归女"(《鹊桥仙·山行书所见》),"鸡鸭成群晚不收,桑麻长过屋山头"(《鹧鸪天·戏题村舍》),"春日平原荠菜花,新耕雨后落群鸦"(《鹧鸪天·游鹅湖醉书酒家壁》)等诗句,尽管它们本身朴素得如同一幅农家生活素描,但对饱经忧患、心力交瘁的士大夫来说,这已是一种平静、美好的人间生活了,而且是一切奋斗、牺牲的最终目的。

在中国古代士大夫身上,这种审美与伦理既相互对立又相互缠绕,为中国古代文章奠定了基本范式。从相互对立的方面看,在主体方面是伦理主体如何超越自身的政治伦理异化,以便可以用审美的眼光去看世界;在文章方面是尽可能地摆脱各种功利性的内容,以便创造出解放心灵与想象力的审美意境。从相互缠绕的方面看,伦理与审美又是不可完全分离的,所以中国历史上那些最好的文章,如《岳阳楼记》,之所以比单纯写大自然的文章更感人,是因为包含了相当重要的现实内容。如果两者完全分离开,那么无论对审美还是对伦理,或者说无论对形式还是对内容,都是两败俱伤的。

从这个角度,也可以对中国古代文章作一个整体性描述。大体说

来，秦汉时期的文章，与先秦诸子及汉代政治家的社会理想联系密切，
与其说是"审美"的，毋宁说是"实用"的，与其说是"自由的象征"，毋宁
说是"道德的象征"。实用者如李斯的《谏逐客书》、贾谊的《过秦论》、晁
错的《论贵粟书》，说教者如司马迁的《报任安书》、马援的《诫兄子严敦
书》、诸葛亮的前后《出师表》等。当然，不能说这些文章不好，但由于主
要意图是"政治"，或"道德"，所以审美含量比较低。尽管很实用，但对
表现中国文章之林的秀色与风光来说，很可能还比不了汉赋，如司马相
如的《子虚赋》《上林赋》，扬雄的《甘泉赋》《蜀都赋》，对文章构思、形式
上的贡献比较少，这也是古人常把司马相如与屈原相提并论，把扬雄与
司马迁并称的原因。比如刘勰在《文心雕龙》中就很看重扬雄，说他在
辞赋作家中用意最深，义理丰富而言辞确切。因而，秦汉文章并不是中
国文章的极致。如果说秦汉文章的主要问题是"伦理压倒审美"，那么
明清人的文章，则又走到了另一个极端，就是只有审美而没有了伦理，
一旦现实的内容完全被掏空，就显得有些轻飘飘了。所以，尽管明清人
的文章在形式上美则美矣，但再难有古文那种震撼心灵的力量了。

　　由此可知，中国最好的文章在唐人宋人那里是一点不错的。那种
既要伦理又要审美的创作机制正是在唐宋八大家的散文中，审美形式
与更深刻的人性内容融为一体，成为中国古代文章真正的典范。

七、维莫之春，亦又何求

　　有谁不喜欢春天呢？

　　对于以儒学立身的中国士大夫来说，由于被道德异化得比较厉害，
所以他们不仅更懂得也更珍惜春天的美。但这并不是最感人的地方，
尽管生命的负担过于沉重，时常有"轻松一下"的想法，但他们最崇高的

无疑是决不会因为一个人的感性享受而放弃现实世界中的职责。因为他们知道伦理纲纪对维持一个社会的重要性，所以经常主动放弃或牺牲审美需要。这正是圣人之所以成为圣人的原因。与庄禅逃避现实完全不同，儒家这一点正如王永彬在《围炉夜话》中所说："君子以名教为乐，岂如嵇阮之余闲；圣人以悲悯为心，不取沮溺之忘世。"

再问一句，谁说圣人不懂得审美呢？作为一个精神发育完整的人，当然比一般人更懂得审美与自由的重要，同时由于思虑过于劳累与沉重，他们也比一般人更需要通过审美活动来放松身心，但他们更懂得对于现实中的生命来说，美只是一种"瞬刻的永恒"，只是一种"自由的象征"，甚至只是一种"游戏"，因为美毕竟不能解决现实中的生存压力，如果现实中的事情他们不去做，仅仅满足于一个小安乐窝，那么与他们的生命理想是背道而驰的。尽管心中仍有沉重的伦理负担，但在"沾衣欲湿杏花雨，拂面不寒杨柳风"的春光一刻中，让生命与心灵进入一个短暂的、也是永恒的审美时刻中，对于烦恼而紧张的人来说，就已是最高享受了。而在这样的时刻里，孔子与其他诸子并无本质区别，这里面体现的就是审美的共通性。在子祀、子舆、子犁、子来四友"相视而笑，莫逆于心"的赠答之际，在佛祖与迦叶"一人拈花，一人微笑"（《五灯会元》）的往还之间，在浮士德对着美丽的海伦喊出"请你等一等"的那一瞬间，与孔子赞许的"曾点之志"，完全是殊途同归。根本区别在于"审美之后"去干什么，如果说庄禅属于在审美之后不肯回归现实的一路，那么儒家士大夫比他们清醒多了，不管现实怎样苦难重重，他们还是要回来承担自己的那一份责任。

卢梭有一句名言："人是生而自由的，但却无往不在枷锁之中。"[①]

① ［法］卢梭著，何兆武译：《社会契约论》，商务印书馆 1987 年版，第 8 页。

这话实际上说得有点绝对,因为在审美自由的那一瞬间,人完全是可以超越一切锁链与束缚的。中国古代士大夫所创造的审美境界向人们证明的就是这一点。

百家争鸣的先秦时代是中国思想史上的黄金时代,自由的思想,开放的感情,于情于理都痛快淋漓,在许多方面树立了不可超越的典范,文章写作也是如此。这个黄金时代也像春天,尽管短暂,或者说"来去太匆匆",但仍然催生出中华民族丰富的文章与情感世界。如同后来人们经常感喟的青春易逝,特别是在经历了秦始皇的"焚书坑儒",汉武帝的"罢黜百家,独尊儒术"后,那些从蒙昧时代中解放出来的自由思想、情感与健旺的生命感,在循规蹈矩的"儒术"修炼中,在现实世界中慢慢退潮了。之后尽管其他各家思想仍然存在,它们的思想内容也可以借助各种方式"偷渡"进来,但儒家思想那种五岳独尊的主流、正统与霸主地位,直到古代社会解体之前,再没有什么力量可以撼动它。由于这个原因,中国士大夫的文章与儒家思想的关系变得十分密切,他们文章中的审美内容也主要是儒家士大夫审美趣味与文化理想的流露与象征。

但幸运的是,在儒家经典中还有一扇审美的后窗,给后人留下了一个可以想象、休息与眺望天空的渠道。

《诗经·大雅·臣工》说:"维莫之春,亦又何求。"

我想把它的意思解释为在美丽而短暂的春天里,你还有什么不能满足的呢?

这也如同泰戈尔在诗中所说的那样:

请容我懒怠一会儿,来坐在你的身边。我手边的工作等一下子再去完成。

不在你的面前,我的心就不知道什么是安逸和休息,我的工作变成了无边的劳役海中的无尽的劳役。

今天,炎暑来到我的窗前,轻嘘微语;群蜂在花树的宫廷中尽情弹唱。

这正应该是静坐的时光,和你相对,在这静寂和无边的闲暇里唱出生命的献歌。(《吉檀迦利·5》)

"你是不是预言中的年轻的神"

——曹植《洛神赋》与男性政治欲望的审美化过程

一、这一个心跳的日子终于来临

每读曹植的《洛神赋》，我总会想到现代诗人何其芳的《预言》：

这一个心跳的日子终于来临。
你夜的叹息似的渐近的足音
我听得清不是林叶和夜风的私语，
麋鹿驰过苔径的细碎的蹄声。
告诉我，用你银铃的歌声告诉我
你是不是预言中的年轻的神？

你一定来自温郁的南方，
告诉我那儿的月色，那儿的日光，
告诉我春风是怎样吹开百花，
燕子是怎样痴恋着绿杨。

我将合眼睡在你如梦的歌声里，
那温馨我似乎记得，又似乎遗忘。

请停下来，停下你长途的奔波，
进来，这儿有虎皮的褥你坐，
让我烧起每一个秋天拾来的落叶，
听我低低唱起我自己的歌。
那歌声将火光一样沉郁又高扬，
火光将落叶的一生诉说。

不要前行，前面是无边的森林，
古老的树现着野兽身上的斑文，
半生半死的藤蟒蛇样交缠着，
密叶里漏不下一颗星。
你将怯怯地不敢放下第二步，
当你听见了第一步空寥的回声。

一定要走吗，等我和你同行，
我的足知道每条平安的路径，
我可以不停地唱着忘倦的歌，
再给你，再给你手的温存。
当夜的浓黑遮断了我们，
你可以转眼地望着我的眼睛。

我激动的歌声你竟不听，

你的足竟不为我的颤抖暂停，

像静穆的微风飘过这黄昏里，

消失了，消失了你骄傲之足音……

呵，你终于如预言所说的无语而来

无语而去了吗，年轻的神？

在新旧社会文化交替、转型时期，一切刚刚从旧土壤中生长出来的新鲜事物，尽管生机勃勃，对未来的一切充满了憧憬与渴望，但由于自身的力量与积累过于单薄，因而对即将来临的一切是极其矛盾、彷徨的。李泽厚的说法是："尽管仍有各种旧的束缚如主观上有意识和无意识层的礼教观念，客观上贫穷、困苦、腐败的社会现实在压迫、管制、阻挠着他们。然而，新的生命新的心灵对新的人生新的世界的憧憬，却仍然是这一代的'思想情感形式'和人生观的主要标志。"①在这个意义上，《预言》表达的是一种典型的现代思想情感方式，既仿佛是期盼已久的日子终于来临，又仿佛是从来不敢奢望的奇遇突然出现，然而由于没有办法保护或挽留这美好事物，所以甜蜜得近乎苦涩，真实得近乎虚幻的现代幻灭感始终是驱之不去的。

这种思想情感方式同样见于戴望舒的《雨巷》。一方面是雨中的独行人——

撑着油纸伞，独自

彷徨在悠长、悠长

又寂寥的雨巷，

---

① 李泽厚：《中国现代思想史论》，东方出版社 1987 年版，第 219 页。

我希望逢着
一个丁香一样地
结着愁怨的姑娘。

另一方面，碰到了又会怎么样呢？结局依然是——

走尽这雨巷。
在雨的哀曲里，
消了她的颜色，
散了她的芬芳，
消散了，甚至她的
太息般的眼光
丁香般的惆怅。

　　无论是《预言》中的"无语而来"又"无语而去"的相逢，还是《雨巷》中"像梦一般地凄婉迷茫"的邂逅，仅仅解释为"现代思想情感方式"是不够的，因为早在 1 700 多年前，曹植在洛水之滨就有过这种体验了。才高八斗的曹植尽管对"休迅飞凫，飘忽若神，陵波微步，罗袜生尘……转眄流精，光润玉颜，含辞未吐，气若幽兰"的洛神仰慕之至，但也只能在"惊鸿一瞥"后，"足往神留，遗情想像"而已。

　　现代以来，由于对历史的陌生与遗忘，人们总以为许多东西都是新的。其实，如果对包括《预言》《雨巷》在内的许多现代思想情感进行寻根，就会发现它们都不是无本之木或无源之水。比如爱情诗，现代中国最流行的说法是宗白华的"中国没有爱情诗"，他说："所有一点恋爱诗，不是悼亡、偷情，便是赠妓女。"鲁迅在《随感录》中也感慨过："我不知道什么是爱情！"今天要提出一个反思，他们究竟是真实反映了中华民族情感生活或某种内在规律，还是明显受"启蒙年代"的影响，出于反礼教的现实需要，直接遮蔽或涂改了中华民族在历史与传统中的爱情叙事与记忆呢？这当然不是说中国的传统礼教从来不压抑人性，更不是要全盘否认其对恩格斯所讲的那种建立在"体态的美丽、亲密的交往、融洽的旨趣"等自然基础上的爱情的压抑甚至是摧残，而仅仅是要申明凡事都要有一个界限，不能搞扩大化与绝对化。至少从《洛神赋》这篇文章来看，我们看不出它与经过现代启蒙后的《预言》《雨巷》有本质差别。这表明在一些特殊历史时期与氛围中，在古老的中国也同样可以有激动人心的爱情故事。正如人们所说的"天高皇帝远"，礼教的势力再大，也有它管不到的地方与时段，在这样的时空中，生命之心当然可以为一切美好的感性对象剧烈跳动。明乎此，则可知在中国历史上，最早为美丽的音容、动人的异性而耳热心跳的，并不始于现代诗人何其芳、戴望舒等，而是始于比他们整整早了 1 700 多年的曹子建。

二、从中国女性审美意识的
起源看"积淀说"的局限

心跳加速，总是因为某种新刺激。太阳底下无新物，一般说来，新刺激仅仅是因为此前没有引发个体的心理兴奋，仿佛不存在一样。按照通常的理解，由于自小的学习与生活环境等，古代士大夫的生命机能从一开始就被政治伦理化了，所以他们对各种政治伦理事件最敏感。但是我们也不能忘记了，以男性为性别特征的士大夫群体也是人，另一种来自异性的刺激也同样是他们心跳加速的重要原因。正如我在《千年挥麈》中指出的：

在以男性为中心的传统社会结构中,中国士大夫有两种最重要的自我肯定方式,一种是社会意义上的政治实践,先秦儒家讲的"修身、齐家、治国、平天下"四部曲就是它的全文;另一种是自然意义上的红颜之梦,庄子《德充符》记载的"与为人妻,宁为夫子妾"则是它最初的文本。①

尽管不能否认由于儒家话语的主流性以及现实生存的重要性,在一般情况下,政治伦理需要总是高于审美与感性需要,但是不可因此走向政治伦理需要的独断论,即以为审美需要只是从属于现实活动的一个微不足道、可有可无的东西。不幸的是,不仅在中国古代,人们一直这样看,直到当代中国也仍然如此。以李泽厚先生的积淀说为例。积淀说的基本理论框架是人类最初的一切存在与活动都是功利性的,审美对象与活动的产生只是由于时光流逝、功利消失。在这个意义上,女性最初也不过是一种人自身再生产的工具,其主要功能就是生育下一代。因而最重要的就不是她们的花容月貌,而是她们天生的自然赐予的体质与生育能力。当然,由于早期的世界文明史材料纷繁复杂,对此可以在早期的生殖崇拜中找到足够多的证据。

由于这个框架顺利解释了一部分历史的经验现象,所以当然是可以成立的。但还必须对它的合法性及势力范围有足够清醒的认识,否则就会犯"以偏概全"的低级错误。如果放开眼光就会发现,同样是从很早的年代出发,作为纯粹审美对象的女性或以女性身体(不是品德、才能等"内美")为对象的审美活动就已广泛存在。如在《诗经》中:

① 刘士林:《千年挥麈》,百花洲文艺出版社 2000 年版,第 86 页。

南有乔木，不可休息，汉有游女，不可求思。(《汉广》)

蒹葭苍苍，白露为霜。所谓伊人，在水一方。(《蒹葭》)

手如柔荑，肤如凝脂，领如蝤蛴，齿如瓠犀，螓首蛾眉，巧笑倩兮，美目盼兮。(《硕人》)

如《楚辞》中的《湘君》与《湘夫人》。最典型的是宋玉的《神女赋》："昔楚襄王与宋玉游于云梦之浦，使玉赋高唐之事，其夜王寝，梦与神女遇，其状甚丽，王异之……"这里的"其状甚丽"以及接下来对女神形体与神态的描写，如"秾不短，纤不长，忽兮收容，婉若游龙乘云翔；近之既妖，远之有望，骨法多奇，应君之相，眉联娟以蛾扬兮，朱唇的其若丹，素质干之实兮，志解泰而体闲"。又如著名的《登徒子好色赋》："东家之子，增之一分则太长。减之一分则太短，着粉则太白，施朱则太赤。眉如翠羽，肌如白雪，腰如束素，齿如含贝。"这些描写，与康德的"美在于形式"很接近，应该视作中国古代十分纯粹的审美意识。曹植笔下的"宓妃"是中国古代最重要的女性审美对象之一。按照神话传说，宓妃本是伏羲氏的女儿，可谓源远流长，她因迷恋洛河两岸的美丽景色降临人间，并不是出于功利需要。早在曹植《洛神赋》之前，宓妃就经常出现在士大夫的白日梦中。如《离骚》的"吾令丰隆乘云兮，求宓妃之所在"，司马相如《上林赋》的"若夫青琴宓妃之徒，绝殊离俗，妖冶闲都。靓妆刻饰，便嬛绰约。芬芳沤郁，柔桡嫚嫚，妩媚纤弱"，张衡《思玄赋》的"载太华之玉女兮，召洛浦之宓妃"等，像这样成熟、固定的模式化描写，不是短时期内产生的，应该有更加漫长的历史基础。可以想象，如果能够把"宓妃"的审美发生史完全梳理清楚，就可以揭示出中华民族女性审美意识的发生与源流，为中国美学找到一个属于美学自身的发生学原理。

　　尽管这个工作仍然需要做大量的研究,但至少有一点可以肯定,它不是"积淀说"可以解释的。也就是说,不是先有了只会生儿育女、服侍丈夫的女性,然后随着她们一天天从沉重的家务中解放出来,才开始成为审美对象。相比之下,以下解释框架可能更好,即对每一个民族来说,实用与审美"本是同根生",都是人类生命中最基本的活动方式,它们在历史世界中发展得不平衡,主要是由更加重要的现实需要决定的。有了这样一个新的解释框架,也就为曹植的《洛神赋》找到了发生根源,《洛神赋》是中华民族女性审美意识纯粹审美的高峰体验。同时,也可以有效解释为什么1 700多年前曹植可以与现代条件下个体审美意识高度觉醒的诗人们产生如此深刻的共通性,以至于我们可以说,何其芳那个"预言中年轻的女神"、戴望舒那个"丁香一样地/结着愁怨的姑娘",就是当年被古人无数次感受的洛神的复活。这是中国文化中固有的审美之流,尽管它有时会沉没地下,仿佛消失了一样,但只要一冒出地面,什么时候都是一样的美丽、一样的令人怦然心动。

　　再加上这个自成一体的纯粹美学原理之后,中华民族的审美活动在原理上就更加复杂了,同时也更加缜密与完善了。归纳一下,它的主要原理有三:一是对主体存在而言的"只有告别庙堂,才能走向自由",二是对审美发生而言的"伦理在前,审美在后",三是对审美自身而言的纯粹美学原理。它的精华在于康德的"美在于形式",而且这个形式美从一开始就是民族生命活动的有机部分。在历史世界中,人们的审美与艺术活动经常是三者既相互矛盾又相互对话的结果。一篇好文章的出现,在中国古代经常被归结为造化之功,不是人力可以达到的。而在了解了中华民族深层的审美原理之后可以说,尽管它们在表层结构上千差万别,但在深层结构上,始终不脱离三个原理。以《洛神赋》为例,结合中国美学的特殊语境,它的美大致离不开这四个条件:一是与政治完全无涉的不行,否则就违背了"只有告别庙堂,才能走向自由";二是完全审美化、超功利也不行,因为会直接与审美心理发生的"伦理在前,审美在后"相对立,只有在痛苦的政治与现实命运沉浮中,才能产生个体对审美的强烈需要;三是有没有一种审美造型的能力把审美冲动和感受描述出来,或者说有没有一种创造纯粹美的艺术家的天性与机能,这种被古人称为"气"一样的不可捉摸、无法遗传的东西,只能用纯粹的审美原理来解释;四是有没有一种机遇、条件使政治的痛苦、伦理的异化以及创作的冲动凝聚、融合在一起,使它们在激烈的冲突、碰撞中升华为生命的华章。

三、从"宓妃"到"洛神"的 距离有多长

尽管在表面上看,曹植的《洛神赋》所歌咏的伏羲氏的女儿宓妃,是一个拥有相当长的传统的诗赋对象,但实际上,由于时代、境遇及需要的变迁,不同作者赋予宓妃的内涵是有重差别的。把屈原《离骚》中的"宓妃"与曹植笔下的"洛神"略加比较,就可以发现在"求女"主题下,中国士大夫走过的一段耐人寻味的心路历程。

在某种意义上,屈原的"宓妃"与曹植的"洛神"有许多相同之处,比如,他们都是在政治上遭遇挫折以后,才开始把生命的冲动与欲望转向异性的"求女"活动。具体说来,屈原的主要原因有二:一是"初既与余成言兮,后悔遁而有他",二是"众女嫉余之蛾眉兮,谣诼谓余以善淫"。按照一般的理解,前者隐喻的是屈原失去楚王的信任,后者隐喻的是屈原受到宫廷上群小的"兴心而嫉妒",没有办法了,才想起要到遥远的地方寻找异性知音。这正是在《离骚》的后半部中,本来志气昂扬的三闾

大夫,不再"长太息以掩涕兮,哀民生之多艰",转而"及荣华之未落兮,相下女之可诒"的原因。而至于曹植写《洛神赋》时的境遇与原因,正如作者在序言中所写:"黄初三年,余朝京师,还济洛川。古人有言,斯水之神名曰宓妃。感宋玉对楚王说神女之事,遂作斯赋。"关于这个小序的内容,今天学术界仍然有不少争论,有人认为应当是黄初四年,但有两个基本事实还是可以确定的,第一,不管哪一年,都是在曹操死后、曹丕已"成者为王"、曹植为"砧上鱼肉"时发生的,也就是在政治上长期较量与斗争完全失败后。按照历史的记载,曹植于黄初二年"获罪,诣京师,陈诬告之罪",并因此次指责而被囚于京师洛阳很长一段时间,到了黄初三年才被允许返回封国,在归途中作了《洛神赋》。第二,小序中称"感宋玉对楚王说神女之事"是作赋的原因,这也是应仔细解读的。"宋玉对楚王说神女之事"的底本是《高唐神女赋》,从文章的内容看,更像是一个风流帝王的白日梦。这也像一般中国士大夫的生命逻辑,在政治失败后,往往通过对异性的追逐与占有来宣泄内心的压抑与焦虑。如果仅仅从这个角度作观,那么曹植的"洛神"与屈原的"宓妃"就是完全一致的,不过是一个古代士大夫的红颜知己而已。

但这种理解是有很大问题的。真实的情况是曹植的"洛神"既不同于宋玉笔下那个与帝王"云雨一番"的神女,也不同于屈原苦苦追求的"宓妃"。前者的原因比较好解释,就是曹植的"洛神"始终是一个与身体接触无关的精神对象,是超越了性欲望之后的纯粹审美对象,这是她始终美丽、飘逸,乃至于被称为东方爱神的根本原因。至于她与《离骚》中"宓妃"等屈原所求女性的差异,则需要做多方面的考证才能发现。在《离骚》中,屈原所求之女共有三组,即宓妃、有娀氏之佚女和有虞氏之二姚。屈原追求她们的真正原因是什么呢?我在《千年挥麈》中曾做过较为详细的考释,现将观点略述如下。

首先，从古代贵族婚姻的一般状况看，一个主题就是"为政也，非为色也"。贵族联姻的目的是借婚姻扩大政治同盟。如商代的贵族婚姻就几乎全与政治相关。据研究，主要包括以下类型：一是商王为巩固与其他邦族的关系，主动与之结亲。《诗·大雅·大明》就记载有商王将王族女子远嫁周文王的故事。二是小国君王主动把女儿嫁给商王以求取保护。出于实用利益驱动的政治婚姻当然不仅仅是攀龙附凤，殷商卜辞中就记载有武丁曾枉驾为重臣雀娶亲之事。不只是商朝如此看重贵族婚姻，周朝的壮大也与其四次组建婚姻联盟有关，正是由于古公亶父与大姜、王季与大任、文王与商朝女子以及莘国之女大姒之婚姻，才使得这个偏远、落后的部族迅速扩展为一个强大的诸侯国。这些事实足以证明夏商时代贵族妇女所具有的重要政治功能。一些王朝和诸侯因女性而兴，另一些则因女性而衰（夏桀的灭亡，其中一个重要因素是他冷落了末喜）。中国自古就有的女色亡国论，在这里更易见出端倪的。联姻不是因为她们的花容月貌，而是因为她们的政治身份，亡国不是亡于新宠之女色，而是亡于失去了旧宠之心。

其次，可以从屈原所求之女的身份了解他的良苦用心。宓妃、有娀氏之佚女和有虞氏之二姚，都见于上古史料。照通常的解释，其中宓妃为伏羲氏的女儿，溺死后谓之洛神。有娀为古国名，相传有娀氏有二美女，其一为简狄，后来嫁给帝喾（即高辛氏），是商人祖先契的生母。有娀氏之佚女不仅容貌绝代，且有重要的政治经济背景，也正是她身上的这种资本太重要，所以人人争先恐后求之，屈原说"吾令鸩为媒兮，鸩告余以不好"，很可能就是在隐喻他没有争夺的资本。有虞亦古国名，姚姓，其血统更加高贵，为舜之后代。史传中记载，寒浞使浇杀夏后相，少康逃到有虞，有虞把两个女儿嫁给他，并帮助他完成光复大业。由此可知，在"哲王不寤"万般无奈之际，屈原是想借组建新的婚姻政治同盟从而施行救国方针。因此在《离骚》"求女"意象背后，充满赤裸裸的政治动机，而对这些红颜们的花容月貌，三闾大夫可以说连看都没有看上一眼。屈原的"美政"说到底就是"美人之政"，或与"女人"、与婚姻有关的政治体制。

再次，宓妃为伏羲氏之女，屈原却认为她不是理想目标而放弃，这是为什么呢？《离骚》中写道："夕归次于穷石兮，朝濯发乎洧盘，保厥美以骄傲兮，日康娱以淫游，虽信美而无礼兮，来违弃而改求。"据此可知，宓妃的主要问题是"美而无礼"。一般说来，漂亮女子由于受到整个男性阵营的宠爱，有些撒娇或者"保厥美以骄傲"也实在算不得大错，为什么孤独的灵均一定要"违弃而改求"呢？关键在于要弄清楚他所求之物究竟为何。夏商社会从母权制向父权制过渡，一个具有颠覆性意义的标志就是树立了男性成员对女性身体的性垄断。尽管父权制在禹和启的手中已基本完成，但由于文明演进的不平衡与风俗文化变革的迟缓，直到商周之际母系时代的生活方式仍有广阔的现实空间。在母系社会中，配偶关系并不稳固，男女之间既无政治经济之联系，又无感情伦理上的束缚。从这个角度看，"日康娱以淫游"的宓妃仍生活在母权制遗风中，性伙伴非常自由，《离骚》说宓妃忽而归次穷石，忽而濯发洧盘，都是以地点来隐喻性行为，有点像至今犹存的走访婚。像这样野性十足的女人，既不专于爱情，又不会为男性的政治目的奉献一切，这才是屈原对宓妃失望的根本原因。由上述考释可知，屈原的"宓妃"本身就是三闾大夫设计的政治盟友，既不同于宋玉笔下那个专门以性取悦人的高唐神女，也不同于曹植笔下那个一尘不染的凌波仙子。如果说"宓妃"与"高唐神女"最本质的特征都是实用性，那么也可以说只有"洛神"才是在中国诞生的维纳斯女神。

王国维在《人间词话》未刊稿中，有一则论及"政治家之眼与诗人之眼"：

> "君王枉把平陈业，换得雷塘数亩田。"政治家之言也。"长陵
> 亦是闲丘陇，异日谁知与仲多?"诗人之言也。政治家之眼，域于一
> 人一事。诗人之眼，则通古今而观之。词人观物，须用诗人之眼，
> 不可用政治家之眼。

政治家之言源于罗隐的《隋帝陵》："入郭登桥出登船，红楼日日柳
年年。君王忍把平陈业，只换雷塘数亩田。"诗人之言的代表，取自唐彦
谦的《仲山》："千载遗踪寄薜萝，沛中乡里汉山河。长陵亦是闲丘陇，异
日谁知与仲多?"前者是因为眼观帝王之陵遂生黍离之悲，后者主要讲
汉高祖刘邦的典故，刘邦少时无赖，不治生业，成了帝王之后，曾得意地
对父亲说："我与哥哥谁的产业多呢?"仲山是高祖兄仲山隐居的地方，
诗人在这里反其意而用之，他的意思是千年以后谁也不比谁多多少，正
如《红楼梦》说的"终须一个土馒头"。在这里关键是要体会诗人之言与
政治家之言的差别，前者是实用的、功利的，因而他的目光总是局限在
具体的是非恩怨中，而后者才真正超越了具体的一人一事，可以把那些
对人类具有普遍意义的东西揭示出来。这也正是《洛神赋》的可贵之
处，它不是一篇政治家寓言，也不用"香草美人"来象征、隐喻政治家的
政治欲望，把"洛神"引向了一个更加纯粹的审美方向，超越了"一人一
事"的现实利害关系，使一个古老形象焕发出永恒的艺术魅力。这是我
们可以把《洛神赋》与何其芳的《预言》、戴望舒的《雨巷》联系起来的
原因。

从"宓妃"到"洛神"，最关键的是如何完成从"政治家之眼"到"诗人
之眼"的转换，只有这样，本来不大懂得自然美、形式美的古代士大夫，

才能顺利接受感性对象与形式的刺激与信息,而不是把任何东西都直接转换为政治文本。原理就是本书一再强调的"政治之后有自由"或"伦理之后是审美"。由此需要进一步讨论的就是曹植本人是如何完成这种本来就很不容易的生命转换的。

四、"不经历风雨,怎能见彩虹"

有一首流行歌曲这样唱:

> 不经历风雨,怎能见彩虹,
> 没有人可以随随便便成功。

曹植从政治家的"准太子",到洛神之美的凝神观照者,可以用这个流行歌曲中包含的原理来解释。唯其政治上经受的风雨更加惊心动魄,在雨过天晴之后他生命世界中升起的彩虹才会更加美丽。而这很可能就是为什么"宓妃"这个已经老掉牙的形象,在曹植笔下可以成为惊艳绝尘的洛神。

大概从孟子开始,中国文人就有轻视政治与现实复杂性的成见,才华越高,轻视的程度也就越严重。孟子最喜欢讲的一句话是只要君王听他的话,就可以"运天下于掌上"。值得一提的还有李白,直到晚年,他也没有体会出唐玄宗为什么说他"非廊庙器",在一首诗中还感慨"但用东山谢安石,为君谈笑静胡沙"。其实,残酷、机关重重、各种利益死死纠缠在一起的历史进程,怎么可能与诗人可以自由操作的文字、声调与意境相提并论呢? 这也是中国历史上一些成大事者,如刘备、朱元璋等瞧不起文人才士的原因。

　　按照一般的理解,曹植应该是幸运之至了,他不仅出身高贵,也以自己出色的才华深得父亲的喜爱。与他同时代的许多文人才士都没有这种幸运,他们终生或者在一个相当长的时期内,都要为如何受到统治者青睐、如何获得"参政议政"话语权而四处奔走求告。中国古代诗歌中有一类"咏怀""咏史"诗,多半是用来诉说他们的"士之不遇"或"壮志难酬"。这种情况在"人人自谓握灵蛇之珠,家家自谓抱荆山之玉"的魏晋时代更加明显。如阮籍的"战士食糟糠,贤者处蒿莱",左思的"世胄摄高位,英俊沉下僚",刘琨的"资粮既乏尽,薇蕨安可食"等。但正所谓"不幸的家庭各有各的不幸",像曹植这样,出生于庙堂之上,在娘胎里就有令人艳羡的话语权,他就可以实现大丈夫平生之志了吗?当然没有那样简单,"最是无情帝王家",财富、权力与机遇纵横交错的中心,同时也是各种利益集团觊觎、争斗最残酷的地方。曹植命中注定要在风险浪恶的漩涡中行船。对"生于深宫之中,长于妇人之手"的人们来说,他们一生最痛苦的经验就是"世上没有卖后悔药的",就是一开始在懵懵懂懂中就卷入异常复杂的政治斗争,一旦稍有了解、懂得一点战略战术后,多半就再没有机会改正错误、重新开始了。

　　在某种意义上,曹植的人生开局很是不错。一方面,作为曹操与夫人卞氏所生的第三子,曹植当然可以说"耿吾即得此中正兮",再加上他天生聪明,才华过人,十岁出头就读了几十万字的诗词文赋,并写得一手上好文章,所以受到曹操的喜爱。关于曹植的聪明与文思敏捷,无论在当时还是在后来,都是世所公认的。在"郁郁乎文"的汉魏时代,这不仅极易讨得父王的喜欢,也吸引了一批著名的文人学士相与从游。当时人们称曹植为"绣虎",虎为山中之王,意思是说曹植实际上是当时文坛的首领。就连自视甚高、从不轻易许人的谢灵运对曹植也是敬佩有加,他打过一个很好玩儿的比喻,说如果天下的文才总共有一石,那么曹植一个人就占了八斗，谢某人占有一斗，剩余的一斗才是由天下文人共分的。"才高八斗"的成语自此而来。

　　根据有关记载，曹植真正被曹操喜欢与高看，是他在庆祝铜雀台建成的宴会上当场作了一篇赋之后，曹植不仅文思敏捷，而且还以弱冠之年技压群僚。这其中的原因，除了曹操本人对文学的特殊喜爱外，还与"意识形态控制"相关。魏晋时代号称"人的解放"与"文的自觉"，给政治家带来麻烦的都是文人，特别是像孔融、祢衡那样名声大的文人，很难控制，而有了这样一个文才出众的儿子，显然有利于曹操控制整个文人集团。这很可能也是曹操最初有意栽培曹植的真实原因。至于曹植最后失宠于父王的原因，通常的看法是他的兄长曹丕太狡猾了，曹丕略施小计，每次在曹操出征时流露出很难过的神情，成功离间了三弟与父亲的关系。这个解释当然过于简单，在我看来问题还是出在曹操身上。曹操计谋过人，但他也有不冷静的一面，有时也经常犯一些文人常犯的毛病，特别是会把一些不该说的话说出去，把不该提前说的话提前说出去，同心血来潮的文人一样。他给曹植带来的最大麻烦就是过早把"接班人"的风声透露出去，一句"吾欲立之为嗣，何如"，使自己钟爱的孩子立刻成为矛盾的中心。史书上讲曹植的主要罪名，如"不治威仪""任性而行""饮酒不节"等，可以说基本上都属于"欲加之罪"一类。这些"口舌"如果不是因为曹植有可能成为太子，会威胁到其他人的现实利益，对于一个皇子来说再正常不过了。

　　一般人也会说，曹植的失败在于缺乏足够的政治经验，没有一身"任凭风浪起，稳坐钓鱼船"的好本领。最初我也觉得曹植尽管聪明，但聪明所被聪明误，未能从一般才子们经常遭遇的悲剧命运中开拓出一条新的人生道路，超越"古来才命两相伤"或"古来才大难为用"的俗套。但后来我发现这种政治上不成熟的说法很成问题，因为要有多少政治经验才叫"足够"，要有多少政治头脑与技术才叫"成熟"？没有确切的"量化"标准，尽管可以批评所有在政治角逐中失败的人，但同时对每一个具体的失败者也不见得都能做到"同情之了解"。以曹植为例，人们可以轻言他恃才傲物、露才扬己，也可以指责曹操"初既与余成言兮，后悔遁而有他"，但如果曹植整天装得傻乎乎，把内心深处的东西藏得比大海还要深，难道就可以避免失去父亲的宠爱以及躲避手足的"明枪暗箭"吗？我的想法是那是不可能的。"木秀于林，风必摧之"，不管什么原因，只要你过于优秀，对他人的生存与发展构成了或明或暗的威胁，那你就一天也别想过安宁的、与人为善的日子。这可以使人想到林语堂论苏轼，东坡先生有什么问题呢？什么问题都没有，唯一的问题就是他太有才华了，这种才华想不表现都不行。而才华作为一种可以换取现实利益的"象征资本"，即使仅仅是写写文章、吟吟诗，实际上也参与了现实世界中十分残酷的斗争。因为这个世界中有太多的平庸者，可悲的是他们又总是希望以不平庸的形象在现实世界中生活，一旦与真正的天才相逢，这些赝品就会暴露无遗。他们唯一的办法就是绞尽脑汁毁灭造化所钟之人杰，无论这人杰是生活在平民阶层，还是生长于帝王之家；无论这人杰是恃才傲物，还是深谙世态人情。何况在曹植的时代，才华、名声，甚至相貌等，都是品鉴人物、表达生命价值的重要指标。因而，怎么可能叫曹植轻易地躲过去呢？

　　现实世界中政治形势的反复无常，比黄山上的云雾还要变化得快。特别是在曹操死后，大树飘零，树倒猢狲散。曹丕在登基后即对诸皇子开始了残酷的迫害，他先是用毒枣结果了勇武过人的曹彰，并开始动手剪除曹植身边的党羽。曹植自己也两次被"监国使者"告成死罪，只是由于母亲卞氏的干预和曹植本人"认罪"态度好，才幸免于难。尽管曹植已经没有还手之力，但猜疑心过重的曹丕对他还是极端的不放心，不仅一直派官吏监督曹植，还不让他在同一个地方待得稍微安宁一点，在短短的 11 年间，曹植先后奉命搬了 6 次家，直到 41 岁病死在陈留。即使在死后，曹植的名声仍然不好。曹植死时，当政的已是他的侄子曹睿。曹睿似乎仍在计较当年父辈们的恩怨，因此曹植死后被谥为"思"，意思是"追悔前过""思而能改"等，所以也可以说直到盖棺论定时，曹植在政府眼中仍然是一个需要时时反省的罪臣。像李白诗中说的"陈王昔时宴平乐，斗酒十千恣欢谑"，早已成为恍若隔世的模糊记忆。

在曹植以前的政治记忆中，有越王勾践"君子报仇，十年不晚"的苟活，有太史公发愤著《史记》的忍辱生存，也有三闾大夫屈原那种轰轰烈烈的死，都表现出一个民族在年轻时代的刚烈与率性。从《杂诗》中的"烈士多悲心，小人偷自闲""抚剑西南望，思欲赴太山"，到《白马篇》的"弃身锋刃端，性命安可怀""捐躯赴国难，视死忽如归"，都可以看出曹植在内心深处并不是一个弱者，汉魏是一个言行一致的时代，而在曹植这里最后只是"说说而已"，与中国士大夫人生价值观念的变化有着一些微妙联系。具体说来，与"伏清白以死直兮"的屈原相比，这个时代的人们对政治尽管说不是完全看透，但也早已不是幼稚得一无所知了。在《古诗十九首》中，可以看到士大夫们已经觉得"从政不值"了。

> 浩浩阴阳移，年命如朝露。
>
> 人生忽如寄，寿无金石固。
>
> 万岁更相送，贤圣莫能度。
>
> 服食求神仙，多为药所误。
>
> 不如饮美酒，被服纨与素。
>
>
> 生年不满百，常怀千岁忧。

昼短苦夜长，何不秉烛游！

为乐当及时，何能待来兹？

愚者爱惜费，但为后世嗤。

仙人王子乔，难可与等期。

后来有附会者提出一种说法，士大夫们很可能是将曹植比作伯夷、叔齐，说曹植本来就是要让天下给曹丕的，因此才故意在政治上不求进取，在生活上"归来宴平乐，美酒斗十千"。这些附会当然不足为论。即使在汉魏时代人们已产生了些许"从政不值"的意念，但在那个生命力过于旺盛、"燕山犹有石，须勒几人名"（庾信《出自蓟北门行》）、"闲居非吾志，甘心赴国忧"（曹植《杂诗》）的时代，不从政根本是不可能的。对于曹植来说，一是社会环境不允许，即使他想整天"斗鸡东郊道，走马长楸间"，周围那些一心希望依靠他实现个人政治理想的师友臣僚，如丁仪、丁翼兄弟等，也是万万不肯答应的，尽管这些文人经常表现为"成事不足，败事有余"。二是他本人也从未真正平静下来，所以在侄儿曹睿即位后，他就想出来为国家做点什么事情。即使在死对头曹丕在世时，他也不时地会做出"明知山有虎，偏向虎山行"这一类在旁人看来不明智的事情，因为有些生命中真实存在的东西，是本人想隐藏也隐藏不了的。按照一般人的看法，在知道"胳膊拧不过大腿"的道理后，曹植就应该严格遵循韬光养晦之道，将所有的锋芒都收敛起来。后世不少政治家正是凭借这一绝招，在卧薪尝胆多年以后重新走向辉煌。

但曹植显然做不到。比如，有一次，已经是魏文帝的曹丕出题目，命曹植在马走百步之内作一首 40 字的"死牛诗"，内容要包括两牛相斗、败牛落井而死，但又不能出现"牛""井""死"等字眼，否则就要把他斩首示众。而曹植百步未完就已把诗作好，而且完全符合曹丕的要求。

本来已经应付过去了，但由于曹植胸中的悲愤无法发泄，所以他在诗中还写下了很让曹丕忌讳的"非是力不如，盛意不得泄"，用来表达对败牛的同情。而曹丕也因此对这个"败牛"兄弟更加小心顾忌。还有就是著名的七步成诗的故事。一计不成，又施一计，曹丕以同样手法命曹植以"兄弟"为题作诗，曹植脱口吟道："煮豆持作羹，漉菽以为汁。其在釜下燃，豆在釜中泣。本是同根生，相煎何太急？"曹丕听了此诗，竟不好意思再对曹植下毒手，其实在我看来，诗的末句"相煎何太急"同样锋芒毕露，很可能是招致新一轮迫害的导火索。还有《野田黄雀行》，据说这首诗是曹植在看到自己的同志一个个被害后而作。

> 高树多悲风，海水扬其波。
>
> 利剑不在掌，结友何须多？
>
> 不见篱间雀，见鹞自投罗。
>
> 罗家得雀喜，少年见雀悲。
>
> 拔剑捎罗网，黄雀得飞飞。
>
> 飞飞摩苍天，来下谢少年。

　　试想，一旦利剑在手，曹植还会坐以待毙吗？这就带来一个相反的结果——曹植的对手就是死也不肯让他手中有什么武器。曹植是不知道写这样东西的后果吗？当然不是，用古人的话说，这叫"正其宜不计其功"，用康德伦理学来解释，则是"道德与利害无关"。

　　在这里，我们主要不是追究曹植在人生中的得与失，而是想借此来说明，在曹植这种对现实政治既"悲观绝望"，又"欲罢不能"的精神状态中，恰好为中国古代士大夫的审美活动提供了更广阔的空间与新的方向。要有生命的自由，就必须超越政治的异化，要有心灵的解放，就必须超越伦理的束缚；但如果一个人完全审美化了，把一切现实的功利的东西完全抛弃，同样是没有办法创造真正的美的。因为在把所有现实的内容抛弃后，就等于抽空了一个人的精神基础，没有了这个基础，人的精神生命也不会存在，更遑论作为人类最高境界的自由审美生命。我们讲中国美学的关键是"政治、伦理在前，自由、审美在后"，并不是说只要后一半就够了，而是说后一半必须时刻以前一半为基础。在中国历史上，只有在痛苦的政治与现实命运的沉浮中，才能产生个体对审美的强烈需要。而在中国文学史上，中国古代并不乏各种高人、隐士、山人等，这些人负担最小、最清闲，也有大量的时间写诗作文，他们之所以没有能够写出震撼人心、千古传唱的文章，是因为缺乏现实生活的历练，或者是因为在庙堂之中来去过于匆匆、未能深入。就此而言，曹植后半生那种"想摆脱摆脱不掉，想介入介入不成"的基本人生状态，恰好可以为他体验现实政治异化与生命自由提供成熟条件，正是由于个人生活与社会现实、文学与政治反复搅和、缠绕在一起，在这种聚合中，现实政治在压抑、异化、摧残他的同时，也为他寻找精神出路、探索生命更高的境界提供了内在动力与需要。所谓阳光总在风雨后，对曹植来说，他生命中最美丽的彩虹，正是在政治与伦理的乌云翻滚之后才出现在大地之上的。

五、"请你暂停，你是多么的美呀"

在《青年烦闷的解救法》一文中，宗白华先生提到几种方法，可以帮助人们，其中之一就是采取"惟美的眼光"看世界。他说：

> 惟美的眼光，就是我们把世界上社会上各种现象，无论美的，

丑的,可恶的,龌龊的,伟丽的自然生活,以及鄙俗的社会生活,都把他当作一种艺术品看待……艺术品中本有表写丑恶是现象的……因为我们观览一个艺术品的时候,小己的哀乐烦闷都已停止了,心中就得着一种安慰,一种宁静,一种精神界的愉乐。我们要把社会上可恶的事件当作一个艺术品观,我们的厌恶心就淡了,我们对于一种烦闷的事件作艺术的观察,我们的烦闷也就消了。①

什么是惟美的眼光呢? 从美学原理上讲,它是一种特别专注于对象形式或外观的审美感觉、心理态度与价值取向。正如恩格斯赞同恶是推动世界历史进步的有力杠杆一样,现实世界有很多黑暗、污浊与丑恶,但是无论怎样都不应该否定这个世界上有光明、纯真与美丽的另一面。有时,前者还往往是后者再生产的重要条件,这也是宗白华先生对魏晋时代的一个基本看法,一方面,魏晋时代是"中国政治上最混乱、社会上最苦痛的时代",另一方面又是"精神史上极自由、极解放,最富于智慧、最浓于热情的一个时代"。② 善与恶、美与丑总是这样如影随形、不离不弃。既然世界本身可以显现出两种根本不同的性质,那么就不应该如美学家一般苦苦追问"美"是否存在? 而是应该通过改变感觉、心态与价值观去努力发现美、阐释美,使之从阴暗的角落中澄明出来。正如康德所说的"美与内容无关",对于"惟美的眼光"来说,最重要的是如何从对事物的实用观照中超越出来。人们对现实世界的实用态度,是一切痛苦的根源,欲望越多,痛苦越甚。而如何才能摆脱这种与生俱来的生命痛苦呢? 可以取知识的态度,通过提供一种科学的世界观与人生观来解决,可以取伦理或宗教的态度,通过控制与克制一个人的内

① 宗白华:《美学与意境》,人民出版社1987年版,第23页。
② 宗白华:《美学与意境》,人民出版社1987年版,第183页。

在欲望来减轻生命的压力,当然也可以采取审美的态度,通过"移情""虚构"等"想象力的游戏"将内在的焦虑与压抑转移出去。这三种方法各有千秋,不应轻言取舍,但只有审美的态度付出的成本最少、获得的自由最多,这是可以肯定的。

在沉重如山的现实灾难与个体悲剧命运中,最终选择以审美的眼光看世界,本就是魏晋风度得以产生的重要主体条件,对于曹植也不例外。应该强调的是,正是由于这种审美的眼光,才使得古老的"宓妃"从屈原笔下的政治形象、从宋玉笔下的欲望形象中超越出来,成为一个"芳泽无加,铅华弗御""可望而不可亲,可亲而不可狎"的审美对象。

具体说来,对"宓妃"的审美观照有两重背景特别值得重视。

一是时代背景,魏晋时代是一个人性解放的时代,也包含着女性的美丽从汉代的伦理规范中解放出来等内容,因而在当时就有"妇人多幸,生逢今世"的说法。看过《三国演义》的人,大概都会记得刘备的"兄弟如失手,妻子如衣服",稍微读一点《汉书》的读者,也都知道大丈夫"何以家为"那句豪言壮语,这种大男子主义,根源就在于两汉时期个体的政治伦理机能过于亢奋与发达,那种女性阴柔、纤细、伤感的美,不可能在这里找到依托的枝干。在某种意义上,宗白华先生《论〈世说新语〉和晋人的美》可谓是千古名文,但就其所论而言还有一重要遗漏,那就是当时的士大夫除了发现自然、人物、山水之美之外,富于深情的他们还发现了女性的美。在这个时代以前,女性的美即使不是被完全否定的,也基本上是不被专门欣赏的。作为女性祸水论证明的妲己自不待言,就是表面上为勾践立下汗马功劳的西施,她的美丽也仅仅是因为充当了某种政治斗争的工具才被世人所熟知。在哲人那里也是如此,比如孔子在见了美丽的南子以后,还要对弟子发誓:"如果我有别的意思,就让老天爷来惩罚我吧。"最奇怪的可能是庄子,他在先秦诸子中是唯一欣赏自然美的,但他对于人类生命中的"自然美"是全盘否定的。他在《山木篇》中有一个著名的寓言,说是阳子在旅店里遇到一个人和他的两个妾,一美一丑,但奇怪的是丑妇人的地位很高,而美丽者地位低下。阳子问其故,那人说:"其美者自美,吾不知其美也;其恶者自恶,吾不知其恶也。"

但是到了"圣人有情"(王弼)、"礼岂为吾辈而设"的魏晋时代,人们终于找回了他们对女性之美的审美感觉、心理体验与生命感性。最典型的是阮籍,邻居家的女人漂亮,他就敢"三分醉、七分装"地醉卧其侧,邻居家一个美少女不幸早夭,他就可以满脸悲痛地去参加追悼会。这纯粹是欣赏异性的美,被欣赏者及其家人似乎也很理解,所以尽管这些行为不合礼法,也没有什么人要追究这位名士。当代女权主义者有一种说法,大意是女性只是被动的"被窥视者",其实这个说法也未免有些偏颇,在魏晋时代,只要男人真的漂亮,女性也可以尽情地去窥视甚至是对他"动手动脚"。潘岳是当时著名的美男子,他每次出游都有女子"连手共萦之",而左思就不行了,尽管他才学很高,但由于相貌丑陋,所以一出门就会被当时的妇女"乱唾"一气。据说,当时的女子不仅可以在街上围观美男子,如果晚了还可以"夜不归宿"。在这样的时代风气中,受损伤最大的无疑是"夫为妇纲"。大家都知道汉代"举案齐眉"的故事,这是很符合儒家伦理对夫妻的要求的。但在魏晋时代,既有丈夫如荀粲者,他最动人的故事就是以身卧雪以便为妻退热,也有像王安丰妻子那样的女人,她毫不避讳对丈夫的爱。在古代社会,女人多称丈夫为"官人"或"夫君"以示尊敬,而王安丰的妻子却以"卿卿"称呼丈夫。这个称呼令人想到改革开放以后出现的"老公"。据说最初男主人还不习惯,他们责备妻子的话音未落,妻子就大声反驳:"亲卿爱卿,是以卿卿,我不卿卿,谁当卿卿!"这个时代的风气太开放了,以至于现代《世说新语》的研究专家余嘉锡都有点看不过去,他说过一句很严厉的话:"晋之妇教,最为凋敝。"这恰好可以证明当时人们对女性审美意识的觉醒。这与曹植《洛神赋》中对"洛神"之美的百般展示是有密切联系的。

二是个人因素。关于曹植的"洛神"到底是谁,或者说作者借此究竟要表达什么,在文学史上一直有争论。按照一般流行的看法,洛神不是凭空虚构的,而是有人物原型的,她就是当时名士甄逸的女儿。甄逸的女儿应该是当时最著名的美人吧,她先是嫁给了曹操的政敌袁熙,也不知为什么竟引惹了曹植。在袁熙兵败后,她又被分配给曹植的政敌曹丕,据说曹植为此竟然一度卧病不起。不久以后,甄夫人就仙逝而去,而阴险的曹丕却把她用过的枕头送给曹植。睹物思人,是曹植写《洛神赋》的创作动因。在《太平广记》卷三百三十一与《类书》卷三十二中,还记载有一段洛神所说之话:"妾,即甄后也……妾为慕陈思王之才调,文帝怒而幽死。后精魂遇于洛水之上……"这个情节大概太动人了,也很合仕途上不得意的士人的口味,所以在后代的诗文中一再出现,如李商隐曾写下"君王不得为天下,半为当时赋洛神",而在蒲松龄的《聊斋志异》中则专有一篇《甄后》,其中甄后大骂曹丕"不过贼父之庸子",有点像《三国演义》中的"击鼓骂曹"。根据我本人的经验,只能作两点没有结论的评价:一是不应该认为《洛神赋》就是向壁虚构,主要原因是曹植本人的政治家身份与经验,他不会像西方浪漫主义文学那样"无目的的想象",总是要有所寄托、有一定现实意义的。二是关于甄后与曹氏兄弟的三角关系,显然应当视为小说家言,是文人同情失败者而编造的故事。因而以甄后为洛神的原型在很大程度上是靠不住的。关于这一点,古人已有所察觉,如李善注引《甄后记》时就说曹丕送曹植甄后之枕,是连一般的乡巴佬都不会做的事情,而宋人刘克庄更是直斥这纯粹是好事之人"造甄后之事以实之"。把两方面的分析结合起来,可以说"洛神"应该是一个虚实参半的人物。对古代好不容易遗留下来的文献,最好的态度是"存此一说",不要随意地否定它,这一点正是深受 20 世纪疑古主义思潮影响的当代人在解读古代文献时特别需要小心的。总之,在外部相当解放的时代背景中,在内心深处一段悲哀情事的指引下,一个美丽、高贵、可望而不可即的洛神,在曹植的内心深处已经以审美意象的形式呼吸、低语很久了。一旦遇到合适的机会,新愁与旧怨、美丽与悲剧、政治伦理的痛苦与审美自由的需要凝聚、融合在一起,必然要在激烈的冲突与碰撞中升华为生命的华章。

公元 223 年的一天,这个机遇终于来到了。设想一下当时的情景可以帮助人们更好地理解《洛神赋》的创作过程。尽管当初更具体的细节尚待进一步研究,但曹植当时的心情也大体可以知晓,一方面是又一次逃出了牢笼,离开危险重重的京城走在回家的道路上,另一方面是来到美丽的洛河之滨,神话传说中的美丽女神仿佛正等待在这里,准备着安抚他那颗在政治斗争中疲于奔命的困顿心灵。这两者合在一起,恰好构成了中国士大夫实现生命自由的深层原理。一方面政治的压抑与苦痛如在昨日,另一方面自由的召唤来自一个最美丽的对象,于是就在曹植这条回乡之路上,一次注定要发生的生命大升华如期而至。这是一场真正的"艳遇",同时也是古今文章气运的一次碰撞,如同先秦时代之于诸子百家,如同盛唐时代之于李白、杜甫,在这样"金风玉露一相逢"的时刻,必定要诞生影响中国文学历史的新篇章。正如陈祖美先生在《历代名篇赏析集成》所说:"曹子建独占天下八斗之才的声誉,至少有一半是由《洛神赋》一类作品赢得的。"

审美感受人人都有,所以《水浒传》中的鲁智深可以对着满目青山叫一声"好",《儒林外史》中的酒保粪夫也懂得去栖霞山上看落日,但是像曹植这样深刻、与个人命运休戚相关的感受,不是一般人可以轻易获取的。感受是一回事，有没有审美造型能力把它们描述出来，把心中的审美意象通过艺术劳动再现于符号之中，是另外一回事，曹植独占天下八斗的才华，再加上这些才华又没有耗费在繁杂的政务之上，恰好可以全部用来操作文字与聆听音节。《洛神赋》文章本身的漂亮是不必多言的，只能通过细细的诵读去体验与咀嚼。在这里，我特别想指出的是曹植采取"赋"这种文体所具有的特殊意义。按照古人的解释，赋的基本特征是可以细细陈述对象，可以使对象在文字中取得画面效果。如"文徽徽以溢目，音泠泠而盈耳"（陆机《文赋》），"写气图貌，既随物之宛转；属采附声，亦与心而徘徊"（刘勰《文心雕龙·物色》）。诗和赋的区别正如刘熙载所说："诗为赋心，赋为诗体。诗言持，赋言铺，持约而铺博也。古诗体合二义为一，自两汉以来，诗赋始各有专家。……赋无非诗，诗不皆赋。……赋别于诗者，诗辞情少而声情多，赋声情少而辞情多。"（《赋概》）赋是一种介乎韵文与散文之间的文体，在审美味味上近似今日所谓之散文诗，它有诗的节奏感，可以很快激起读者内在的审美反应，同时由于"赋言铺""铺博也""声情少而辞情多"等原因，不仅把激烈的诗的情感散文化，也把一种经过理性处理的思想引渡进诗的声韵节奏中。从文学理论上讲，就是打破了时间艺术与空间艺术的分界，使诗歌中急促的、起伏跌宕的"时间感"，被扩散到只有空间艺术才能拓展出来的广阔意境中，使诗的意味获得了可供人慢慢欣赏、仔细观察的形式感。其结果不是"闻风而起"，而是在悠长、回环的诗与散文的替换中，使读者渐渐进入一种平静与安宁的氛围中。

　　《洛神赋》正是这样，与《诗经》中的"所谓伊人，在水一方"，与《楚辞》中的"若有人兮山之阿，被薜荔兮带女萝"精简的笔法与朦胧的情感完全不同，曹植对洛神的细节刻画与描绘可谓不厌其繁复。与我们在汉大赋中经常见到的"过分的铺陈"一样，只不过在这里反复铺叙的对象是一个美丽的女性。

> 其形也，翩若惊鸿，婉若游龙。荣曜秋菊，华茂春松。仿佛兮若轻云之蔽月，飘飘兮若流风之回雪。远而望之，皎若太阳升朝霞；迫而察之，灼若芙蕖出渌波。襛纤得衷，修短合度。肩若削成，腰如约素。延颈秀项，皓质呈露。芳泽无加，铅华弗御。云髻峨峨，修眉联娟。丹唇外朗，皓齿内鲜，明眸善睐，靥辅承权。瑰姿艳逸，仪静体闲。柔情绰态，媚于语言。奇服旷世，骨像应图。披罗衣之璀粲兮，珥瑶碧之华琚。戴金翠之首饰，缀明珠以耀躯。践远游之文履，曳雾绡之轻裾。微幽兰之芳蔼兮，步踟蹰于山隅。于是忽焉纵体，以遨以嬉。左倚采旄，右荫桂旗。壤皓腕于神浒兮，采湍濑之玄芝。余情悦其淑美兮，心振荡而不怡。无良媒以接欢兮，托微波而通辞。愿诚素之先达兮，解玉佩以要之。

关于这些细节，前人已多有所论，如"以花木表其艳丽""以天文气象表其含蓄风流"，从远处看是什么样子，而走近以后又是如何，一直到洛神的肩、腰、颈、项、发、眉、唇、齿、眼睛等。特别值得注意的是，这些东西不是艺术想象，有人曾对照汉代选美标准来衡量曹植笔下的洛神，以为赋中的"肩若削成，腰如约素"，与当时流行的"两肩窄小下垂如刀削"等美女标准完全一致。《洛神赋》中的每一处描写，都是值得仔细研究的。但在今天那种过于快餐化、过于粗糙的阅读中，这些细节基本上都被忽略了。《洛神赋》中有一句"罗袜生尘"，这个尘土一般都被解释为灰尘或"列圣之遗尘"，其实完全不对。有心人曾对此做过细致的辩证。

> 以洛神出尘之姿而又"陵波微步"，其罗袜所生之"尘"决不是

飞扬的尘土,而以"流风遗韵"释之似较接近作者之意。但洛神当下即刻宛然如在陵波微步而生之尘,还是不同于"列圣之遗尘"、"巢许之余尘",因为后者是前尘往事的遗韵和遗迹,而且是形而上的泛指,而前者是此在的、具象的。因此,以遗韵、踪迹解释"罗袜生尘"之尘显然还不是十分妥帖。我们认为:枚乘、曹植所说的"尘",既不是指尘土飞埃,也不是指踪迹、流风余韵或将清氛浊灰视作一体的哲学意义上的自然元素的"气",而是指与神女、美人的神韵有着特定联系的柔曼飘渺的轻烟薄雾。这里所说的"尘"也决不是神女们"溅起的水沫"、"脚下溅起水雾",而是由其形象本身所禀赋和焕发出来的生命中的光华和风采。

　　对"罗袜生尘"、"蒙清尘"之"尘"的解释,与对作品意境形象的整体把握密切相关,不应解作灰土尘埃,洛神、西施等首蒙足履、如影随身是清幽芬芳的轻云、薄雾、烟霭、素辉和光华。①

这种解释是否恰当可以另当别论。但这样去读《洛神赋》应该是十分正确的。朱光潜先生有句名言:"慢慢走啊,慢慢地欣赏啊!"在赋的文体中行走,无论如何都不能快起来,因而正好可以借此"读书时间"忘却红尘中的烦恼与生存的沉重,使整个心灵乃至生命与美的对象融为一体。

　　这是一个惟美的对象,也是一种惟美的眼光的创造与发现。至于为什么,对此可以略说三点:一是赋这种特殊的文体,它是散文,但由于"诗为赋心",所以不可能脱离情感太远,从而像真正的散文那样使人走向一个理智化的世界;二是赋对汉大赋的超越,在把汉赋家们喜欢铺

---

① 孙敏强:《"蒙清尘"与"罗袜生尘"新解》,《温州师范学院学报》,2001 年第 6 期。

陈的帝王宫廷转化为一个凌波仙子以后,也就为千秋万代的读者提供
了一个凝视纯粹美的"审美对象"。而重要的是第三点,"生存华屋处,
零落归山丘",由于整个创作以魏晋时代觉醒的生命悲剧意识为根基,
所以即使是面对洛神这样一个感性美化身的女性,人们也很难产生那
种肉欲的与堕落的想法,这就使美丽的洛神不再是一个可以亵渎的异
性,而是一个可以带着人精神飞升的"永恒的女性"。她不仅超越了宋
玉那个只知道"朝云暮雨阳台上"的高唐神女,同时也超越了屈原那种
实用意义上的"政治—性伙伴"。从某种意义上讲,屈原不是没有看到
美,而是他不肯把目光停顿下来,在对象身上多休息一会儿。屈原总是
以为会有一种理想的君王与政治可以帮助他实现人生理想,而曹植则
要成熟与理性得多,什么样的年代是理想的年代呢? 还是抓紧时间怜
取眼前这一片美丽景色吧。这种觉悟如同一个禅宗故事讲述的,一个
人正在行路中,忽然遇到凶猛的老虎,逃命中又失足落入悬崖,本来以
为不行了,可偏巧又抓住一根山藤,正在庆幸大难不死时,没想到上面
又来了几只老鼠去啃这救命的山藤。在几度绝望以后,他忽然转头看
到旁边竟有一大片红红的草莓,于是就把一切都忘了,一颗一颗地品尝
起来。我想,曹植在写《洛神赋》的那一刻,也应该是心同此理吧。

六、诗与画在洛神身上没有界限

关于诗与画的界限,是中西美学、诗学都喜欢讨论的。在中国古代
诗学理论中,人们的基本看法是比较中庸的,即认为有些诗意可以通过
绘画来表现,而有些则不能。比如王维的诗:"蓝溪白石出,玉山红叶
稀。山路元无雨,空翠袭人衣。"前两句当然可以入画,而后两句则"妙
诗难入画"。但把其中的原因与道理讲得更清楚的,无疑是以抽象分析

与思辨能力见长的西方人。在西方又以莱辛的《拉奥孔》最为著名,他的基本观点是"诗"适合表现有一定时间长度的"动作",而"画"只能"运用动作中的某一顷刻",两者的差别就是西方美学家后来讲的"时间艺术"与"空间艺术"。莱辛以此解释了"拉奥孔"在《荷马史诗》与希腊雕塑中的不同。朱光潜先生说:

> 拉奥孔(Llaokoon)是 150 年在罗马发掘出来的一座雕像。它描绘一位老人拉奥孔和他的两个儿子被两条大蛇绞住时苦痛挣扎的情形。据希腊传说,拉奥孔是特洛伊国日神庙的司祭。特洛伊国王子巴里斯访问希腊,带着希腊著名的美人海伦王后私奔回国。希腊人动员全国人组成远征军去打特洛伊,打了九年不下。第十年上,希腊一位将领奥地苏斯想出了一个诡计,把一批精兵埋伏在一批大木马的腹内,放在特洛伊城门外。特洛伊人好奇,把木马移到城内,夜间伏兵跳出把城门打开,于是希腊兵一拥而入,把特洛伊城攻下。在特洛伊人把木马移入城内时,司祭拉奥孔曾极力劝阻,触怒了偏爱希腊人的海神,海神于是谴两条大蛇把他和他的两个儿子一起绞死。[1]

莱辛的意思是,由于诗是一种时间艺术,所以在《荷马史诗》中可以尽情渲染拉奥孔被毒蛇啮噬时的"哀怨声、号喊声和粗野的咒骂声",这些声音可以使痛苦的过程表现得更加充分。而在雕塑中则不同,尽管拉奥孔"全身上每一条筋肉都现出痛感",但由于雕塑本身只能截取一个时间断面,所以就不能"在面容上和全身姿势上表现成痛得要发狂的

---

[1] 朱光潜:《西方美学史》上卷,人民文学出版社 1984 年版,第 309 页。

样子","因为哀号会使面部扭曲,令人恶心"。莱辛还说:"人们不妨试想一下拉奥孔的口张得很大,然后再下判断。让他号啕大哭来看看!拉奥孔的形象本来是令人怜悯的,因为它同时表现出美与苦痛;照设想的办法,它就会变成一种惹人嫌厌的丑的形象了,人们就会掩目而过,因为那副痛苦的样子会引起反感","所以他不得不把身体痛苦冲淡,把哀号化为轻微的叹息。"正是在这种艺术理念中体现了"高贵的单纯与静穆的伟大"——这古典美的最高原则。

在某种意义上,《洛神赋》的创作发生是非常符合古典美学理想的。不是曹植的生活不痛苦,或是由于受到某种审美意象的指引才去寻找、创作美丽的洛神形象,恰恰是当时的曹植正如一条匆忙奔突的漏网之鱼,好不容易才从龙潭虎穴中脱身出来。而人们没有在他的文章中看到那些异常痛苦的"现实内容",其道理正如在拉奥孔雕塑上看不到"痛得要发狂的样子",是古典人物战胜了他们的现实生活,是古典美学精神战胜了主体心灵中的软弱、苍白与贫乏。正如莱辛所说"身体的苦痛和灵魂的伟大仿佛都经过衡量,以同等的强度均衡地表现"出来。在这里,恰好表现出古典美学与现代美学在趣味上的根本不同。古典人物从不肯把内心世界轻易示人,在承担内在苦难与悲剧的同时,保持了生命主体的尊严。由于内心世界过于丰富,从中生产出来的精神外观也同样是品类繁盛的。而现代美学则与此相反,他们如同哪些喜欢絮絮叨叨的老人,心中什么都盛不下,受到一点挫折、委屈与创痛,就会声嘶力竭地、形式讨论歇斯底里地叫喊、狂奔、诅咒。由于把内心的一切都宣泄了出去,所以现代主义者最后所剩下的就只是一个虚无而焦虑的主体,或者像海德格尔的主体那样整天忧心忡忡,或者像萨特的主体那样盲目选择与奔波。这是西方美学从古典时代的优美、崇高沦落为以荒诞、不和谐为基本特征的"丑学"的根本原因。

对中国美学来说，与西方不同的仅仅是在一些特殊内容上，在原理上大体是一致的。中国美学从一开始就受到伦理精神的渗透，不仅使《荷马史诗》中的"怪神乱力""过度的情欲"等得到有效的控制，所以在相当长的一段时间内，诗与画这两种艺术很难获得足够相互离异的动力与独立发展的空间。随着伦理精神在历史进程中的逐渐衰落，中国艺术精神在整体上从"素朴年代"转向"感伤时代"，古典人物那种"天生不爱诉说苦难"的木讷形象，逐渐为中唐以后那种"见月伤心，闻鸡落泪"的软弱个性所替代，由于后者很难在客观世界中找到"对应物"，诗与画的界限才越拉越大。而在曹植的时代，"诗与画是没有界限的"，所以，曹植创作《洛神赋》后不久，就有晋明帝司马绍画的《洛神赋图》与顾恺之的《洛神赋图》出现。从洛神的图本中，可以更深入了解中国古典美的精魂。尽管顾恺之的原本早已不复存在，但后人的临摹仍然可以为《洛神赋》的美提供一些直观知识。

如果将这幅纵长572.8厘米的画卷（此指故宫本，下同）分为七个小节，可以看到，在重复出现的51人次中，曹植共出现过5次，洛神共出现过12次，其余为随从、仆人及其他神灵。在《洛神赋》中只能以作者身份出现的曹植，在图中以非常突出的位置和大于所有人的形体频繁出现。而且，全画的结构不仅依托着赋文的叙事进程发展，更是围绕着曹植与洛神之间的眼神对视递变。第一节中，伫立河岸的曹植眼神专注，表情凝重，与远处的洛神相距竟有55厘米。而凌波的洛神，身体朝向画面的左前方，衣带向后飘拂，本有飘然远去之势，但却扭颈后视，与曹植的目光平行对望。画面上55厘米的距离，迷蒙而绚丽的落日背景，渺远而低置的山水景物，形成诗意般的画境。而这画境中对望的目光，虽显沉滞，仍能使人体味到它背后怦然的心跳。第二节中,曹植虽未出现,却让洛神在不同位置反复出现了六次,以再现赋文中从"于是忽焉纵体"到"或戏清流,或翔神渚,或采明珠,或拾翠羽"一段的具体情形。其间的洛神忽上忽下,忽而凌波,忽而行空,忽而又漫步山隅,但是,竟始终让人觉得她没有离开第一节中曹植的目光。尤其是在六次出现中,她竟四次都是身向前行,而扭颈后望,使整个人物形象与结构变化都被对视的眼神,这条无形的中心轴线紧紧地牵系着。后边几节,曹植与洛神的距离或近或远,也都始终不离眼神对望的轴线。即使最后两节,曹植在洛神远去之后,"翼灵体之复形,御轻舟而上浮",目光向空茫的前方探望,以及他最终在车上扭头后视,"怅盘桓而不能去",虽然视线中不再有洛神的影子,却还是让人想象到曹植的目光里仍然有挥不去的洛神的目光,有两人无法穷尽的对视。这样的对视,除了给画面结构提供特别的依据,还蕴涵着深长的意味:爱情中双方的目光是心灵的渴求和沟通,是无法遏制的激情的表达,而对望中不可取消的"人神之道殊"的隔离,既形成了《洛神赋图》特别的表现魅力,也意味着赋文中所说的"申礼防以自持"对爱情表现的制约。可见,《洛神赋图》确乎是将"传神写照"与"经营位置"的审美思想特别紧密地结合到了一起。①

根据这段描写,可以使人异常突出地感受到晋人那句"传神之物正在阿睹中"。美在于眼睛,而不在于身体(如希腊雕塑),这是中西古典美学的一个重要差别。尽管眼睛不能使人直接欣赏身体,但正如古人

---

① 苏涵:《"洛神"迷醉与魏晋绘画的审美理性——从〈洛神赋〉到〈洛神赋图〉》,《山西师大学报》(社会科学版),2004 年第 3 期。

讲的"夫有尤物，足以移人"，它的审美原理在于，在这种更加纯粹、脱离了身体的更高级的艺术观照中，可以使人的心灵进入一种更加自由与解放的境界中。有人曾把洛神与古希腊的爱神阿佛罗狄忒、古印度的美神雪山神女相提并论，其实由于诞生于不同的文化环境，她们的差别是很大的，最基本的差别是，中国的洛神更少肉欲的内容。按照古典美学的标准，洛神的理想与境界可能是最高的。所以无论是洛神的文字版，还是图文版，都深受中华民族喜爱。当时的书圣王羲之父子也是这样，据说他们每人都写过数十本《洛神赋》，特别是贾似道所刻王献之的《洛神赋》，世称"碧玉十三行"，清人杨宾《铁函斋书号》评价道："字之秀劲圆润，行世小楷无出其右。"才高八斗的作者再加上天下一流的书法，正是"金风玉露一相逢"的天作之合。还有《洛神赋图》，历史上的各种临摹与仿制很多，尽管动机不一，但还是要感谢这些以"摹仿"为能事的艺术家，使今人可以通过流传下来的三个摹本，体会当年洛神的绰约风姿与画家的艺术情怀。作为中国古典美的最高代表，洛神的影响也超出了艺术界，以至于唐宋以后，形成了"论美女，则蛾眉皓齿如东邻之女；瑰姿艳逸如洛浦之神"的古典选美标准。

最高的美总是稍纵即逝的，然而在这片刻之间，却包含了某种永恒的意韵，这就是人们所说的"瞬间即永恒"。对洛神的生成进一步分析，可以帮助人们更深入地了解美的秘密。《洛神赋》成为古典美的最高代表，主要有两方面原因。

一是赋的文体形式对诗人情感的约束。诗的创作基础是"兴"，是"直觉"，是"灵感"，也是"迷狂"，不仅诗人都是容易动感情的，而且诗歌本身也是要"以情感人"的。在这个意义上，如果曹植采用他擅长的诗体描绘心中的美神，效果一定很差。别的不说，几乎在写作《洛神赋》的同时（我们按照《洛神赋》的小序，把它的创作时间定在黄初四年），他还写了堪称梗概而多气的长诗《赠白马王彪》。

> ……
>
> 太息将何为？天命与我违。
>
> 奈何念同生，一往形不归。
>
> 孤魂翔故域，灵柩寄京师。
>
> 人生处一世，去若朝露晞。
>
> 年在桑榆间，影响不能追。
>
> 自顾非金石，咄嗟令人悲。
>
> ……

《赠白马王彪》序有言："黄初四年五月，白马王、任城王与余具朝京师，会节气。……至七月，与白马王还国。"照此看来，曹植写这首诗，与他创作《洛神赋》，很可能就是在同一条路上。但是由于描写对象的不同，一个是男性政治家，一个是美丽传说中的女神，在语气、情感及表达的思想内容等方面的差别是多么巨大呀！

二是在思想内容上对同类传奇小说的超越。在某种意义上，曹植的《洛神赋》可以使人想到古代小说传奇中的"遇仙"母题，其实包括"三曹"在内，或多或少都写过渴望长生不老的游仙诗。一般的游仙作品，渲染仙界生活的主旨大都在于宣传人生如梦或世界虚幻的宗教主题，为了让人们更好地接受教旨，多少都会增加一些引诱人们的世俗快乐，一般是仙界美女下诱饵。如《搜神后记》中袁相、根硕的故事，袁相与根硕本是会稽剡县的普通猎人，有一天因为追逐一群山羊，过了一座狭窄而险峻的石桥，"有山穴如门，豁然而过，既入内甚平敞，草木皆香，有一小屋，二女子居其中，年皆十五六，容色甚美……见二人至，欣然云：'早望汝来。'遂为室家"。再如家喻户晓的刘阮入天台山的故事：

> 汉明帝时，刘晨、阮肇入山采药，见桃实，食之身轻；又见一杯，胡麻饭屑流出。溪边二女子呼名曰："二郎来何晚？"因邀归，设胡麻饭、山羊脯、甘酒。有顷，客持桃至，庆女婿。暮行夫妇之礼。住半年求归，女曰："罪根未减。"送出洞。还乡已越七代，二人欲还女家，路迷不得去。（王莹《典故夜话》）

两个故事中的"二女子"，在某种意义上与洛神相似，尽管最后留给男性主人公的都是无尽的思念与遗憾，但由于"二女子"主要目的是证明人世的虚幻，因而与曹植、洛神之间的"遗情想像，顾望怀愁。……揽騑辔以抗策，怅盘桓而不能去"是完全不一样的。具体说来，在曹植是在心中增加了一个"华容婀娜，令我忘餐"、超越饮食男女的审美意象，使人在精神上更加充实。而在一般的求仙者那里，由于无法得到他们希望的艳遇，在心灵与生命中变得更加饥饿与欲壑难填。

对于古典美学来说，最重要的是要有一段审美距离，这在曹植与洛神之间有着最好的表现，与宋玉笔下的楚王与高唐神女一见面就要"宽衣解带，云雨一番"不同，他们的交往完全是建立在"眼光"之上的，甚至是所谓的"以神交而不以目遇"。在某种意义上，这段距离主要是因感性欲望受到伦理的提升而出现的，而它之所以能够在中国古代精神世界中表现得如此完美，恰好是因为中国古代发育成熟的伦理文化为此提供了条件。这个问题也可以从相反的角度来了解。随着中国儒家文化在历史上的每况愈下，这段古典美自身所必需的距离也就渐渐隐退了。在古典美学中，由于审美与欲望无关，所以更侧重于女性的形式、外观，最高表现就在《洛神赋》那出色的描写中。一旦这个古典理想被历史突破,"盛年处空室"的中国士大夫就很容易堕入醇酒美人一途。这在曹植本人"名都多妖女,京洛出少年"的咏叹中似乎就有所流露,其后不久,庾信有一首《舞媚娘》:"朝来户前照镜。含笑盈盈自看。眉心浓黛直点。额角轻黄细安。秖疑落花慢去。复道春风不还。少年唯有欢乐。饮酒那得留残。"可以说开"唤取红巾翠袖,揾英雄泪"之先河。在武则天以文学辞赋入仕的唐代士大夫,多半已不再严守礼法仁孝,所以唐代新及第的进士总要到长安平康里的妓院玩乐,韩偓《香奁集》大都为此类即兴之作。而到了思想更加解放、个性更加膨胀的明代,士大夫甚至连等"金榜题名"后再"洞房花烛"的耐心都没有了,正如《牡丹亭》第十出"惊梦"中这段经典台词:

> [山桃红]则为你如花美眷,似水流年,是答儿闲寻遍。在幽闺女自怜。小姐,和你那答儿讲话去。(旦作含不行)(生作牵衣介)(旦低问)那边去?(生)转过这芍药栏前,紧靠著湖山石边。(旦低问)秀才,去怎的?(生低答)和你把领扣松,衣带宽,袖梢儿摸著牙儿苫也,则待你忍耐温存一晌眠。(旦作羞)(生前抱)(旦推介)(合)是那处曾相见,相看俨然,早难道这好处相逢无一言?(生强抱旦下)
>
> (末扮花神束发冠,红衣插花上)"催花御史异花天,检点春工又一年。蘸客伤心红雨下,勾人悬梦彩云边。"吾乃掌管南安府后花园花神是也。因杜知府小姐丽娘,与柳梦梅秀才,后日有姻缘之分。杜小姐游春感伤,致使柳秀才入梦。咱花神专掌异玉怜香,竟来保护他,要他云雨十分欢幸也。
>
> [鲍老催](末)单则是混阳蒸变,看他似虫儿般蠢动把风情煽。一般儿娇疑翠绽魂儿颤。这是景上缘,想内成,因中见。呀,淫邪

展污了花台殿。咱待拈片落花儿惊醒他。(向鬼门丢花介)他梦酣春透了怎留连？拈花闪碎的红如片。秀才才到的半梦儿，梦毕之时，好送杜小姐仍归香阁。吾神去也。(去)

[山桃红](生、旦携手上)(生)这一霎天留人便，草藉花眠。小姐可好？(旦低头介)(生)则把云鬓点，红松翠偏。小姐休忘了呵，见了你紧相偎，慢厮连，恨不得肉儿般团成了片，逗的个日下胭脂雨上鲜。(旦)秀才，你可去呵？(合)是那处曾相见，相看俨然，早难道这好处相逢无一言？(生)姐姐，你身子乏了将息，将息。(关旦依前作睡介)(轻担旦介)姐姐，俺去了。(作回顾介)姐姐，你可十分将息，我再来瞧你那。"行来春色三分雨，睡去巫山一片云。"(下)(旦作惊醒，低叫介)秀才，秀才，你去了也？(又作疑睡介)

而到了《聊斋志异》中，更是如此，由于现实无法满足，士大夫的欲望就转移到狐狸精怪身上。根据现代价值观念，不管说这是自由也好、进步也罢，但是在女性的肉体代替了形式美以后，中国古典美学的精神、中国古典的女性审美的基本原则，也就从此"无语而去了"。

七、"莫掀帷望远吧……可是远窗是更深的镜子"

"莫掀帷望远吧……可是远窗是更深的镜子"。(卞之琳《旧元夜遐思》)

曹植在自古"政治"一条路之余，借助一个美丽的形象，又在旁边为中国古代士大夫找到了另外一条不那么拥挤的出路。正如康德所说审美能力在人类所有心理机能中是最脆弱的,对中国古典美学的最高典范洛神形象来说也是同样的,洛神的存在不仅不够坚实,而且在更多时候只能是"脱有形似,握手已违"。对此还能再深究吗?无论是在审美逻辑上,还是在历史运动中,都是不允许人们到此为止的。如果把洛神朦胧的面纱进一步撩开,会出现一些什么样的情况呢?

一般人总是以为欣赏美很容易,如同做一种使人愉快的游戏。这种观念当然是错误的,实际上由于审美活动在逻辑上需要的条件更多且苛刻,满足起来也更加困难,因而它的来临仿佛是一种特别的幸运。曹植与洛神的相逢在这个意义上为中国古典美学创造了一个典范。后来人即使很有才华,即使他们在现实中的命运很相似,但鉴于许多我们不可知的特殊历史与心理条件,洛神是无法再复制出来的。把曹植与唐代诗人李贺、李商隐略作比较就可以知道。

与李贺相比,他俩最大的相似性就是在政治上不得意。曹植在离最高位置只有咫尺之遥时,被早已在他周围酝酿的一场风暴断送了前程,后半生只能生活在监控与约束中。李贺尽管才学很高,最初也有"男儿何不带吴钩""少年心事当拿云"的想法,但由于自己名字起得不好而永远被限制在"庙堂"之外。众所周知,李贺后来应进士试不第,不是因为他才学不高,仅仅是因为他父亲名晋肃,"晋""进"同音,因而他一生就注定不能举进士。到底是礼部不准他参加考试,还是他自己迫于压力放弃?阻挠李贺入礼部试的人到底是不是元稹?至今都是一些未解之谜,但这对李贺造成的伤害无疑是致命的,以至于当时诗人就写下:"洛风送马入长关,阊扇未开逢猘犬。"(《仁和里杂叙皇甫》)意思是高高兴兴从洛阳来到长安,但礼部考试的大门还没有打开就遇到了疯狗,愤恨之情溢于言表。这种遭遇他俩还有一个更深的相似性,就是他俩对其中的原因可能知道一些,也可能根本无法预知,因而最容易摧毁个体正常的理性思维与判断,带来一种深深的像被毒蛇缠绕一样的荒诞感。在这种时刻,个体受到什么样的精神感召,对他以后的人生道路的影响是举足轻重的。如果说曹植由于幸运地遇到美丽的洛神,使压抑而焦虑的生命获得了审美的净化与提升,那么李贺更多的是受到了"怪神乱力"的影响,他的生命与生活从此堕入幽暗的无法自拔的深渊中。

言为心声,前人论李贺,说他喜欢作苦语、怪语,如"老鱼跳波瘦蛟舞""桐风惊心壮士苦,衰灯络纬啼寒素""羲和敲日玻璃声""龙头泻酒邀酒星""洞庭雨脚来吹笙""烹龙炮凤玉脂泣""山头老桂吹古香,雌龙怨吟寒水光""百年老鸮成木魅,笑声碧火巢中起";又说他喜欢言病、言死,如"病骨独能在,人间底事无""何事还车载病身""酒客背寒南山死""七星贯断妲娥死""几回天上葬神仙""博罗老仙时出洞,千岁石床啼鬼工"。杜牧说"李长吉语奇而入怪",而他的极致是"鬼诗","鬼"这个意象在李贺诗中出现的频率非常高,如"海神山鬼来座中""耕人半做征人鬼""愿携汉戟诏书鬼""千岁石床啼鬼工""呼星召鬼歆杯盘""嗷嗷鬼母秋郊哭""秋坟鬼唱鲍家诗""鬼哭复何益""鬼灯如漆点松花"等,读来令人毛骨悚然。"诡幻多昧于理。其造语用字,不必来历,故可以臆测,而未可言解。"其根本原因就是李贺所说的"我有迷魂招不得",读这些诗句,很容易使人想到现代西方的荒诞派戏剧或萨特的存在主义文学,可以充分体会到"人生是荒诞的",没有任何理由也没有任何意义。他的这个过程,很像西方美学从古典转向现代的进程,由于理性精神的崩溃,审美开始走向审丑,这时,诗人就由一个美的歌唱者,成为一个"恶之花"的栽培者和推销员。

李商隐在政治上同样是不得志的。李商隐出身寒门,在科举中比较顺利,并以自己的才学受知于当时的牛党率领令狐楚,但后来因为娶了李党人物王茂元的女儿深陷党争的漩涡。这是李商隐犯的一个政治大忌，在牛党看来，他是"诡薄无行""放利偷合"；而在李党这里反而认为他"轻薄无操"，所以他终生在政坛都没有一个可以安顿下来的位置。陈寅恪先生曾说："斯义山所以虽秉负绝代之才，复经出入牛李党争，而终于锦瑟年华，惘然梦觉者欤？此五十载词人之凄凉身世固极可哀伤，而数百年社会之压迫气流尤为可畏者也。"①李商隐的诗之所以被称为古代的"朦胧诗"，是因为他早年政治斗争经验与智慧不足。但他没有像李贺那样阴森恐怖，一个重要的原因是他心中还有一个虽然朦胧但异常美丽的女性形象。在这一点上，李商隐与曹植就有了更多共同语言。如果洛神隐喻甄氏的说法成立，那么他们之间除了政治上不遇之外，还有共同的情场上的悲剧与痛苦。据说，在敬宗宝历年间到大和初年之间（约公元 827—829 年），李商隐曾在河南的玉阳山隐居学道，在此期间与一位姓宋的女道士结识并相恋，宋道士本是侍奉公主的宫女，后来随公主入道成为道士，也有人根据李商隐的诗推测他们曾在玉阳山的玉溪幽约，也曾在"碧城十二曲阑干"边欢聚。但不幸的是，他们的恋情很快被察觉，结果李商隐被赶下山去，女道士受到的处罚更严重，被遣返回宫，做了守陵人。据说，他们晚年在长安还重逢过。而李商隐那些朦胧晦涩的"爱情诗"，如"相见时难别亦难，东风无力百花残""春心莫共花争发，一寸相思一寸灰""欲就麻姑买沧海，一杯春露冷如冰"等，都是追忆年轻时的爱情的。

把曹植、李贺、李商隐三人联系起来，就可以知道，一个内在的美丽形象，对一个人的生命影响多么大。或者说，即使在共同的怀才不遇的境遇中，一个人可以得到多少古典美的沾溉与滋润，其人生结果很可能

---

① 陈寅恪：《唐代政治史述论稿》，上海古籍出版社 1980 年版，第 69 页。

是完全不一样的。如果说曹植接受的审美阳光的照射最纯粹，因而在艰难时世中体验到最大的温暖，李商隐次之，依然可以在某个片刻、在记忆中得到审美阳光的斜射，那么最可悲的则是李贺，他一生中就没有遇到几个晴朗的日子，可以使心灵在阳光下舒展舒展，这就是他的生命黑暗如深渊、沉重如大山的原因。对于曹植来说，在经历了超越政治与超越欲望之后，在后古典时代的伤感、忧郁与荒诞还没有来临之前，一边从政治中超越出来，一边在美神的带领下，避免陷入不可救药的虚幻与变态中，如同但丁在天堂中的那种上升一样，曹植终于抓住了一个审美创造的最佳时机，把中国的古典美提升到它可能到达的最高境。

> 这一个心跳的日子终于来临。
> 你夜的叹息似的渐近的足音
> 我听得清不是林叶和夜风的私语，
> 麋鹿驰过苔径的细碎的蹄声。
> 告诉我，用你银铃的歌声告诉我
> 你是不是预言中的年轻的神？

这的确是中国士大夫生命中一个心跳的日子，尽管以后的人们很难再写出这种纯粹的古典美，但它从没有在中华民族的生命中消失过。正如诗人何其芳说的"那温馨我似乎记得，又似乎遗忘"，在布满烟尘的历史记忆中，作为古典世界最高的审美原则，它会不时地复活在后人的追思文字中。如辛弃疾的《贺新郎·赋水仙》：

> 看萧然，风前月下，水边幽影，罗袜生尘凌波去！汤沐烟波万顷……

如《红楼梦·第五回》中的《警幻仙姑赋》：

> 方离柳坞，乍出花房。但行处，鸟惊庭树；将到时，影度回廊。仙袂乍飘兮，闻麝兰之馥郁；荷衣欲动兮，听环佩之铿锵。靥笑春桃兮，云堆翠髻；唇绽樱颗兮，榴齿含香。纤腰楚楚兮，回风舞雪；珠翠之辉辉兮，满额鹅黄。出没花间兮，宜嗔宜喜；徘徊池上兮，若飞若扬。蛾眉颦笑兮，将言而未语；莲步乍移兮，待止而欲行……

一直到京剧大师梅兰芳的戏剧舞台上……由曹植这个不得意的皇子所创造的古典美神，从来没有真正离开过中华民族的心灵和生活世界。如果说在现代中国有何其芳的《预言》与戴望舒的《雨巷》，那么在当代则有舒婷的《四月的黄昏》，读读下面的诗，就可以再次听到洛神来临时的脚步声。

> 四月的黄昏里
> 流曳着一组组绿色的旋律
> 在峡谷低回
> 在天空游移
> 要是灵魂里溢满了回响
> 又何必苦苦寻觅
> 要歌唱你就歌唱吧，但请
> 轻轻，轻轻，温柔地
>
> 四月的黄昏
> 好像一段失而复得的记忆

也许有一个约会

至今尚未如期

也许有一次热恋

永不能相许

要哭泣你就哭泣吧,让泪水

流呵,流呵,默默地

"是生活本身消失了啊……"

——王羲之《兰亭集序》与中国文章的"伤逝"审美情怀

一、关心水的原因可能有哪些?

关于人类起源的说法有很多,有一种是人类来自海洋。人类最古老的几个文明,也都是傍依着大河的涛声开始的。但实际上,这些源自生命科学与考古学的研究并不新鲜,因为哲学家们早就在他们抽象的思辨中讲到了。

在公元前 7 至 6 世纪,希腊的米利都城邦出现了一个哲学流派,因它所处的地望被称作米利都学派。这个学派的创始人是"希腊七贤"之一的泰勒斯。泰勒斯出生于米利都的名门望族,曾经到埃及、巴比伦等地学习当时先进的东方科学与文化。他是希腊第一个天文学家、几何学家和物理学家。关于他的非凡才能有很多传说,如预言了公元前 585 年 5 月 28 日的一次日食,发现了小熊星,确定了 365 天为一个太阳年,运用比和比例的知识测量金字塔的高度,用几何定理测量海上船只到岸边的距离,他甚至了解到磁现象的存在,但他最为人们所熟知的还是"水是万物的始基"。这是泰勒斯哲学思想的"硬核",它的基本意思一般被解释为："水是万物的始基或本原，万物从水而来，是水的变形，万物又都复归于水。水包围着大地，大地在水上漂浮，不断从水中吸取它所需要的营养。"①而米利都学派的另一代表人物阿那克西曼德还更明白地说："人是从另一种动物产生的，实际上就是从鱼产生的，人在最初的时候很像鱼。"由于第一次提出了万物的始基、本原等哲学问题，米利都学派被哲学史家看作古希腊第一个哲学派别，在人类精神世界中举足轻重的欧洲哲学史，也肇始于此。最有趣味的是，一开始就认定万物的始基、本原在于"水"，在其后，才有了把万物本原归结于"气"（如米利都学派的阿那克西米尼）、"火"（如爱非斯学派的赫拉克利特）、"数"（如毕达哥拉斯）等说法。为什么首先是"水"而不是其他？要想找到一个明确的答案是十分困难的。但有一点可以确信，对于那些具有朴素唯物主义倾向的古代哲人来说，他们最关心的一定是与他们日常生活最密切的。

也可能正是受这种朴素唯物主义的影响，古希腊的哲人对"水"的体验与思考也难免显得过于质朴与简单了。从"水"这种自然现象上获得更多抽象之"理"的，应该是与希腊哲人在年代上大体相同的中国先哲们。《论语·雍也》中有一句话，叫"知者乐水，仁者乐山"。它的意思是，脑子聪明的人喜欢观察流水，因为他从"水"的变动中增进了对世界的了解；而宅心仁厚的人则更喜欢仰望高山，因为"山"的岿然不动可以坚定他拯救苍生的信念。中国古代影响很大的儒道两家，也恰是以此为思想边界的。老庄喜欢与关心"水"十分自然，他们也正是从中体悟了"道"的存在。老子说："上善若水。水善利万物而不争，处众人之所恶，故几于道。"（《八章》）这里的"几"很值得玩味，是"几乎是""接近于"

———————————

① 陈修斋、杨祖陶：《欧洲哲学史稿》，湖北人民出版社1992年版，第20页。

的意思。为什么要这样说呢？我的看法是，"水"本身毕竟是物质的，是形而下的器物，它可以最大限度地象征、隐喻宇宙的根本规律，但本身不可以取代或替换"道"的存在。庄子从"水"中看到的是他所谓的"天德之象""水之性，不杂则清，莫动则平；郁闭而不流，亦不能清；天德之象也"。(《刻意》)说白了，"天德之象"就是一切顺乎自然的最高生命境界。在他看来，无论是"水击三千里"的大鹏，还是有一点积累与发展就沾沾自喜的"河伯"，都由于依赖外界条件而不再是自然，这直接影响到自由的境界。而人生最高的"道"，就像鱼儿在江湖里谁也不认识谁一样，类似《大宗师》里讲的"鱼相忘乎江湖，人相忘乎道术"。对于老庄来说，他们最关心的不是生命从哪里来，而是在获得了生命之后，如何使之按照自然规律去"得其天年"。与老庄不同，孔子对"水"的态度要复杂得多，这是因为他在生命上寄托的希望更加沉重。尽管在一次与学生谈人生理想时，他也流露出对春天的"田野小河边"的喜爱，但由于儒家一生的志趣是"修身，齐家，治国，平天下"，因而在登山临水之时，他们更多的感慨是"逝者如斯夫，不舍昼夜"，是由于人生苦短与壮志难酬而激发出的一种足以扰乱生命自然节律的悲情与苦难感。在中国文化中，"流水"本身隐喻的是时间流逝与盛年不再。海德格尔有一句名言："人是时间的存在物。"正是时间的流逝，才能使人体会到他存在的脆弱性、不稳定性与历史的一次性，时间经验给个体带来的是悲伤而不是喜悦，是沉重的现实焦虑而不是虚幻的解脱，儒家的山水观多半只能是唏嘘感叹而归。但无论是悲是喜，有一个基本的意思可以肯定，那就是人类最初的精神与情感活动，与自然界的"水"有着密切的关联，正如印度诗人泰戈尔所说：

就是这股生命的泉水，日夜流穿我的血管，也流穿过世界，又

应节地跳舞。(《吉檀迦利》)

而古希腊哲人与中国先秦哲人的思想与智慧,都可以看作他们在历史河床上的"应节起舞"。

对于中华民族,钱穆先生有一个观点,认为"若讲中国文化,讲思想与哲学,有些处不如讲文学更好些"。这其中的根本原因,我想就在于中国文化的本质是一种诗性文化,是一种以诗性智慧为深层结构的文化形态,与以理性精神为深层结构的西方文化不同。如果说,西方文化的深层结构在他们的哲学中,那么中华民族的最高智慧则在中国诗学里。这正是了解中华民族的文化精神要从文学入手的原因。要了解中华民族对"水"的关心与态度,更应该把目光转移到中国的诗歌与散文上。从汉代人碰到一颗露珠而发出"百川东到海,何时复西归",到诗人李白面对从天而降的滔滔黄河高喊"高堂明镜悲白发,朝如青丝暮成雪",向人们表达的是中华民族生命精神中特有的"伤逝"情怀。尽管在不同的年代与境遇中,这种"伤逝"之情有浓淡强弱之别,但它无疑构成了中国士大夫的基本生命咏叹调。而在文章中把这个意思表达得最美的,无疑是晋人王羲之的《兰亭集序》。这也是今天要把它拿来"慢慢地看呵"的原因。

二、时间、地点、事件与人物

《兰亭集序》是一篇典型的记叙文。文章一开头,以最简洁的语言交代了时间、地点、人物与事件。

永和九年,岁在癸丑,暮春之初,会于会稽山阴之兰亭,修禊事也。群贤毕至,少长咸集。

把这个开头简单解释一下,"永和九年"即东晋穆帝永和九年,按照中国的甲子纪年法是癸丑年,按照公元纪年法是 353 年;"暮春之初",字面的意思是暮春刚开始,参照相关信息可以确定为农历三月三日,即传统的上巳节;地点是会稽山阴之兰亭,在今天绍兴市西南 27 公里的兰渚山麓。据史书记载,绍兴是中国最早植兰的地方,汉代曾在此设立驿亭,兰亭一名由此而来;事件是修禊,修禊是一个古老的风俗,每逢三月三日,人们到河边嬉游,认为可以消除不祥。这个节日又叫上巳节,据孙作云先生的《诗经与周代社会研究》,上巳节水边嬉游的主要功能有二:一是拔除不祥,二是求子。按照李泽厚的积淀说,最初这个节日应该充满了浓郁而压抑的宗教内容,而随着文明社会的发展,宗教的内容逐渐被淡化、忘却,变成一个很世俗、很快乐的春天节日,中国人喜欢在春天里郊游、踏青,就是源于此。

就时间、地点与事件来看相当的普通、寻常。看中国历史年表,在永和九年前一年,前燕慕容俊灭冉魏,在蓟称帝;后一年,桓温北伐前秦,一直打到灞上,逼近长安,后因为粮草一时供应不上,被迫退兵,使江南衣冠人物北伐的光荣与梦想再次搁置下来。在那个风雨飘摇的动荡年代,这一年应该是相对比较平静的,没有特别大的事情发生,这也许就是包括王羲之在内的上层名流,可以喘一口气,到大自然中尽情享受一下江南春天美丽风光的一个重要条件吧。就地点而言,会稽郡的山阴也是个好地方,《世说新语》有"从山阴道上行,山川自相映发,使人应接不暇"的赞叹,这说的是秋冬之际,想想阳春三月只应该更好,不会比秋冬景差。坦率地来说,如果不是因为王羲之他们这次影响深远的文人雅聚,不是因为留下了在文字与书法两方面都堪称千古绝唱的《兰

亭集序》，那么兰亭一地绝不会名头这样响，不要说与以山水形胜著称
的江南相比，就是与山阴的东湖、禹陵、若耶溪、柯岩等景区相比，它也
不见得好到哪里去。当代的大学生有一句套话，叫"今日我以母校为
荣，明日母校以我为荣"，也可以用来比喻"兰亭"与《兰亭集序》的关系，
最初很可能是兰亭以其独特的自然风光吸引了王羲之等名士前来修
禊，名人们来过之后，则是山水开始借助人文资源与力量享有盛名。再
说事件，上面已经讲到，修禊是古代的一个宗教性礼仪，后来世俗化为
一个游玩的节日。可以这样评价它的流变，如果说这个节日最初的问
题是宗教内容过于沉重，给人们带来压力与心理负担，基本谈不上什么
精神自由享受，那么这个节日在之后的问题是过度世俗化，如杜甫《丽
人行》中写的贵妇春游："三月三日天气新，长安水边多丽人。"猛一看很
是诗情画意，但再往下看几眼，特别是这些贵妇人开始"炫耀性消费"地
"吃"——

> 紫驼之峰出翠釜，水晶之盘行素鳞。
> 犀箸厌饫久未下，鸾刀缕切空纷纶。
> 黄门飞鞚不动尘，御厨络绎送八珍。

　　直到吃得开始打饱嗝，过于世俗化的修禊节日难免叫人倒胃口。
这个唐代的春游片段写的是春天的渭水之滨，而贵族阶层这种腐化、堕
落的生活，越往后，也越庸俗化得令人无法忍受。明人张岱的《西湖梦
寻》收有张京元的《断桥小记》，写的就是与之类似的事情：

> 西湖之胜，在近；湖之易穷，亦在近。朝车暮舫，徒行缓步，人
> 人可游，时时可游。而酒多于水，肉高于山，春时肩摩趾错，男女杂

杳，以挨簇为乐。无论意不在山水，即桃容柳眼，自与东风相倚，游
者何曾一着眸子也。

尽管宗教的威严与压抑没有了，人走向解放甚至开始纵欲，但在这
种世俗化的解放与宣泄中，像王羲之他们那种对自然、对人生的深情体
验与思索，早已不可复见。所以，在"修禊"充分地世俗化了以后，尽管
这个节日可能更加热闹、更加感性，但是基本上没有什么美感了。

大体相同的时间、地点与事情最终可以生产出怎样的意义？关键
在于什么人去做。让我们大致了解一下兰亭雅集的核心人物王羲之。
王羲之生于公元 303 年，卒于 361 年，字逸少，祖籍琅琊（今山东临沂），
生于会稽（今浙江绍兴）。王羲之出身名门望族，他的父亲王旷做过淮
南太守，家族中最著名的人物是他的伯父王导。王导是东晋著名宰相，
历史学家陈寅恪先生曾为他没有得到民族英雄的评价而鸣不平：

> 王导之笼络江东士族，统一内部，结合南人北人二种实力，以
> 抗外侮，民族因得以独立，文化因得以续延，不谓之民族之功臣，似
> 非平情之论也。[①]

在这样的家世背景中，王羲之本人也先后担任过秘书郎、参军、长
史、宁远将军、右军将军等职，大概是由于"右军将军"级别最高，所以后
人喜欢用"王右军"来称呼他。王羲之性格直爽，不喜约束，《世说新语》
中有一段记载，太傅郗鉴想在王导家挑一个女婿，派门生带信给王导，
王导对自己的孩子们很自信，他对使者说："你自己到东厢房去看吧。"

---

① 陈寅恪：《金明馆丛稿初编》，上海古籍出版社 1980 年版，第 68 页。

门生看完，回太傅说："王家的儿郎都不错，只是听到提亲，大都显得矜持；只有一个人露着肚皮在床上睡觉，好像根本没有这回事儿。"太傅一听，大喜过望："这一位最好。"这个袒腹东床的青年人，就是过继给王导的王羲之。像这样一位人物，可以想象，是不习惯官场的，所以王羲之一生最喜欢的是游山玩水和结交朋友。也许是臭味相投，他在永和九年主持的兰亭雅集，吸引来包括谢安、孙绰在内的四十一位顶级名流，因而说"群贤毕至，少长咸集"是一点也不为过的。

因为有了作为核心要素的人物，有了他们在时间、空间中的出场，所以，不仅这次春日游山玩水活动一开始就闪动出异样的光彩，就连《兰亭集序》这样在形式上很普通的记叙文，从一开始也在聚集着不同寻常的精神力量。《兰亭集序》尽管在文章形式上没有什么创新，在技巧上也是今天任何一个小学生在写作文时都懂得的，不用说当代文学创作中五花八门的现代派手法，就是连插叙、倒叙等特别容易产生文学效果的技巧他都没有使用，但《兰亭集序》的感人至深、荡气回肠、千年余韵，是那些希望凭借辞藻、技巧苦心经营的人，无法企及的。

读《兰亭集序》，可以使人深深体会到这样两点：一是真正的好文章完全凌驾于辞令、技巧、形式之上；二是关键在人，在于主体丰厚情感世界的自由与博大。在我看来，真正的中国好文章就是这样的，在叙事上平易近人，但由于内涵深不可测，蕴蓄着如海洋般的巨大能量，读者只要抬起脚来往深里走几步，就会被整个吞没在精神的波涛之中，然而当你想哭、想喊、高兴或悲哀时，又发现自己已经无法发出声音来。

三、在中国，到底是谁发现了自然美

现代的文艺理论家说："好的作品如一生命有机体，它的文字、声音、节奏、音律、意境共同生成了一个有生命、会呼吸的活生生的整体，是不可以把它拆散开分析的。"在西方也有一种黑箱理论，它把作品本身看作一个完全封闭的黑箱子，认为其内部是不可知或"测不准"的。当然，这不是说箱子本身不能打开，而是有一个悖论，一旦你打开它，引入阳光或知识的灯光，这时的箱子就已不再是那个黑箱子了，所以那个黑箱子本身永远是不可知的。这两种说法对我们了解古代艺术作品有很大威胁，因为就相当于说我们所了解的不过是古代艺术的一种表象，而且永远不可能是古代艺术的存在本身。对此需要加以说明与阐释的是尽管古人文章的本义与心灵深处的秘密，是我们永远都不可能精确得知的，但在阅读与体验的过程中，由于它拉近了我们与已逝先人在精神上的距离，我们的生命同他们的存在或者是已物化为语言符号的存在开始穿越时空的隔截，实实在在地发生某种有意义的对话与交流。当然，这对话与交流也如同今天一样，有些人可能一见如故，心心相印，而有些人可能永远找不到共同语言，甚至是"话不投机半句多"，这些都不要紧，很正常，关键在于有了这样一种前提，就不必再为如何"开箱子"而苦恼，因为我们已经知道了交流桥梁的所在地，以及它能够达到的深度及局限。在消除了"不可知""不可解"的心理障碍之后，我们就可以沿着古人用文字的碎石铺成的小径，慢慢地融入 1 600 多年前的自然场景及人的心灵世界中。

> 此地有崇山峻岭，茂林修竹；又有清流激湍，映带左右，引以为流觞曲水，列坐其次。虽无丝竹管弦之盛，一觞一咏，亦足以畅叙幽情。

"崇山峻岭""茂林修竹""清流激湍""映带左右"，简单素朴得近乎白描它们在内涵上与魏晋名士的外观与内心都高度契合,"崇山峻岭"与人的不肯与世俗苟和,"茂林修竹"与人的生命力激昂与气节超拔,清清溪水湍急奔流,则表现出人生命的自由、活泼与无拘束,一句"映带左右"则使整个自然环境在运动中联系起来。这是兰亭雅集时的自然环境,也是我们可以想象的最适合他们的一个处所。

如同许多的江南山水一样,尽管它们天生丽质,但真正被世人发现是在晋代的衣冠南渡以后,因为中国民族纯粹审美意识正是在这个悲怆的时代开始觉醒的。一般的读书人都不会不知道《世说新语·言语》中的那段名言:"从山阴道上行,山川自相映发,使人应接不暇。若秋冬之际,尤难为怀。"如果说这段话把晋人对山阴秋天的感受表达得十分完美,那么王羲之《兰亭集序》开头几句话,恰好写出了同一时代人们对同一地方春天的感觉。因为审美意识的觉醒,有了善于发现美的眼睛和感受美的心灵,江南大自然中的春秋时序,开始真正跻进人的精神世界,这大概就是宗白华先生在《论〈世说新语〉和晋人的美》中把"山水美的发现和晋人的艺术心灵"相提并论的原因吧。他说:

> 《世说》载东晋画家顾恺之从会稽还,人问山水之美,顾云:"千岩竞秀,万壑争流,草木蒙笼其上,若云兴霞蔚。"这几句话不是后来五代北宋荆(浩)、关(同)、董(源)、巨(然)等山水画境界的绝妙写照么?中国伟大的山水画的意境,已包具于晋人对自然美的发现中了!而《世说》载简文帝入华林园,顾谓左右曰:"会心处不必在远,翳然林水,便自有濠濮间想也。觉鸟兽禽鱼自来亲人。"这不又是元人山水花鸟小幅,黄大痴、倪云林、钱舜举、王若水的画镜吗?(中国南宗画派的精意在于表现一种潇洒胸襟,这也是晋人的流风余韵。)

······在这种深厚的自然体验下，产生了王羲之的《兰亭序》，鲍照《登大雷岸寄妹书》，陶弘景、吴均的《叙景短札》，郦道远的《水经注》；这些都是最优美的写景文学。[1]

外有"千岩竞秀，万壑争流"的自然风光，内有"振衣千仞冈，濯足万里流"的人性素质，王羲之只用寥寥数笔就做到了"状难摹之景如在目前"。这是一种境界很高的"简单的美"，也是一种实实在在的生活本身。关于江南山水的美，我在《千年挥麈》中曾写过：

江南山水的美，在于她独特的艺术形式。她不像北方山水崇高险峻，因而特别容易产生那种"反美学"的政治激情与道德感。她也不像川桂山水那样险怪，如以秀著称的峨眉，以幽著称的青城，以及广西的石林、溶洞等，它们森严不可久居又容易使人作尘外想。江南是完全生活化的，一个最知名去处就是"山阴道上"，那是一种"山无静树，川无停流"的生机美。《世说新语》说："从山阴道上行，山川自相映发，使人应接不暇。"连见多识广的袁宏道一到此处也自叹"平生未尝看山，看山始于此"。(《与伯修》)[2]

江南山水一方面没有披戴上沉重的政治伦理枷锁，另一方面也没有与感性的生活世界拉开很远的距离，所以便如同漫长而沉闷的人生旅途中一个特别适合小憩的客栈，使人可以静静地躺下来释放所有的劳累、压抑与焦虑，在短暂的休息中进入现代哲人讲的"诗意的栖居"中。在这种状态中，人与自然同时携手进入澄明之中。

---

[1] 宗白华：《美学与意境》，人民出版社1987年版，第186、190页。
[2] 刘士林：《千年挥麈》，百花洲文艺出版社2000年版，第216页。

在漫长而残酷的历史进程中，像这样人与自然十分和谐的环境，虽不时受到现实风雨的冲刷与污染，但直到20世纪末江南大规模现代化以前，并没有发生根本性改变。在这一切还没有消失的时候，赶上它，那真是一种来自宇宙的厚爱。而王羲之和他的朋友们，就属于这样一群幸运儿。以后尽管山水如故，如俞平伯先生在20世纪的20年代末曾到此一游时，仍说"所谓'崇山峻岭，茂林修竹，清流激湍'，则风物故依然也"。(《山阴五日记游》)但由于"青山遮不住"的道理，后来者已经很难再踏上回乡之路了，如现代作家徐蔚南就是一个，当他在与俞平伯大体相同的时间来到"山阴道上"，已经很难像当年名士们如何"畅叙幽情"了，因为他的生命已经蒙上一层相当阴郁的现代忧伤与哀怜：

> 一条修长的石路，右面尽是田亩，左面是一条清澈的小河。隔河是个村庄，村庄的背景是一联青翠的山岗。这条石路，原来就是所谓"山阴道上，应接不暇"的山阴道。……道上很少行人，有时除了农夫自城中归来，简直没有别个人影了。我们正爱那清冷，一月里总来这道上散步二三次。道上有个路亭，我们每次走到路亭里，必定坐下来休息一会。路亭底两壁墙上，常有人写着许多粗俗不通的文句，令人看了发笑。我们穿过路亭，再往前走，走到一座石桥边，才停步，不再往前走了，我们去坐在桥栏上了望四周的野景。
> 桥下的河水，尤清洁可鉴。它那喃喃的流动声，似在低诉那宇宙底永久秘密。(《山阴道上》)

而现在似乎更不堪回首了，尽管我一直没有亲临山阴道上，但只要闭眼想一想现代化的工业、商业与旅游业，就可以知道曾经令人"尤难为怀"的那个地方，如今已经被糟蹋成了什么样子。

在这里想提出一个问题,在中国是谁发现了自然美?

一般人大都会说是庄子,因为庄子太喜欢讲自然的道理了。其实这是很成问题的。原因有二:一是庄子本人是个哲学家,尽管有"庄子的哲学是美学"一说,但实际上哲学与美学还是有很大差别的,不仅它们关注的对象与目的不同,而且同一个概念指称的内涵也有深浅之别。具体说来,庄子口中的"自然"只是一种批判"社会"的文化工具,是批判了"社会"与"文明"之后就要扔掉的东西,它与晋代名士耳接目遇、盘桓其中不忍离去、作为人生理想寄托的"自然"的差别是显而易见的。二是先秦哲人著书立说的目的在于政治,对他们做审美化阐释往往会南辕北辙。庄子的著作同样是一种政治寓言,其根本目的是司马迁所说的"剽剥儒墨",所以庄子本人根本没有什么超然的态度和无功利的意思,或者说庄子讲的那些都是政治斗争的工具,与西方美学讲的无功利的审美态度,完全不在同一个层次上。从前一个方面讲,中国美学的秘密在中国文学中,从后一个方面讲,只有主体从浓郁的政治情结中超越出来,有了审美意识的自觉,才可能开始真正的审美活动。因而可以说中华民族真正发现自然美的时间,恰好是在魏晋。美的存在当然是很脆弱的,康德曾说美在所有人的天性中都很脆弱,在自然世界中同样也是如此。以山水的美为例,如果说此前的问题,正如儒家在登山临水时只能看到君子的道德人格一样,那么此后的问题则可以禅宗为例来说明,关于禅的最高境界,有一种说法是"三十年后,见山是山,见水是水",表面看来已经消解了儒家附加在山水之上的伦理文化内容,但由于禅宗的山水本质上是"空",由于在"空"这个对象上完全没有感性的冲动与愉快,所以他们也同样没有看到中国山水的美。真正发现自然美的人,只能是王羲之和他的同时代人,甚至很可能就是他们这次在山阴道上的穿行,以及在兰亭流水边上的盘桓与吟咏。由于王羲之天生拥有一双可以发现自然美的眼睛，所以用不着在文章结构上辛苦经营，只在遣词造句上推敲雕琢，就把握了在西方诗人看来像一个精灵一样难以捕捉的自然美，《兰亭集序》就此成为中国人描写山水的千古典范。

也可能由于这个时代的气运特别钟情于美，所以钱锺书才说："诗文之及山水者，始则陈其形势产品，如《京》《都》之赋，或喻诸心性德行，如《山》《川》之《颂》，未尝玩物审美。继乃山水依傍田园，若茑萝之施松柏，其趣明而未融……终则附庸蔚成大国，殆在东晋乎？"是的，真正使山水成为纯粹审美对象的，就是王羲之的《兰亭集序》。

四、群籁虽参差，适我无非新

> 是日也，天朗气清，惠风和畅，仰观宇宙之大，俯察品类之盛，所以游目骋怀，足以极视听之娱，信可乐也。

每读《兰亭集序》至此，就会想到小学时的作文课，当时老师很强调"天气"是环境描写的一个要素，他说："不是没有什么可写的嘛，就写今天是什么天气呀！"后来读了鲁迅讽刺中国人见面时的套话——今天天气——以后，有一段时间一想到那个已多年不见的语文老师，就很鄙夷，直到有一天发现，这个笔法的源头竟然可以追溯到《兰亭集序》，暗暗大吃一惊，自己的骄傲也因此收敛了许多。

至于原因，我曾经反复思考了多年。最初是不理解，因为从表面上看，这段描写过于平凡、普通，甚至仅仅是文章里与生活中的俗套，如同半生不熟的人们见面时无话找话，"今天天气真好啊"，如同没有什么文学天分的小学生写作文，一写到春天就是"冰雪消融""春暖花开""风和日丽"，一写秋天就是"金风送爽""丹桂飘香"与"秋高气爽"，如同古代人春日观水与秋日登山,总要感慨一下天气的好坏,然后再抒发兴或悲、实在或玄虚的情绪。后来读到海德格尔《论人道主义》中的一段话,他说:"在现在的世界灾难中必需的是:少谈些哲学,多注意去思;少写些文章,多保护文字。"于是恍然有所醒悟,这些美丽的充满诗意的词语,之所以令人感到厌烦,是因为它们已经被过度使用了,严重磨损了文字中固有的大自然的气息与真情实境,人们已很难借助这些抽象的概念符号,去体验现实世界中春天的风和日丽与秋天的秋高气爽。

后来,又读到一位朋友关于现代音乐的阐释,他说:"只要你有一颗音乐的心,什么都是音乐,什么也都是乐器了。"意思是,尽管现代音乐与乐器在形式上已五花八门,很难得出一个统一的定义,但完全没有必要把精力投放在这里,只要一种声音或一种器物可以给主体带来音乐享受,只要主体可以从外部世界的声音、节奏中感到音乐的美,那么一切声音都可以成为音乐,一切产生声音的器物也都可以被命名为乐器。说到底,这是从主体的审美角度去界定与阐释音乐的。这个思路是很有启示意义的,也就是说,一种词语、一篇文章美不美,最根本原因在于我们生命本身,在于我们的生命中有没有一种可以穿透语言符号的抽象层累、直接还原作者的感性生命体验以及在这体验中人与世界所构成的混沌一体的创造性主体心理机能。如果说这种心理机能作为一种人的天性存在是无可置疑的——无论是作为中华民族的诗性智慧,还是西方美学家如康德讲的原生的审美鉴赏能力——那么,最关键的问题是如何保护好我们生命中的诗性智慧与审美机能。否则,无论什么样的好东西,对于"不懂形式美的眼睛"与"没有音乐感的耳朵"来说,只能是对牛弹琴了。

再后来,又通过对诗性智慧与中国诗性文化的研究,我发现在古人的生命深处,存在着一个深层的诗性语法结构,其文本背后是一个可以直接生产审美意义的"诗性语境",在主体可以使人超越其文化面具与日常生活的功利性,成为一个具有优美情感与诗性思想的生命;在对象则可以使文本穿越文字的抽象层累与义理的沉重积淀,成为一个仿佛会呼吸、有体温与思想情感的有机体,这两者的契合,或者说在历史上的同构性,是古典文学具有永恒艺术魅力的根源。古人的文章,只有放在这个诗性文化的语境中,才能绽开它如同千年古莲胚芽一样的美丽容颜。语境不仅依赖特定的时空与语言主体,同时它也总是对特定的具有心理同构效应的"他者"起作用。正如庄子讲的那个故事,一个高明的工匠,他可以挥舞着斧头把朋友鼻尖上的一滴泥浆削掉,而友人的鼻子不会受到任何伤害。一个国君听说这件事,把工匠找来叫他表演一下。工匠说:"我以前能做到,是因为有一个朋友做对象,现在他已经死了,我再也不能这样做了。"换言之,一旦古代那个"诗性文化语境"在现代世界中消失,所有古代文章的美丽与愉快也就都不复存在了。施蛰存先生曾讲到在几十年前发生的一个故事,表明当时的人们就已读不懂《兰亭集序》了。他说:

> 解放以后,我没有讲过这篇名文,不过,我学会了用思想分析的方法来讲古文。"文化大革命"期间在嘉定劳动,住在卫生学校。一天,有一位卫校语文教师拿这篇名文来问我,她说:"这篇文章上半篇容易懂,下半篇难懂。特别是其中一句:'死生亦大矣,岂不痛哉。'到底是什么意思?"经她一问,我把全文又读了一遍。禁不住发愣了。怪哉!怪哉!从前讲得出的文章,现在讲不出了。
>
> 从"向之所欣"到"悲夫"这一段文章,是全文主题思想所在,可是经不起分析。我和那位女教师逐句讲,逐句分析,结论是对这段

名文下了十二字评语："七拼八凑，语无伦次，不知所云。"(《批〈兰亭序〉》)①

对《兰亭集序》开头这段"天气描写"，也是如此，尽管在表面上无异于今天人们的"打哈哈"，但由于历史背景与文化语境不同，所以是后者无法比拟的。至于同样一句话，为什么会有如此不同的结果？那只有结合作者王羲之写文章时的背景与语境，才能明确得知。

历史背景有大有小，有直接与间接，对这篇文章来说，我觉得除了那些人们经常提到的历史社会背景外，最重要的是这次兰亭聚会的特点。在我看来，它最根本的特点是非功利性，具有很高的美学价值与意义。中国古代社会一直人文荟萃，每个时代的精英聚会都不能算少，有影响的聚会也很多，但究其实质它们多半是政治性的、带有强烈的现实功利色彩，而像兰亭雅集这样相对纯粹的审美聚会，此前应该是极其罕见的。如先秦时代，可以称得上是"群贤毕至，少长咸集"，但不仅诸子的政治色彩格外浓郁，而且社会理想也差别很大，所谓百家争鸣，主要讨论、争辩的是谁的政治方案最好。由于相互之间差别太大，所以学养深厚的诸子之间，不是恶言恶语地猛烈攻击，就是彼此之间冷嘲热讽，基本上没有好言语与好声气。在此后也是如此，比如在明清易代之际的易堂九子，由于战乱等原因，魏禧、彭士望等九人在江西宁都的翠微峰营险而居，他们从顺治三年(1646年)开始，在一起大约共同生活了六年。这些人中有的属于师友亲属，有的属于朋友，按理说应该是一个和谐、自由的小安乐窝。但从当代学者赵园的分析看，他们不仅在实际生活颇多压抑，而且也不见得就是志同道合之人。她说：

---

① 施蛰存著，刘凌编：《北山四窗》，上海文艺出版社2000年版，第79页。

易堂本是一个关系疏密不等、甚至志趣不尽一致的群体。其组成除了世乱这一外缘，作为基础的，毋宁说是对于彼此人格的信赖。因而虽一"堂"中人，未必即是同道。

他们之所以聚集在一起，主要是出于择地避难的现实需要，一旦战乱结束，这个小小的士人共同体也就迅速分崩离析了。赵园还说："我由此想到，明中叶以降的'党社运动'，处于同一'社会'者，与那'社会'的关系，可以是无穷多样的，而'党社'的名目，却将这诸多差异抹杀了。"（《易堂寻踪·16》）由此亦可知，由于没有坚实的情感基础，许多古代士人的聚会与结社，多半只能借助政治与现实利益的纽带，并且随着利益的变迁而沉浮。与兰亭集会唯可作一比的，应该是唐代诗人王勃恰好赶上的那场滕王阁聚会。都是士大夫、名士的雅集，也不是起于什么直接的政治利益，两者也都留下了千古好文章。但两相比较，也还是有差别的。它们的差别就在于有没有"邀名"之心。对于滕王阁聚会的召集人来说，本来是想借机炫耀一下自己的女婿，为他以后的仕途发展提供条件。但没有想到的是，被半路上杀出的诗人拔了头筹，还能有一种真正和谐、轻松、愉快的氛围吗？总之，兰亭雅集的根本特点就是它的审美性质，如果说，在它之前，是由于聚会的性质过于政治化所以不可能如此轻松愉快，那么在它之后，则是由于主体的风度与气质每况愈下，所以同样不可能再举办一次相同的聚会。

由于是暮春时节，容易触动诗怀，王羲之还写了一首很好的《兰亭》诗：

仰视碧天际，俯瞰渌水滨。
寥阒天涯观，寓目理自陈。

大哉造化工，万殊莫不均。

群籁虽参差，适我无非新。

这首诗写得相当好，特别是其中的"寓目理自陈"有"适我无非新"，前者表明人是用感性的眼睛把握宇宙之机理的，因而，这"理"就不是抽象的、机械的、陈腐的"理"，而是活泼的宇宙生机中所包含的至深至真之理，这与庄子的"目击而道存"有异曲同工之妙。后者为当代最懂得中国美学的美学家宗白华先生所激赏，他把"群籁虽参差，适我无非新"看作晋人纯净的胸襟和深厚的感觉所启示的宇宙观的代表，"尤能写出晋人以新鲜活泼自由自在的心灵领悟这世界，使触着的一切呈露新的灵魂、新的生命"，他还说，晋人的文学艺术都浸润着这新鲜活泼的"适我无非新"的哲学精神。①

不管在现实中发生了什么事，只要能以一首诗、一篇散文恰当地表达出来，对于古人来说，也就足够了。就像热爱科学的阿基米德在敌人和性命危险到来之际，不是想着逃命，而是想着怎样做完一道几何题一样。如果说，后者是出于一个理性民族的本能，那么前者则是出于诗性文化的必然律。可以想象，写了这样一首诗后，王羲之的心情已是愉快之致的了。

五、念畴昔风流人物，暗伤如许

天宝年间，李白在离开长安以后，一路漫游来到南京的凤凰山。抚今追昔，诗人十分感慨，写下了著名的《登金陵凤凰台》，其中给人留下

---

① 宗白华：《美学与意境》，人民出版社 1987 年版，第 191 页。

深刻印象的是：

> 吴宫花草埋幽径，晋代衣冠成古丘。

　　"吴宫花草"应该是暗喻春秋时深受吴王宠爱的美人西施，而"晋代衣冠"则是指在永嘉之际仓皇南渡的东晋士人。"一笑倾人城，再笑倾人国"的红颜，与"振衣千仞冈，濯足万里流"的名士，或是湮灭在荒凉小径的深处，或是只剩下一个冰凉的"土馒头"，自然最容易触动诗人本就多愁善感的胸怀，也容易使后来者对人生与世界的态度变得冷静与理性一些。西施的故事已家喻户晓，不必多谈，而对晋代衣冠需要再做些疏解。一般人眼中的世家子弟都是"四体不勤，五谷不分"的纨绔子弟，甚至是鱼肉乡里、无恶不作的"高衙内"一类，实际上这是很有问题的。正如我曾经指出的：

> 虽然由于自然环境以及天灾人祸的影响，一部漫长的中国历史，大都记载的是"求死而恐不瞻"的话题，但在士族结构内部，这些与西方中产阶级极相似的社会阶层中，却真正提供了这样一块文明夹缝中的"乐园"。衣食无忧，正好从善如流；政局平稳，道德得以昌明。也就是可以把功利追求与儒家道德哲学较好地统一起来，而不是像秦汉之际或者中唐之后那样"阳儒阴法"，把儒家漂亮的道德口号当作一种可资利用的招牌，只是为了使自己的权术思想有一层保护色。而这就是汉魏士族生逢其时的造化所在。①

---

① 刘士林：《千年挥麈》，百花洲文艺出版社 2000 年版，第 54—55 页。

也正是良好的教育、高尚的人格与唯美的理想，才使晋代衣冠之士在成为古丘之前，上演了一系列对中华民族来说也许永不会再有的美丽戏剧。

以王羲之为例，他在政治见识上绝非平庸之辈，如晋明帝穆皇后的兄长庾亮，临死前就曾上疏："称羲之清贵有鉴裁。"这是说王羲之特别有观察和衡量他人才能与德性的能力。但由于已充分意识到政治本身固有的异化性，王羲之是抱一种超然观去承担他的现实职责的。由于"少有美誉"，朝廷曾先后安排他担任侍中、吏部尚书、护军将军等职，王羲之"皆不就"或"推迁不拜"。为此，他的好朋友扬州刺史殷浩曾劝说他不要这样，在一封回信中，王羲之这样说："吾素无廊庙志……若蒙驱使，关陇、巴蜀皆所不辞。"什么意思呢？一方面是不想从政，因为它会使个人失去更多的自由，另一方面，按照孟子"士之于仕犹农之于耕"的说法，从政又是他作为一个读书人的天职与义务，所以，如果社会真需要他出来做什么，他绝不会留恋小安乐窝而"临阵脱逃"的。在前者保留了一颗审美的自由心灵，在后者则勇敢地承担起一个中国士大夫的道德使命，因而在王羲之身上恰好体现了一种真正的审美生活原理。

至于为什么晋代名士宣称"素无廊庙志"，最关键的一点是他们有丰厚的物质生活资料做基础。正如马克思强调的："人要生存，首先要有吃、有穿、有住等。"对于许多人来说，正是为了获取那些生存必需的生活资料，所以才不得不违背自己的内心愿望、甚至扭曲自己的生命，从事自己不喜欢、厌恶的劳动生产或社会工作。不仅如此，由于"僧多粥少"，在许多时代与多数情况下，读书人不是为一个不足挂齿的卑微职位而扭曲灵魂，就是在苦苦煎熬。如朱熹的"仕宦夺人志"，杜甫的《同谷歌》："男儿生不成名身已老，十年饥走荒山道。长安卿相多少年，富贵应须致身早。山中儒生旧相识，但话宿昔伤怀抱。呜呼七歌兮悄终曲,仰视皇天白日速。"而晋代士人则不会这样,因为他们获得政治地位相对要容易一些,说得不好听一点,是"得的容易就不懂得珍惜"。即使不做官,也可以过上很不错的生活,这是他们可以在言行一致的意义上做到"富贵于我如浮云"的最重要原因。《世说新语》中有两段记载,分别讲"王谢之家"的首脑人物王导、谢安的"雅量":

> 有往来者云:"庾公有东下意。"或谓王公:"可潜稍严,以备不虞。"王公曰:"我与元规虽俱王臣,本怀布衣之好。若其欲来,吾角巾径还乌衣,何所稍严。"

> 谢公与人围棋,俄而谢玄淮上信至,看书竟,默然无言,徐向局。客问淮上利害,答曰:"小儿辈大破贼。"意色举止,不异于常。

在前者,"庾公有东下意",是说有人要来抢你的地盘了,而"可潜稍严"则是提醒王导要早作防范。与历史上各种常见的自卫策略不同,王导的回答是:"如果他真来了,我就回乌衣巷罢了。有什么好防备的呢?"在后者,则把后来理学家推崇之至的"不以物喜,不以己悲"的"天地境界",早早地以一种"道成肉身"的方式澄明于世界之中。至于为什么,不妨说,王导是因为他有一个乌衣巷可以回去,而对于谢安,则是由于在平时已养成的精神贵族气,使他真正做到了可以轻视一切身外之物。

审美与自由,既超越任何具体的物质条件,又不可以脱离生命必需的物质基础。也可以这样说,一个人实际占有的物质生活资料越丰富,就越可以从沉重的社会关系的约束与压迫中解脱出来。王羲之也是这样。他品格高洁,德才超凡,在当时就有"清贵人"的令誉。在唐太宗李世民亲笔撰写的《王羲之传》中，也说他"以骨鲠称"。为什么只有他可以在现实中正直地做人，最重要的原因也正在于此。中国古代的读书人常说两句英雄气短的话，一句是"著书只为稻粱谋"，一句是"人不风流只为贫"，正如俗话中的"一分钱憋倒英雄汉"，在连起码的生活资料都严重匮乏的生死关头，去空谈气节、操守和其他更高的诗意生存，在逻辑上显然等同于庄子讲的一个故事，一条陷于车辙中的鲋鱼，它只需要"斗升之水"就可以活命，而庄子却告诉它："我正准备南游吴越，到时请来西江之水来救你，不是更好吗？"于是连这条奄奄一息的鲋鱼都会忿然作色："我只需要得斗升之水就可以活，如果按照你的说法，还不如到枯鱼之肆去买我煮了吃。"在王羲之时代之前或之后，历来不乏以清高自许的傲世者，但由于他们连起码的生活资料都不具备，因而如果不是沦为一种待价而沽的"技术手段"，像孔稚珪《北山移文》所讽刺的周颙，一有机会就会迫不及待地"促装下邑。浪拽上京"，那也多半会沦落为一种迂腐、可笑的对象，如同《儒林外史》中的权勿用、杨执中或鲁迅笔下的孔乙己，下场是悲怆的。而王羲之与他们不同，在需要出来"以手援天下"时，王羲之就义不容辞、无条件地挺身而出；如果在仕途上不能实现自己的理想与抱负，王羲之也不会因为贪图富贵就"尸位素餐"。关于王羲之辞官的真实原因，在学界一直有不同的看法，有人认为是他与王述有矛盾，有人认为他不愿意同东晋皇帝司马昱合作。但似乎都没有说到点子上，在中国古代士大夫的政治生涯中，哪个人没有自己的政敌，又有哪个人不曾遇到过昏君呢？而他们或委曲求全或对政坛百般依恋，一个很重要的原因是如果不要这份俸禄，他们就无法或很难生活下去，更不要奢谈什么自由的生存了。

过审美生活最根本的秘密很可能并不是能不能在头脑中弄清楚"什么是美"，而是如何尽可能地处理好审美需要与现实功利的矛盾关系。所谓处理好并不是只要审美而完全不要功利,那样只能有两种结果,或是放弃他应该承担的现实职责,或是仅仅满足于过一种虚幻的自由生活。同时,也不能因此走向"唯利是图"、压抑一切审美需要的另一极端,因为这样最终会使人成为一种没有情感与心灵的不折不扣的实用工具。如何在审美需要与现实功利之间建立一种良性互动的循环生产关系?一方面,即使在危机存亡的紧急关头,也不能完全忘记生命最根本的自由需要;另一方面,也不能完全沉溺于纯粹艺术化的空灵境界,而遗忘掉自己的现实存在及职责。在中国历史上,晋代士人无疑是处理得最好的。如历史上著名的"新亭对泣"细节:

> 过江诸人,每至美日,辄相邀新亭,藉卉饮宴。周侯中坐而叹曰:"风景不殊,正自有山河之异!"皆相视流泪。唯王丞相愀然变色曰:"'当共戮力王室,克复神州,何至作楚囚相对!'"(《世说新语·言语》)

在某些特定的时刻与背景中,也可以使在现实世界中疲惫不堪的生命伸展一下,尽情享受一下自由的风和阳光。这就是《兰亭集序》高于"新亭对泣"的地方,它的意义在于最后的结果不是沉重的政治伦理压抑,而是一种"瞬刻即永恒的"审美解放体验。由于区分开"工作时间与审美时间",使新亭与兰亭的两次聚会,表现出完全不同的结果。

在那个"林无静树,川无停流"的时代,像这样的生命绝不只王羲之一个。西晋著名的政治家羊祜值得一提。与将军们不同,羊祜是一个道德高尚、富有人性的诗人军事家。他在镇守襄阳(今属湖北襄樊)时,有些事情值得细细品味。有一次部下带回两个小孩,一问原来是东吴边将之子,对于自己送上门来的人质,他所做的第一件事就是赶快把丢失的孩子送回父母身边。有时他也率众游猎，但如果发现带回了吴国将士射伤的野兽，就会立刻命人物归原主。他特别讲诚信，读过中国历史的人，都知道这样一个故事，说的是在敌人渡河时，他的部下劝他发起攻击，而他认为这是乘人之危而拒不采纳，结果是敌人渡河以后迅速把他的军队打败了。羊祜就成了一个笑柄。但羊祜向人们展示了诚信与战争的另一面，在与东吴的战斗中，他会事先约定好日期，从不偷袭。即使出于军事需要收割吴境的粮食，也总是命令部下以绢偿还。正是他这些看似怪怪的行为，为西晋最后战胜东吴打下了坚实的基础。在平定东吴的庆功宴上，武帝忍不住流着眼泪感慨："此羊太傅之功也。"由于人性发育的相对比较全面，羊祜是一个十分热爱生命与自然的人。在《晋书·羊祜传》中有一段记载：

> 祜乐山水。每风景，必造岘山，置酒言咏，终日不倦。尝慨然叹息，顾顾从侍中郎邹湛等曰："自有宇宙，便有此山。由来贤达胜士，登此望远，如我与卿者多矣。皆湮灭无闻，使人悲伤。如百岁后有知，魂魄犹应登此也。"

羊祜的事情也许过于感动人了，在他死了以后，襄阳百姓在岘山之上为他建碑立庙。他的继任者，西晋的文学家、经学家、镇南大将军杜预，把这块石碑命名为"堕泪碑"。

在以后的历史中，依然可以隐约看到他们渐渐远去的背影。如白居易，他写《卖炭翁》《新丰折臂翁》等现实主义诗歌，但这并不妨碍他同时写大量的闲情诗。再如苏轼，他在杭州时很喜欢和僧人、歌妓等一起厮混，但也不影响他做建立医疗机构、兴修湖堤的正事。在审美需要与现实需要之间，他们都是处理得很好的生活艺术家。只是随着时间、空间与人事的迁移，像这样既有功业又有人性的人物，已经越来越少见了。

黑格尔曾说："每个坟墓的下面都埋葬着一部世界历史。"

我们可以说："在晋代的古丘之下，深藏着的是一部中华民族美学史。"

六、晋人的生命是用水做成的

按照席勒"素朴的诗"与"伤感的诗"的分法，《兰亭集序》恰好处于两者之间。尽管它的"伤逝"主题已开中国古典文学中的伤感一脉，失去了西周秦汉文章固有的质朴与苍劲，但由于还没有堕落到如南宋以后那种过于个体化的地步，所以恰好在古代的"素朴"与现代性的"伤感"之间取得一种微妙的平衡，代表了中国古典美学中"优美"范畴的最高境界，也深刻揭示了中华民族在古典世界中审美的根源与秘密。

可以从王羲之的书法来了解。就个人的爱好而言，我最喜欢汉魏时期的碑刻，每一笔都流露着方正遒劲的信念、健旺饱满的精神及沉稳充足的底气，是凛然不可犯的仁人君子的审美外观，也是我们这些在体质与精神上越来越羸弱的现代人用来补充生命元气的最好的观照对象。在后世书法中，在精神上与之联系密切的是颜体。颜体的佳处是丰澹圆润，不足是失去了汉人的铮铮棱角。这种看法与我认为道德生命是人的基础的本体论直接相关，这种看法不仅不妨碍《兰亭集序》在中国书法史上已经取得的极品地位，而且还可以帮助我们更准确地理解它的审美价值是如何产生的。众所周知，王羲之七岁开始学书，初师卫夫人，后博采众长，精通诸体，专攻楷书、行草，其书法风格妍美流畅，使人想到生命获得自由后陶渊明那种"舟摇摇以轻飏，风飘飘而吹衣"的轻松愉快，也使人想到苏东坡在文学创作中达到的"行云流水、随心所欲"的潇洒境界，一改汉魏以来质朴书风，因此被誉为"书圣"。

王羲之可以写出《兰亭集序》，我想原因有二：一是他本人经历了"从政治到审美"的嬗变过程。这个变化与他南渡的人生经历，以及对江南会稽一带的佳山水有关。特别是在辞官归隐以后，在山阴道上日日行走，与江南自然山川目接心应，前者使他摆脱了"案牍之劳"，后者将他心胸中残余的政治欲望打扫、涤除干净，于是，一代书圣就走出了两汉以来作为道德人格象征的方正与骨鲠形式，代以一种更为流畅的行楷风格吐纳内在生命的气息与韵律。二是永和九年（353）的兰亭修禊为这种转换提供了千古良机。

按照一般的看法，《兰亭集序》《十七帖》《姨母帖》《奉橘帖》《丧乱帖》《初月帖》等，都是王羲之的传世书品代表作。而《兰亭集序》无疑是极品中的极品。而好的作品总是一次性完成的，由作者长期的艺术创作经验、一瞬间升华的审美创造力以及极为特殊的艺术创作环境等复杂因素和合而成，一般是不可再现与复制的。所以有记载说，《兰亭集序》以第一本为最好，它是王羲之在半醒半醉中一挥而就的，在过了这个精神高峰后，"他日更书数十本，终不及之"。尽管书品的原本被唐太宗作为随葬品埋入地下，给后人留下无限的惋惜与感喟，就像陆游说的"茧纸藏昭陵，千载不复见"。但即使是后世所传的历代模本，也足以使人们体会到王羲之书法的美。

《兰亭集序》恰好可为王羲之处于"素朴"与"伤感"之间提供一个证据。一方面，脱离了汉魏以来的素朴精神，他的书法风格是最好的说明；另一方面，由于伤感只是开端，还受到道德伦理力量的种种牵制，所以与后世那种过于感性化的"伤感"（如宋词中过于女性化的情感与人格）也是完全不同的。这是一种既有深厚理性基础，同时又超越伦理束缚的审美范式，其内涵是"怨而不怒""哀而不伤"这古典中国美的最高境界。"怨而不怒"与"哀而不伤"的意思是由于主体有足够的伦理机能,所以总是要对现实产生种种不满,但与道德生命那种愤怒的现实批判不同,审美生命的抗议仅仅停留在"内心的忧伤与哀怨"上。由于作为诗性文化主体的审美生命不同于西方现代个体,所以它的"忧伤与哀怨"仍然与现实生活有着这样那样的联系,并不像后者那样走到完全非理性的"忧郁"和"荒诞"。在对古代中国伦理生命及道德世界的超越中,在他们还没有堕入不可救药、无法自拔的"现代个体"的生命泥潭之前,一个古典美的生命空间,就在中国人的世界中往往地舒展开来。在《兰亭集序》那流动如水的笔墨中,这个千载难逢的审美瞬间获得了永恒的空间形式。

汉人的道德生命坚如磐石,而晋人的审美生命则如静水深流。这是两种完全不同的生命存在形式。而后者正是在融化了两汉磐石般的道德世界以后,才使中华民族开始了他们生命中的美学散步。也可以说,正是晋人生命之水对他们承继的道德生命不停地冲刷、叩击和切磋,才在由仁、义、礼、智构成的道德主体生命中刻画出审美形式。所以说,晋人的生命是用水做成的。

用水做成的生命,发育最完善的是心理机能。它不会像知识主体那样一味向外探索世界的规律,《五灯会元》卷十一中有一段记载,很能说明审美生命对抽象思维的厌恶:

> 师在镇府斋,四人到桥上坐次,逢三人座主。一人问:"如何是禅河深处,须穷到底?"师擒住,拟抛向桥下。二座主近前谏曰:"莫怪触忤上座,且望慈悲。"师曰:"若不是这两个座主,直教他穷到底。"①

---

① [宋] 普济著,苏渊雷点校:《五灯会元》(中),中华书局1984年版,第662页。

对这个故事也可以这样理解,审美生命对人与世界秘密关系的揭示,一般只是点到为止,不会穷究到底,否则就有被扔下河去的危险。它也不会像道德主体那样整天醉心于人类社会的善恶之辨,如曾子那样"日三省吾身",或是像理学家那样讲求"慎独"修养。审美生命像个做游戏的孩子,不仅不会严格遵守各种社会规则与人生尺度,相反,只要自己高兴,随时都会做出一些出格的言行。因为审美生命的最终目的是走向美,而不是理,无论是知识上的普遍规律还是道德上的崇高命令。

最能体现生命这种"水生"状态的,是王羲之他们发明的"曲水流觞"。在某种意义上,这个游戏源于古代的上巳习俗,上巳是指夏历三月的第一个巳日,在民间是一个被除灾祸、祈降吉福的节日。古人认为,水火至洁,可消除一切疾病与灾难。早在周代,就有了水滨祓禊之俗,当时还有女巫专门负责此项活动。此俗延续至魏晋以后,时间被正式定在夏历三月三日。社会的发展也使上巳失去了固有的沉重宗教内涵,演变为临水宴宾的休闲游戏。祓禊仪式后,人们环坐在弯曲的流水旁,在上游放置酒觞,酒觞顺流而下,停在谁的面前,就由谁喝掉觞中之酒,以此为乐,这就是所谓的"曲水流觞"。南朝宗懔在《荆楚岁时记》中写道:"三月三日,士民并出江渚池沼间,为流杯曲水之饮。"会审美的晋人很重视这个节日,除了王羲之的《兰亭集序》,另一个著名文人张协还专门写有《禊赋》,当中有"夫何三春之令月,嘉天气之絪缊""缙绅先生,啸俦命友;携明接党,冠童八九""停舆蕙渚,息驾兰田"等描写,其他晋代的衣冠人物,如潘尼、庾肩吾、江总等,都为此写过不少诗句。尽管在表现对象上与王羲之的"兰亭禊集"相差不大,但在审美价值上大都显得比较单薄与浅显,所以,只有《兰亭集序》,才真正创造出一个审美的上巳节。它对后世产生了重大影响,除了引得文人歌咏、创作,也使这种优雅风俗在绍兴一带盛传不衰。

　　水是流动的,在它安静的时候容易把握,一旦流动起来就很难控制它的方向。王羲之和友人的"兰亭禊集"也是这样,快乐还没有延续多久,接下来就是一种异常震撼人心的感慨与悲伤了。

　　　　夫人之相与,俯仰一世,或取诸怀抱,晤言一室之内;或因寄所托,放浪形骸之外。虽取舍万殊,静躁不同,当其欣于所遇,暂得于己,快然自足,不知老之将至。及其所之既倦,情随事迁,感慨系之矣。向之所欣,俯仰之间,已为陈迹,犹不能不以之兴怀。况修短随化,终期于尽。古人云:"死生亦大矣。"岂不痛哉!

　　海德格尔说:"人是时间的存在物。"或者说,人都是要死的。这是生命中一切悲剧与苦难的根源。但他还有一层更重要的提示,个体是不能以任何借口与"忙碌"来掩盖这种黑色的意识与体验的,如果对这种生存的真相视而不见、闭目塞听,那就等于丧失了生命存在的意义。按照这个观点,魏晋以前,中华民族基本上没有产生严肃的死亡意识,无论是儒家的"未知生,焉知死",还是庄子的"其生也天行,其死也物化",都没有接触到这个生命存在的更深的问题;而在魏晋以后,死亡意识又成为人们要刻意掩饰的对象,无论是佛教的"毕竟空",还是理学家的"物我无对",都是作为一种"敌生死"的智慧出台的。所以,只有在这个中华民族精神觉醒的时代,才能产生王羲之那种"岂不痛哉"的深沉感喟。《世说新语》中有一类专门记载"伤逝",这表明伤逝是一个时代的精神体验。死亡意识刺激出的是一种个体性的生命情感,而这种对生命个体的顾影自怜与百般回顾,是纯粹的审美活动最重要的主体基础。庄子说:"人而无情,何以之为人。"对于情感丰富的审美生命来说,越是发现了人生与世界美丽的人，就越不会轻易忘掉美丽的东西。参加兰亭聚会的人们也心同此理，越是好天气、好风景，人们就越想挽留它。一旦感觉挽留不住，就会给在场者带来沉重的思想与心理负担。"向之所欣，俯仰之间，已为陈迹，犹不能不以之兴怀"，这是中华民族审美情感发生的重要原理，如《牡丹亭·游园惊梦》那段著名的唱词：

> 原来姹紫嫣红开遍，似这般都付与断井残垣，良辰美景奈何天，赏心乐事谁家院……朝飞暮卷，云霞翠轩，雨丝风片，烟波画船，锦屏人忒看的这韶光贱。

王羲之和他的友人也是如此，寓目满眼风光无限的青山绿水，想到宇宙的无穷无尽、自然的生生不息，再把它们与"修短随化，终期于尽"的短暂人生与无常世事相互比照，怎么能够心平气和或默不作声呢？一切都很美好，但这美好的一切又将迅速消失，还有什么比这更令人寒心与惊悸的吗？俄罗斯著名作家普利什文在一篇散文中写道：

> 现在的快乐是平静的，像平常有什么痛苦消失之后一样，你会因为痛苦消失而感到快乐，但同时又伤感地想：这不是痛苦，而是生活本身消失了啊……(《雾》)

如果有人要问：这样的思绪与感慨有什么用处吗？可以明确地回答"没有"。对于审美生命来说，本来就不能像哲学那样思考清楚任何问题，也不能像伦理学那样提供一种抵抗内心恐惧的工具，而仅仅是为内心世界提供越来越丰富的心理感受与生命体验。这种心理感受与生命体验的必要性在于它时常如一股激流，在平静生命中吹出一片片涟漪,使一个人可以借此体验到生命的感性存在。

七、我们今天还能读懂《兰亭集序》吗

一种微风细浪的生命流动之美。

如水的生命,创造的正是这种古典美的最高境界。为什么这样说?因为它代表的是一种高度审美化了的"伤逝"情感。没有对时间流逝的悲剧性体验,对于中华民族来说,就很容易自闭在儒家设定的伦理"小圈子"里,无法产生个体性的生命体验与审美情怀;但这种"伤逝"体验又必须是高度审美化的,否则就会混同于西方世界中那种现代性的焦虑和荒诞,后者的根本问题是与现实关系密切而与理想之境又过于遥远。即使在中国文学史上,这种建立在水性生命之上的古典式忧伤,也是不多见的。与前后时代的同质情感比较一下,就不难得知。中华民族的"伤逝"情感,在《诗经·小雅·蓼莪》中就有"父兮生我,母兮鞠我。拊我畜我,长我育我。顾我复我,出入腹我。欲报之德,昊天罔极"的激烈表现,当然不是说它不感人,但是由于过于原始质朴,所以也"失之于野";中国古代的各种祭文也都是以"伤逝"为主题的,它们的问题是如果不是像韩愈《祭十二郎文》那样的沉重、压抑,则基本上流于"其来尚飨"的程式化的情感与套话。即使是很受古人称赞的归有光的亲情散文作品,也由于过于抑郁而使读者在心理上不够舒坦。蒋士铨的《鸣机夜课图记》是人人皆知的,特别是这样一段文字:

记母教铨时,组绣绩纺之具,毕陈左右,膝置书,令铨坐膝下读之。母手任操作,口授句读,咿唔之声,与轧轧相间。儿怠,则少加夏楚,旋复持儿而泣曰:"儿及此不学,何以见汝父!"至夜分寒

甚,母坐于床,拥被覆双足,解衣以胸温儿背,共铨朗诵之。读倦,
睡母怀。俄而母摇铨曰:"可以醒矣!"铨张目视母面,泪方纵横落,
铨亦泣。少间,复令读。鸡鸣卧焉。诸姨尝谓母曰:"妹一儿也,何
苦乃尔?"对曰:"子众,可矣;人一,不肖,妹何托焉?"

这其中最根本的原因是他们所抒发都是一种伦理化了的"伤逝"情
感,尽管感人却异常负担,当然称不上是美的境界。在中国文化世界
中,由于伦理文化发育的过于成熟,一般文章所表达的主要是一种伦理
化了的情感,像《兰亭集序》中这种相对纯粹的审美情感是世所罕见的,
因而代表着古典美的最高境界。

在《兰亭集序》中,尽管已渐渐有伤感的东西泛出,但平静与坦然仍
是主流。尽管在中国,一切审美的情感大都与庄子有关,但庄子毕竟是
个哲人,至少在口头上把生死大事和个体悲欢看得太轻,缺乏审美生命
那种对个体存在的细读与沉潜,并最终停滞在"理"的境界。所以中国
文章中真正纯粹的古典审美情感,正是从王羲之的《兰亭集序》开始的。
进一步说,最困难的事情不是人终有一死的意念,而是如何处理这种足
以扰乱生命正常呼吸与节律的内在骚动。比如说,可以选择杨朱那样
的及时行乐,"为欲尽一生之欢,穷当年之乐,唯患腹溢而不得恣口之
饮,力惫而不得肆情于色;不遑忧名声之丑,性命之危也"(《列子·杨
朱》);也可以选择儒家的厚德载物,如冯友兰的《新原人》,"在道德境界
中底人,作事所以尽伦尽职。他竭其力之所能以作其所应作底事。他
一日未死,则一日有他所应作底事。这是他的任务。他一日既死,则他
的任务,即时终了";也可以选择佛教的方式,把一切都看成"身外之物"
或"本来无一物",彻底斩断与尘世的各种牵连与纠葛。这也都是历史
上人们所选择的生活方式。

而只有晋人选择了审美的方式。对于水性生命来说，由于他对一切都"不能喻之于怀"，就是连自己也不明白这是怎么回事。因而，他们唯一的做法就是把事件真实地记录下来。在中国古代，诗歌是最好的工具，因为它一方面可以直观地把握住存在者的经验，另一方面也是古代士大夫最擅长的文本形式。所以，王羲之他们在半醉半醒、悲喜交加的聚会中，每个人都写了诗并结集为《兰亭集》。由于诗歌长于抒情而短于叙事，生怕一些具体细节被遗忘的与会者，提出写一篇散文来记录整个事件，于是王羲之写下了《兰亭集序》这一千古名文。在文章的结尾，王羲之清楚地交代了做这件事的原因：

> 每览昔人兴感之由，若合一契，未尝不临文嗟悼，不能喻之于怀。固知一死生为虚诞，齐彭殇为妄作。后之视今，亦犹今之视昔。悲夫！故列叙时人，录其所述，虽世殊事异，所以兴怀，其致一也。后之览者，亦将有感于斯文。

如果仔细解读，可以说原因有二：一是"列叙时人，录其所述"；二是"后之览者，亦将有感于斯文"。说白了，这也没有什么理论上的创新，前者是借助文字的物质形式去超越或战胜时间的"老生常谈"，后者则是"藏之名山，传之后世"的另一种表述而已。而这篇文章之所以能够产生异常震撼人心的力量，是不能从一般文艺理论或文艺美学的角度去索解的。在某种意义上，这里恰好体现出审美普遍性的"有限性"，也就是说，不是人人都可以接受它的。同时也表现出审美生命对世界的基本态度，它不是要像伦理生命那样"身为世范""匹夫而为百世师"，而仅仅是在文字中留下自己生命中的真实情感就够了。当然，既然留下了什么，也就表明他们仍寄希望于后世的异代相知之人。但是后人还能理解、读懂他们的心情与思绪吗？

这个问题可以分两层说：在古代世界，能够读懂、理解的人多。不仅是在日常生活中不够严谨的士大夫，就是严格要求自己的理学家，也都很喜欢在春光明媚的日子里像王羲之当年那样潇洒走一回。如程明道在《修禊事》一诗中所述：

> 盛集兰亭旧，风流洛社今。
> 坐中无俗客，水曲有清音。
> 香篆来还去，花枝泛复沉。
> 未须愁日暮，天际是轻云。

尽管在他的春游中，已经消弭了王羲之的"伤逝"体验，不再激发出那种震撼人心的审美力量，但在对"盛集兰亭"的欣然向往上，仍可隐约看到一些异代相知的因素。与这些正统士大夫相比，在那些具有异端性格的人物身上，更多地保留着沟通的可能性。如《儒林外史》盛赞的王冕。王冕，字元章，一字元肃，生于1287年，卒于1359年，是会稽诸暨人，元代画苑中以画墨梅开创写意新风的花鸟画家。这个人最有意思的是别号众多，如煮石山农、会稽山农、会稽外史、梅花屋主、九里先生、江南古客、江南野人、山阴野人、浮萍轩子、竹冠草人、梅叟、饭牛翁、煮石道者、闲散大夫、老龙、老村、梅翁等，他有一首长诗：

> 东晋风流安在哉？烟岚漠漠山崔嵬。
> 衰兰无苗土花盛，长松落雪孤猿哀。
> 满地斜阳似无主，昏风不独黄鹂语。
> 当时诸子已寂寥，真本兰亭在何许？

敧檐老树缘女萝，崩崖断壁青相磨。

旧时觞咏行乐地，今日鱼鼓瞿昙家。

荒林昼静响啄木，曲水潺潺似山哭。

游人不来芳草多，习习余风度空谷。

去年载酒诵古诗，今年柱杖读古碑。

年年慷慨入清梦，何事俯仰成伤悲？

故人不见天地老，千古溪山为谁好？

空亭回首独凄凉，山月无痕修竹小。

在诗中有感慨、有悲叹，应该算是当年王羲之们的一个知音吧。只是由于生活境遇不同，特别是缺少了王羲之他们的物质生活条件，所以在意境上又过于荒寒、瘦硬了些，或者说审美的光芒已经不能再照射到他的心灵深处了。这当然还是好的。时至今日，像这样一种古典的过于温柔的生命痛苦，已经很少能见到了。现代中国百年以来，不仅政治斗争与文化革命早已摧毁了古典精神世界的物质基础，商业文化与消费意识形态也早已使一般人的心灵变得无比干瘪与粗糙，要想使他们能够领略这种过于微妙的古典美，简直比骆驼穿过针眼还难。所以说，"后之览者"是否"将有感于斯文"是越来越无法保证的。

下 卷

艺术文化评议

公共艺术离我们有多远①

一、"海的女儿的困境"与当代
艺术的现代性契机

在某种意义上，中国的现代化主要是城市化的革命过程。对于像中国这样不仅在历史上因袭着悠久的农业文明传统，在现实中还实际承载着沉重农业人口负担的发展中国家，它所面临的挑战之严峻及需要解决的问题之众多，是不言而喻的。这方面与艺术生产直接相关的是，城市化作为一个全球化的当代性事件，它所受到的巨大阻力直接来自人类的审美机能与艺术活动。这是由城市本身的二重性所决定的。一方面，正如斯宾格勒所说"世界的历史就是城市的历史"，城市化本身是无法避免的；另一方面，"城市的历史又是人们背井离乡的历史"，因为在这个过程中，人必然要丧失他的故园、乡土、童年以及内心深处珍爱的一切。正如"海的女儿"为了做人必须放弃她美丽的声音一样，一

---

① 原载《中国教育报》，2005 年 2 月 24 日，题目作《改造我们的艺术观念》，发表时有删节。

个在大自然与乡村文化中发育出全部精神机能的现代人，要完成他从"乡土版本"向"都市版本"的升级换代，也一定是要以他在"外婆的澎湖湾"里可爱的一切的"格式化"为祭献的。这正是淳朴的人们总是渴望进城，而一旦进城之后又总是想家的最深根源。而现代性问题总是与审美领域中的心理情感缠绕在一起，原因也在于此。

对于中国来说也是如此。在西方的城市化过程中，就已经出现情感与理性、都市与村庄、回归自然原野与走向文明中心的二元对立——一方面由于中国诗性文化孕育的主体与体制化的、压抑人性的城市生活方式之间很难沟通；另一方面由于中国城市化水平低下而无法提供一种具有更高人性内涵的理想栖居空间，在中国当代也将变得更加尖锐与突出。在这里最关键的还是对城市文明这个"当代利维坦"的态度。在当代人关于城市的观念中，我觉得有两种主要态度都是需要批评的：一是为了进城、更快地成为城市人而无情地割舍他与乡村的一切有机联系。由于这是以牺牲个体天性中的情感机能为代价的，所以他在城市中只能过一种异常紧张、焦虑的"物质生活"。二是为了早期经验而拒绝"在城市现实中真正长大成人"，此时由于他的生命本质力量仅仅局限在一种白日梦中，放弃了他作为一个现代人在当代世界中应该承担的职责与使命，像这样一种鸵鸟般的生活态度当然也是不可取的。对此真正的理性态度应该是，既不因为与城市生活的陌生与对立而放弃一个人发展的权利与当代天命，同时也不应因为贪图城市中片面而深刻甚至是病态的生活方式而牺牲固有的自然禀赋与自由情怀。

要实现人性的和谐发展，在任何时代都是不容易的，在当代也不例外。它不仅需要有各种坚固的"物质条件"作基础，还要求主体必须从自身生命中创造出更高层次的审美机能与自由精神。而如何在城市化的必然性过程中，以积极的艺术创造努力协调人自身的心理分裂与精神失落，无疑是当代城市文化与艺术再生产过程中一个最值得关注的方面。但无可置疑的是，像这样一种逼仄而苛刻的时代要求不是坏事，因为正是它才为当代艺术生产提供了创新自身的发展目标以及一个在更高层次上实现自身的现实契机。在我看来，由于公共艺术的"物质条件"是现代都市特有的公共空间，而它在审美方面又以不同于"个体性"的"公共性"为理念，因而，这个人类艺术自我创新的目标与契机，好像都是为了公共艺术的出生与发展而预备的。

二、两种与公共艺术相对立的艺术观念

人是有意识的动物，或者说，由于人的一切活动都是根据他的内在生产观念进行再生产的结果，所以能否在当代人由城乡（即主体的乡土精神情感结构与他实际生存的城市文明）之间的矛盾所造成的审美与生存困境中，再生产出一种可以解决城市化所带来的诸种情感异化、精神生态等问题，关键在于如何改变我们既有的艺术观念，并由此改变传统的艺术生产方式，以便为当代人的精神情感生活提供必要的文化消费品。

在中国当代的艺术理论中，有两种艺术观念影响最大：一是受西方现代艺术理论影响的个人主义艺术观。它源于康德的天才说，注重自我的艺术直觉、天赋，甚至是潜意识在艺术生产中的作用。它的基本理念是"艺术是个体的"，与逻辑、他人、社会等公共性事物无关，特别强调真正的艺术家与其他社会成员的矛盾与对立。如马克思所说的"资本主义敌视诗"，很多现代艺术家特别看重的"纯粹自我表现"等，都可以看作这种艺术观念的不同表现形态。而现代艺术中带有先锋性质的绘画、音乐、行为艺术等，多半也都可以作如是观。这是一种与公共艺术在理念与价值上冲突很大的现代艺术传统，也是公共艺术家在进行

艺术创造时首先需要警惕的"内在生产观念"。二是受中国现代艺术主流影响的现实主义艺术观。它的基本内涵包括"党性、人民性、阶级性",刻意强调的是艺术创作要为某一个社会阶层的利益服务。尽管它表面上有了一些"公共性"的意味,但由于它在审美趣味及价值判断上把艺术本身按照阶级性一分为二,所以这个沾染了浓厚意识形态内容的"公共性",常常显得过于狭隘与有限,而与公共艺术服务于"公共社会""公民世界"也有很大的距离。如果说极端个人主义艺术的最大悲剧在于走不出只能居住三五知己的"象牙之塔",那么像这种意识形态语境中的"公共艺术",它的一个致命弱点是过于脆弱,并且它的艺术生命力也往往寄生于意识形态的有限存在之上。举一个例子,如战前伊拉克许多城市的萨达姆塑像,一旦萨达姆的统治结束,无论这些雕塑的艺术性怎样,都随之走向终结。与古希腊那些有着永恒魅力的人体雕塑相比,两者的命运有着天壤之别。

由此可以得出这样一个结论,由于这两种艺术观念本身固有的自闭性与狭隘性,特别是由于它们与"公民社会"这个现代理念格格不入,因此必然要内在地束缚或扭曲当代艺术家从事艺术生产的自由创造力,要想现实地生产出真正的中国公共艺术,首先要做的就是改造我们的艺术观念。

有了一种真正合法的中国公共艺术观念,才有可能创造出真正的中国公共艺术来。

三、在现代性与传统性之间 构建公共艺术话语

这当然不是说个人主义艺术与"人民大众艺术"都应当废止,恰恰

相反，由于当代城市文化艺术本身应该是多元的与开放的，所以各种艺术观念、创作、探索与实践都理应受到保护与鼓励。但并不是说各种艺术在观念、形式、价值上都是等量齐观的，或者说把它们混杂在一起就有了中国当代的公共艺术。进一步说，是否属于公共艺术最关键的并不在形式方面，公共艺术一定要与一般艺术有些本质差别，才能使它表现出一般艺术无法表现的"公共性"。而强调公共艺术与其他艺术在观念上的差别，目的在于为公共艺术在当代的发展提供一种可资借鉴的理论资源，避免把乱七八糟的东西混为一谈，从而使这个重要的艺术新品种的纯粹性与本质性得到有效保护。而在现实的艺术生产程序打开之前，首先应在艺术生产主体中树立起一种清醒的理性意识，这对于刚刚开始萌芽的中国当代公共艺术来说，或许还可以避免人为地制造出各种"曲折的历史道路"。

　　在逻辑分析上，阐释"公共性"有两条道路，一是从客体开始，二是从主体入手。这两种方式有很大不同，前者侧重于一个社会为"公共性"提供了哪些"物质条件"，后者则偏重于主体在既有客观条件下怎样进行生产。由于人的任何活动都是"观念在前，活动在后"，因而我一向觉得后者似乎更加重要。具体到城市文化与公共艺术，从主体入手，就是首先要在观念中弄清楚什么样的主体精神条件，才能让公共艺术的生产与消费真正出场。如果没有一种合法的公共艺术生产理论，那么不仅艺术生产者由于"摸着石头过河"难免有"失足落水"之虞，并且在消费中由于缺乏客观评价尺度，诸如"鱼目混珠"或"明珠暗投"的情况也会经常出现。总之，从主体入手的一个最大好处是容易使公共艺术生产走向理性化。

　　从主体入手理解"公共性"，一个重要的思想资源就是康德的世界公民论。在康德的"第四批判"看来，由世界公民构成的社会是"大自然给予人类的最高任务", 也是"一切需要之中的最大需要", 它"必须是外界法律之下的自由与不可抗拒的权力这两者能以最大可能的限度相结合在一起的一个社会"。在这个包含着浓郁启蒙意味的公民社会观念中, 本身就包含着对传统文化观念与现代艺术传统的双重革命意义。具体说来, 一方面, 当代都市社会作为一种"过公共生活"的土壤, 不同于以宗法血缘为基础、表面上一团和气的传统生活空间, 因为后者最根本的问题在于剥夺了个体生命"不可抗拒的权力"。另一方面,"公共艺术"还超越了现代艺术传统中建立在"个体性"基础上的审美理想及趣味, 它本质上是一种与"外界法律之下的自由"完全不同的"没有限制的自由"。如果说"人民艺术"表达的是一种带有"宗法性"的"公共生活", 那么"个体艺术"在审美趣味上基本可以划入"没有限制的自由"一类。而一种真正的公共艺术, 必须能够负载起那种康德所预言的"公民世界"理念, 既不能成为一种"私人话语", 同时也不能沦为某一利益集团的工具。以"公共性"为主体的内在生产观念, 使当代公共艺术真正开阔视野与胸襟, 以全球性与人类性来取代传统的个体性与阶级性, 在艺术中实现真正自由与博爱的精神。在这个由公共艺术构筑的精神家园中, 不同种族、肤色的人们, 将构建出一种全新的以共享与双赢为基本模式的审美新关系, 并使那些封闭的与相互斗争的艺术话语彻底退出历史舞台。只有把这种具有现代内涵的公共性展示出来, 我想一种艺术才能称之为真正的公共艺术。

这当然是就理想而言。而从现实的角度看, 由于当代中国城市化的程度有限, 特别是由于历史的精神传统与现实的利益分配等原因, 一般人对城市文化本身依然存有相当严重的隔膜甚至是敌视态度, 这应该说是发展公共艺术面临的最大现实困难。城市是"可信者不可爱", 而农村则是"可爱者不可信"。就是受过很高教育的知识分子, 也同样存在着这种问题。举一个例子,几年前,我在北京访学数月。临别时,友人问我对北京的感觉,当时我说:"北京有一种邪恶的美。"而附属于这种城市文化及其感觉系统之上的当代公共艺术,如何从这种根深蒂固的小农意识中超拔出来,使城市文化这种"邪恶的魅力"创造性地转换为艺术的光辉,可以想见,这将是一段分外艰难的美的历程。如果这个心理障碍不能得到有效解决,一般人也很难在城市中找到真实的自我,过上真实的有根的生活。

总之,一是如何处理公共空间的矛盾,二是如何处理两种艺术观念的冲突,这是探讨城市文化与公共艺术时两个必须先行解决的问题。它们也可以说指向的是同一个问题,即如何处理中国文化与艺术"传统性"(乡土中国)与"现代性"(城市文化)的矛盾问题。以一种清醒的理性意识为内在生产观念,在两者之间努力构建出真正富有建设性的文化与艺术话语,当代公共艺术在这个领域中应该有更大的作为。什么时候,人们在大都市中,蓦然发现只有在童年、故乡和心灵深处才能体验情感与愉快;什么时候,在公共艺术中,人们恍然醒悟只有在唐诗、宋词和文人画中才能享受陶醉与安慰,这时,一个可以与传统田园生活相媲美的新都市生活,才算真正落到了实处。当代人在城市中的无家可归与精神空虚,会使我想到祖先最初由游牧转为定居时的许多情形,由此亦可知,从农村到城市的过程尽管会十分曲折,但经过一代或几代人的共同努力与创造之后,人们也一定会在城市中找到他的家园感的。至于这个过程与阵痛的长短,与每一个人的现实奋斗与精神努力密切相关。

真正的艺术与通俗艺术的区别①

从总体上讲,在现代世界中真正的艺术与通俗艺术甚至是日常生活本身的界线正在逐渐消失,这就导致艺术本身在概念和内涵上的混乱。在传统社会中,艺术与实用品、高雅艺术与通俗艺术之间有着一种无法忽视的本质差别,这种差别是由艺术本身深奥的哲学内涵、高级的审美趣味以及不同寻常的艺术技巧共同构成的。但到了艺术的现代主义时期,其中一个著名的口号就是"从艺术的概念中解脱出来",它使得艺术自身正在背弃其传统上与现实世界、通俗艺术势不两立的情况,真正的艺术与通俗艺术甚至是日常生活本身丧失了任何区别。例如在现代艺术展览中,有的陈列品就是一堆沙子上面摆放一些花生壳,有的则是把一些废铜烂铁焊在一起。而超级现实主义艺术往往追求的就是一种照相机功能:一位著名的艺术家把自己的小便壶拿上展厅,小便壶就成了艺术品;一位音乐家"4 分 33 秒"的沉默也可以成为一种演奏;一位画家在自己身上涂上油彩、沾满羽毛站在展览厅,就成为人体艺术

---

① 原载《文艺报》2010 年 5 月 10 日,题目作《严肃艺术与通俗艺术的区别》,发表时有删节。

品。有时没有艺术作品甚至也可以开办艺术展,欧洲新达达派代表人物伊夫·克莱因,1958 年就开了一个"空虚"展览会,其内容是全涂成白色的画廊,门口设立警卫而器具却搬得精光。结果是成千上万的参观者前来预展,人多得几乎引发骚乱。其中一位著名艺术家还在留言簿上写到下了"惟其空虚,最富力量"的话。① 观众看到什么了?不知道,然而这也是艺术展。更有甚者,毁灭艺术也可以成为一种艺术,1986 年 11 月中国的"厦门达达"就举行了"焚烧作品展"活动,艺术家们在一个用白粉画的圆圈内,将所有参展艺术品付之一炬。圆圈外则立着一块牌子,上面写着"达达展在此结束"。

这些十分奇特的现代艺术现象,如果想从传统艺术的定义与语境来分析或归纳,显然会遇到无法解决的困难与障碍。一方面,并非所有的通俗艺术与日常行为都可以成为艺术,另一方面,许多现代艺术家的实验艺术又的确产生了传统艺术那种惊人的艺术效果。所以区别真正的艺术与通俗艺术,最好的做法就是抛开传统的艺术分类原则,从其是否具有审美活动内涵的角度来进行。一件物品是否可以成为真正的艺术作品,主要的判断标准是它自身在生产与消费过程中是否存在着审美变形,因为审美变形是艺术作品审美价值发生的根源,真正的艺术必然要具备这种审美内涵,它是对各种既定现实关系的突破与超越。而通俗艺术则只有一种单纯的娱乐功能,不具备属于艺术本身永恒魅力的审美价值属性,或者说它的审美启蒙价值含量极低。这可以从艺术生产与艺术消费两个角度加以阐释。

从艺术生产角度看,真正的艺术与通俗艺术的区别在于生产过程中是否存在着审美变形活动。审美变形是艺术本质的特征,真正的艺

---

① [英]爱德华·卢西·史密斯著,陈麦译:《1945 年以后的现代视觉艺术》,上海人民美术出版社 1988 年版,第 109—110 页。

术生产都是审美变形的直接产物,它一方面使生产主体的束缚于物质对象的生理感觉上升为属于审美领域自由的艺术感觉,另一方面,把艺术对象从它固有的自然状态或者功利性结构中解放出来;而通俗艺术由于从未发生过这种创造艺术价值的审美变形活动,所以一方面生产主体的感觉方式依然停留在物质的、生理的层面上,另一方面对象本身也依然只是作为主体各种实用性欲望的指征代码,而不可能成为一种自由的象征。这可以从艺术感觉与生理感觉、审美外观与实用外观的区别角度更深入了解。

通俗艺术只与人的生理感觉发生联系,它是作为人的各种本能欲望的表现媒介存在的。如偏爱情结、病态、邋遢、怪异、粗劣、粘腻,以及公开的或者隐蔽的、性感的"仿克艺术"(Funk art)。而真正的艺术作为审美变形与艺术感觉的直接表现,超越了这种感觉与欲望的生理性,成为一种人的审美本质力量的感性证明。例如当我们面对一幅人体油画时,基本上可以有两种感觉,一种是直接以生理欲望与作为性欲投射对象的生理性人体结构发生联系;另一种则是通过审美变形超越这种直接的感官冲动,从而可以从中体验到一种对于生命本身的爱与欣赏。将当代达达主义艺术家杜桑著名的《泉》和古典主义画家安格尔的同名画作相比较,在杜桑的《泉》中艺术作品就是一个签了名的尿斗,给人的感觉是一种生理上的不适,而在安格尔的《泉》中画的是一个少女在淋水沐浴,给人的感觉是一种美的升华,这两种感觉完全不同。

这两种感觉的基本区别还可以从它所获得的快感性质角度加以鉴别。由于艺术感觉是超越其感官自然性与功利性的结果,所以它不是单纯的欲望发泄,总是伴随着一定的克制与压抑,因此它是一种伴随着痛感生成的审美快感。大艺术家也都有关于创作的各种痛苦与辛酸体验。如福楼拜说:"我在艺术中获得的经验越多,艺术使我变得越痛苦。"他的每一部作品都是通过痛苦的搏斗获得胜利后的一种记录。中国古代诗人推敲与选择字句的痛苦与此类似。如所谓"只为五字句,用破一生心""两句三年得,一吟双泪流"等。这其中的甘苦是两种冲动与两种感觉相互斗争的结果。而通俗艺术则直接与人的生理性欲望活动相关,例如当代大众文化中的性叙事,主要表达的是一种性本能宣泄与冲动的生理性快感,所以多以暴露身体性感部位、直接渲染男女两性的性行为等出现,是不经过任何审美变形的照相机式反映。

真正的艺术都是对于对象世界创造性活动所产生的,是一种克服了对象自然本性、能够唤起主体自由感与走向感觉解放的审美幻象,这种具有审美外观的真正的艺术,当然不同于只有一种实用性价值的生活用品。也可以说,虽然真正的艺术与通俗艺术都是人类劳动、制作的产品,但是产品本身的结构大不一样。真正的艺术是一种生命有机体,它具有和生命本身同样的尊严与地位。而通俗艺术则是一种机械装置,它是对人的某种实用目的的机械再现,是服务于人的生理感觉的工具。这里比较艺术杰作与二流作品来说明。艺术杰作都是审美变形的产物,它是对现实对象加工改造的产品,正如鲁道夫·阿恩海姆所说:"诗人并非不加区别地引用具体细节,而是强调那些对他说来能使主题获得艺术想象力的个别特征。……由于它充满活力的具象性,因而把杰作与二流作品粗陋的枯燥无味特性相区别。二流作品不足以超越它所呈现的特定状态,而杰作则涵盖了从感官知觉到经过提炼的思想这一人类经验的整个范围。"①在这个意义上,一件艺术品,它与自身的物质材料与实用目的距离越远,也就越具备一种真正艺术品的内涵。如在中国曾经出现过一个非常有名的行为艺术,在这个行为艺术中表演

① 胡经之等主编:《西方二十世纪文论选》第一卷,中国社会科学出版社1989年版,第246页。

者要杀死一头牛，掏出内脏，然后赤身在牛肚中待上 10 分钟——这样的行为不管要表达的艺术理念有多深刻，它以刺激人的生理感官为目的的实用性特征是抹杀不掉的，这与真正的艺术极为不同。

从艺术消费的角度看，艺术本质作为一种审美幻象形态，它与一般的生活消费品有着很大不同。一般生活品都是一次性的，不管它多么经久耐用，总是在不断地丧失其固有的使用价值，直到被彻底耗尽。而艺术作品则不同，它是有生命的、具有永恒魅力的。从这个意义上讲，真正的艺术与通俗艺术的区别在于，后者本质上近似一种生活消费品。然而通俗艺术作为一种精神消费品，对真正的艺术与人类精神的健康发展产生了许多负面影响。真正的艺术的消费对象是审美幻象本身，对审美幻象消费得越多，人的审美本质力量也就能获得更高程度的满足，是丰富与提高人性的重要精神实践活动。而通俗艺术则往往通过反文化、反理性的方式来消费人性本身，在这个过程中，人们对于纯粹娱乐性的通俗艺术消费得越多，人自身文化异化的也就越严重，人性也就越苍白，人生的价值内涵也就越贫乏。因此对通俗艺术的危害性应予以批判性审视，这是当代艺术文化批评的一个重要课题。

从价值形态角度讲，真正的艺术与通俗艺术的区别在于，前者是一种具有永恒艺术魅力可以反复消费的东西，而后者是一种一次性的"用过就扔"的东西。对真正的艺术的消费活动，同样存在着审美变形过程，真正的艺术的每一次变形，实际上也都具有一种再生产的增殖意义。也可以说，真正的艺术的消费结构具有两个层次，它们就如同读者反映批评理论所谓的读者与作品（Aesthetic object），它们的艺术魅力恰恰是在消费活动中才能产生和得到证明的。而通俗艺术作为一种商业文化用品，只有一种本文（Art-effect）结构。例如当代的各种流行文化，著名的波普艺术家汉密尔顿在 1957 年这样表达通俗艺术的品质：

"通俗、短暂、消费得起、风趣、性感、噱头、迷人。还必须是廉价的,能大批量生产的,年轻的而又能挣大钱的。"①

"永恒的魅力"源于消费活动中积极的审美想象力,由于这种想象力只同对象的形式结构发生联系,所以它不会因为功利性内容而丧失消费欲望与热情。而"用过就扔"的消费方式,是消费主体通过对象的功利结构来消费主体自身过剩的生理性欲望,所以一旦这种主体的生理欲望得到宣泄,艺术作品本身所具有的"消费"价值也就荡然无存。以1998年轰动世界的电影《泰坦尼克号》为例,它正是凭借雄厚财力和高技术工具所重建的视觉真实,以及巨额广告宣传来激起观众的充满功利性的消费欲望的。而一旦这种源于"物"的"人的感觉"与"欲望"得到宣泄与满足,它也就必然如同吃剩的饭菜一样被抛弃,这条曾经不可一世地在世界各地登陆的巨船,也会被彻底遗弃在记忆的海底。这正是人们与传统的经典艺术相对应,把当代艺术称为快餐艺术的根源,当代艺术只能暂时满足人们的生理性饥渴,不可能满足人们真正的精神需要。正如阿尔多诺对当代大众文化的批评:"文化工业通过不断地向消费者许愿来欺骗消费者。它不断地改变享乐的活动和装潢但这种许诺并没有得到实际的兑现,仅仅是让顾客画饼充饥而已。"②

以工业复制与现代传播技术为物质手段的大众文化艺术,在20世纪60年代以来正在以不可遏制的势头发展为一种全球化的文化景观,各种文化形象、照片、摄影、电视、电影,以及它们像商品生产一样的复制和大规模的生产,使当今世界已被各种文化幻象所包围,它们遮蔽了现实事物与艺术作品本身的真实性,导致社会和世界的非真实化,并且

---

① [英]爱德华·卢西·史密斯著,陈麦译:《1945年以后的现代视觉艺术》,上海人民美术出版社1988年版,第114页。
② [德]阿多尔诺著:《启蒙的辩证法》英文版,伦敦1979年版,第120页。

在当代社会中形成一个强大的物化机制,深刻影响了人类的生活方式与审美方式。对大众艺术文化必须要有清醒的认识,大众艺术文化作为 20 世纪人们解决现代技术文明弊端的精神方式,虽然可以帮助当代人摆脱人性分裂,进行席勒式斗争;但由于它本身一方面以生理宣泄破坏了主体的艺术感觉,另一方面又借助现代传播技术成为控制人自身精神生产的工具,所以大众文化艺术绝不是真正的艺术以及人类的心灵解放方式。

大众文化艺术对人类自身的负面影响已经被许多西方学者注意到了,从大众文化艺术对主体艺术感觉的影响角度说,大众文化艺术表现在艺术消费的新闻化与商业化,否定了人类个体在审美活动中的主体性,这时艺术消费也就必然成为一种剥夺人自身、异化人自身的工具。正如托夫勒所指出的:"在这些大规模的传播媒介工具中,从报纸到广播、电影、电视,我们再一次发现了工场基本原则的体现。所有这些传播媒介工具,打上了完全相同印记的信息,传遍了千百万人的脑际,正如同工场铸造相同规格的产品,销售给千百万个家庭去使用一样。大规模制造出来的标准化的'事实',标准化的副本,大规模制造出来的成品,通过几个集中的'思想工场'加工,源源不断地流向千百万消费者。没有这样广泛强大的情报信息通信系统,工业文明不可能具有今天这样的规模和发挥如此有效的功能。"①而且一旦这种精神工场取代了艺术生产与消费的个体性与审美创造性,它必然会按照某种观念形态来制造人本身,正如白瑞德所说:"机器不再只能制作物质产品,它也能制造心智。数以百万计的人靠着千篇一律的大众艺术——这是危害最大的抽象形式——为生,于是他们把握任何人类实在的能力,都在迅速消

①［美］托夫勒著,朱志炎译:《第三次浪潮》,三联书店 1988 年版,第 88 页。

失。如果在寂寞大众当中,偶然有张面孔闪烁着人性的光辉,它会很快又因为电视荧光屏的催眠而消失。"①

借助现代化的传播技术,当代大众文化已经控制了艺术文化生产与消费本身,所以如何面对当代这种文化艺术活动所带来的挑战,提升通俗艺术的文化品位与审美内涵,成为当代艺术发展中的首要问题。

---

① [美]白瑞德著,彭镜禧译:《非理性的人》,黑龙江教育出版社 1988 年版,第271页。

用理性阳光驱散书斋里的幻象^①

一

  这句红色经典影片中的台词,是当代学院派学者在中国市场化进程中的普遍感觉。本来他们是举着双手投身于 20 世纪 80 年代的"新长征",不竭余力地为政治经济乃至教育改革"鼓与呼"的。但到了"革命的中途",才发现完全不是那么一回事:先是"造原子弹的比卖茶叶蛋的强",接着是"精英文化"的霸权话语被"痞子文化"挤兑得斯文扫地,更无法容忍的是校园里一浪更比一浪高的各种改革,如高校合并、量化管理、扩大招生、竞争上岗、年终考评,以及最近愈演愈烈的这排名、那工程等,在经过一轮轮的反复折腾之后,这些一直被视为生活在"象牙塔"中的人们,只剩下"更能消几番风雨"的没落感慨了。然而"树欲静而风不止",就这样还有人说高校是计划经济的最后堡垒,其话外之音不言自明。而早年那种"革命成功以后"再安定下来认真读书、做

---

① 原载《上海文化》,2005 年第 3 期,发表时题目作《化解学院派的"反市场化"情结》。

学问的书生愿望，更是"人间没个安顿处"了。在没有找到问题的真正答案之前，"千不是，万不是"都被直接推给中国社会的"市场化"转型，这就是对市场化本身怀疑、失望乃至"愤愤然"思潮之所以产生的真实原因，特别是在曾经作为"开路先锋"而最终发现"回头试想真无趣"的学院派当中。正如马克思说的"法国革命高潮过去，德国哲人返回内心"，他们最大的愿望与努力变为如何才能疏远或切断与市场化过于紧密的联系，以便获得自己内心失去已久的平静和自由。

我在这里感兴趣的是学院派知识分子这种"先热后冷"的态度是如何生成的？在逻辑分析上，市场化问题并不是一个新问题，是由学者与现实之关系这个传统的老大难问题变形而来的。从当代知识分子的两种传统——无论是源自本土儒家的"修齐治平"传统，还是近现代以来的马克思传统——上讲，他们无论如何都不应该对现实世界如此冷漠。这也是 20 世纪一百年中人们反复强调的，如五四时期提倡的"走出象牙之塔"，1949 年后一直强调的"理论联系实际"，20 世纪 80 年代的"让哲学回归现实世界中"等，其主旨都在强调一个学者的人生道路与学术研究是不能与现实脱节的。而 80 年代刚刚回到书斋里的学者，也正是在这种内在价值观念的指导下，投身改革开放的现代化大潮的。然而时过境迁，一旦他们发现自己扮演了一个捅马蜂窝的"不懂事的孩子"的角色，或者是那个不小心打开所罗门瓶子的渔夫，他们对现实生活曾有过的热情、憧憬、渴望、热爱，迅速为良心的自责、情感上的忏悔与意识深处的自我批判所取代，这既是在当代知识分子中迅速分裂出"反市场化"（也包括"逃避市场化"）的"精神共同体"的根本原因，同时也是当代精神生产中大量怀旧、颓唐、自虐性话语迅速出场的根本原因。"市场化"不仅是一个全球性事件，同时也是当下中国社会最大的"现实对象"，是中国知识分子无论欢喜还是悲伤都必须无条件接受的"生活世界",在这个意义上,无论是以冷战姿态打起"拒绝投降"的大纛,还是希望像古代隐士那样"回归自然",都不是解决问题的可取之道。如何探索与把握这个"他者"的特殊存在规律,并在此基础上找到与之进行对话与交流的渠道,才是唯一现实的出路。

二

如果不是"吃亏上当"的情绪在先,易以一种理性的目光冷静思考,可以说当代人文学者与社会现实的关系,从来没有像今天这样生动、丰富、紧密而又全面展开过,这其中固然是千头万绪、矛盾重重,充满了与张三、李四直接相关的现实利害冲突,但本身恰恰说明了这种"生活世界"的非审美性与非虚构性,这是生命主体与对象世界所建立的一种最真实的现实关系。如果能够认可这一点,那么问题则转变为为什么一种真实的作为人的存在本质所展开的现实关系,会给学院派知识分子带来这样多的痛苦、委屈、烦恼乃至绝望?如果这不是因为他们不希望过一种真实的生活,那么答案我想只有一个,那就是由于历史与现实中的种种问题,他们已没有能力生活在真实的大地上。换句话说,这个问题只能从主体的精神结构与机能角度去查找原因。这不仅对改善他们自身的精神生态有好处,而且对整个中华民族的精神再生产同样十分重要。

"法国革命高潮过去,德国哲人返回内心",是一个具有跨文化性质的历史现象。在反思这个问题的时候,既要特别警惕传统的那种简单化的态度与做法,如认为这是出于小资产阶级的软弱性等,也要超越一般的就事论事的经验解释,如时下特别容易看到的某种政策或经济因素导致了某种行为等。而是应该把它提高到主体精神结构与机能的哲学批判高度,看看主体有没有一种"生活在真实世界之中"的能力,为什么没有这种能力以及如何才能生长出这种能力。而只有这样,也才能找到"反市场化"的学院派为什么只能"生活在别处"的根本原因。

以对市场化的反应模式为尺度,"反市场化"的学院派可以划分为两个阵营:一是愤怒派,二是恐惧派。它们形成的原因也不尽相同。具体说来,"愤怒派"的产生与中国学术在现代历程中形成的学术理念直接相关。正如古代那些特立独行的名士不肯谈钱一样,"愤怒派"一想到"心爱的学术"要进入喧哗与骚动的"市场"就气不打一处来。他们在这个问题上几乎无意识地要失去平常心和学者风范,因为学术的市场化与他们在现代启蒙中确立的学术理念完全背道而驰。中国现代学术理念在于"学术独立"四字,这是所有现代学术大家的共识。如王国维先生的"必视学术为目的,而不视为手段";陈寅恪先生盛赞欧阳修撰《新五代史》的"尊崇气节,贬斥势力"原则;熊十力先生大声疾呼"今日所急需者,思想独立,学术独立,精神独立";陈独秀先生认为"中国学术不发达之最大原因,莫如学者自身不知学术独立之神圣";冯友兰先生在讨论大学教育时强调必须"知识上的独立,学术上的自主";宗白华先生也曾十分动情地说他最佩服的是古印度学者的态度,最敬仰的是欧洲中古学者的精神,前者是"绝对的服从真理,猛烈的牺牲成见",后者是"宁愿牺牲生命,不愿牺牲真理"。"学术独立"这一启蒙理念,无论是对学术主体摆脱其传统的人身依附形态获得"独立之精神"来说,还是对现代学术超越其传统的实用主义框架成为"自由之思想"来说,所具有的革命性意义是自不待言的。但在今天看来,似乎仍有可商榷之处。如果说好的一面是使学术独立作为现代学术理念深入人心,并对每一个现代学者的人格独立与思想自由产生了举足轻重的影响。那么它的负面影响在于以"个人本位"为基本语境的现代主义元叙事本身,即它对个体精神独立(包括学术独立在内)的现代性诉求往往是以牺牲"个体的公共意识""个人与社会的有机联系"为前提的,它走到极端很容易演化为一种理性的独断论。一些现代大学者最终走向"狂狷"一途,除了一些社会的外部原因外,与他们在学术启蒙中的片面性也是直接相关的。而现代主义在精神结构上的这种缺陷,也正是当代西方哲学重新强调"主体间性"、转向"交流与对话"的根本原因。对"学术独立"的分外垂青以及基本上看不到它的负面影响,导致的一个严重的后果就是对一切有悖于此的学术研究嗤之以鼻、不屑一顾。这就是他们坚决反对学术文化走向"市场"的心理根源。尽管市场化进程已经成为当代社会的主导性潮流,并将越来越多的学者与学术研究卷进实用性与功利性的旋涡中,但由于它恰好为奉行"学术独立"的学院派学者们提供了再生产"道德义愤"的生产资料,所以在两者之间不仅未能就误会加以对话,采取"同情之了解"的学理态度,反而在逐渐关闭掉所有可能的交流渠道。这是在纯粹的书斋学者与他们生活的现实世界之间出现的最坏结果,而我之所以要对现代学术"学术独立"理念进行反思与挑剔,也正因为此。尽管"学术独立"是一个学者最高的人文理想与精神使命,但如果是建立在"拒绝现实生活与真实社会关系"的基础上,则必须进一步接受理性审判。

"恐惧派"的产生很不相同。如果说"愤怒派"是现代启蒙运动的产物,那么"恐惧派"则是现代教化的直接牺牲品。作为计划经济体制下的精神劳动者,他们本来对自己的脑力劳动如何被消费是不需要作任何考虑的。只要兢兢业业地读书、研究、讲课,就可以顺利地完成他们作为个体与社会的"物质变换",获得自己的生活资料。如果说这种参与社会生产的方式好的一面是"没有任何风险",那么它最不幸的一面就是剥夺了主体的意志自由及生存竞争能力,使主体的生命本质力量全面萎缩与衰退。古老的不必说,以 20 世纪的中国文学为例,在五四有所谓的"遵命文学",在"文革"有创作的"三结合"原则,其中最重要的都是"领导出思想"。当时的人文学术研究也同样如此,比如"文革期间"的很多历史研究,基本上都是对毛主席语录的注释与注疏。它的一个生存规律可以表达为:"只有听话(按照命令从事精神劳动),才有饭吃(获得必要的生活资料)。"在一般情况下,像这样也可以把日子稳稳地过下去。但他们万万没有想到的是,随着中国社会巨大的市场化转型,最悲惨的一幕终于发生了。对于强加给他们的"市场化",借用传统中国士大夫的一句老话,就是"譬羔羊之投入虎口"。在某种意义上,由于在现代教化中生命机能与自由意志的全面萎缩,他们的现实命运比"愤怒派"更加可悲,由于知识的陈旧而不再受到学生的欢迎,由于学术研究观念与技术落后而完成不了量化管理的论文数量等,总之,由于主体自身生命机能的极度薄弱,根本不可能应付越来越强大的生存竞争压力,因而惶惶不可终日的"心理恐惧"成为他们最普遍的日常感觉。他们是最喜欢喊"狼来了"的一个弱势群体,市场化本身尽管有它异常凶狠的一面,但也有给个体提供更广阔发展空间的另一面,但对自身过于脆弱、生命机能严重残缺的生命来说,他们只能把这个过程解读为直接威胁着自身生存的"狼"。

两相比较,尽管在来路上差别很大,但有一点是共同的,那就是两者都不是理性的产物。"恐惧派"不是理性的产物,自不待言,因为它的理性机能在现代教化中早已不复存在,所以他们生存的根本特点除了"战战兢兢,如履薄冰,如临深渊",就是"当一天和尚撞一天钟"。而"愤怒派"的问题在于现代启蒙完成得并不彻底,在这个过程中只片面地发育出一种道德理性。道德理性最善于处理的是个体的心灵与精神境界问题,它与那种可以冷静反思现实、把握对象存在的知识理性在功能上并不相同，所以根本不可能指望通过它找出解决现实困境的方法。如果说，前者由于缺乏思考的机能而拒绝作任何思考，因而只能用尘世的忙碌来摆脱他应该承担的社会理性职责，那么后者的悲剧在于，由于只有一种关乎主体的道德理性，因而在本质上只能解决他一个人的问题。总之，无论是"愤怒派"以崇高的道德主体作出的"市场经济其奈我何"姿态，还是"恐惧派"由于心理极度脆弱而产生的"与狼共舞"感受，基本上都属于一种心理学经验，而不是运用理性意识进行观察、分析、思考、判断的结果。而在不能思考清楚对象的真实性质、没有任何力量与之建立真实联系、不可能进入真实生活世界中等方面，两者是殊途同归的。由于不去理解或不能理解什么是真正的"市场化"，所以无论是"愤怒"还是"恐惧"，与其说它们是对现实的真实反映，倒不如说是一种"现代性幻象"。由于这些"幻像"的非审美性与非虚构性，必然要严重干扰和影响主体的生活本身，所以这才是必须严肃认真地对待它们的原因。

三

如何回到真实的生活世界之中？如何才能直面真实存在的"市场化"这个不可一世的"他者"，而不再总是整天与虚幻的东西打交道？这些问题和另一个问题是相互缠绕的，即要想回到真实的生活世界，它在逻辑上提出的要求是主体必须首先弄清楚什么是真实的世界。这就把问题重新踢回到主体的"半场"上来。对于主体来说，真正可以帮助他把握对象世界的，不是他的伦理机能，也不是他的审美机能。前者发达固然使人变得崇高，但这个崇高的主体只能封闭在有限的主观世界中；后者固然可以使人获得一种象征的自由，但它本身也不可能是什么现实的解放，由此可知，在主体的三种生命机能中，只有人的理性意识，才是唯一可帮助他与对象世界建立起客观真实关系的东西。从某种意义上讲，当代知识分子生命结构中理性机能的严重匮乏，是他们只能生产心理幻象，整天沉迷于虚幻事物，不能同现实世界建立真实现实关系的根源。对于"反市场化"的两种学院知识分子来说，问题的关键至此就成为如何从主体中再生产出一种真正的理性机能来。

把这两种学院派加以比较是耐人寻味的，如果说其一是因为理性机能发育不够全面而不屑与正在市场化的现实世界进行对话与交流，那么其二则由于主体思想与意志启蒙的未完成，所以完全没有能力与之建立起一种真实的有机联系。这是当代知识分子研究中最需要关注、但又往往被完全忽视了的一个问题。我们时代所面对的危机与困境是多重的，从现实角度讲，一方面是市场经济以迅雷不及掩耳的方式摧毁了人们传统的生活世界，另一方面则是令人眼花缭乱的大众文化又使人们进一步丧失了把握对象的理性意识。就主体层面而言，一方面由于传统积淀中理性机能的极端薄弱，另一方面由于以"反理性"为主题的后现代理论的种种干扰，使人们无法获得可以直接面对现实困境的精神机能与理性资源。主客两方面的问题加在一起，正是学院派产生"愤怒"与"恐惧"的根本原因。"愤怒"是因为明明感到它是完全错误的，但就是不能从中找到真实的原因。而"恐惧"则是尽管不能从自身的存在中找到受挫的原因，但还必须为此付出惨重的代价。如同鲁迅说"辱骂与恐吓绝不是战斗"一样，仅有"愤怒"与"恐惧"，当然是不可能从现实中杀出一条血路的。那种真正健康、全面、可以把握现实对象及人自身的理性意识，如何从学院派充满了书本知识的大脑皮层中真实地生产出来？否则，他们与他们生活世界的矛盾与冲突，不仅不可能得到有效的解决，反而会愈演愈烈到一种不可收拾的地步。实际情况也是如此，没有理性机能作基础，学院派的"愤怒"往往类似于马克思讲的"道德化的卤莽",而他们的"恐惧"也基本上等同于尼采特别厌恶的"多愁善感的脆弱天性"。

怎么办？尽管"愤怒派"仍在坚守"知其无可奈何而安之若命",而"恐惧派"在自我麻痹中幻想道路也有千万条。但实际上的现实出路很可能只有一条,那就是重新收拾起在中国现代史上中断的个体理性启蒙,一方面使只受到片面启蒙的"愤怒派"生长出一种更加全面的理性机能,另一方面则使在现代教化中"不思考"的"恐惧"主体真正地学会思考。这样做的目的,不仅仅是如古代学者所讲的"立定基本"或"发明本心",还是因为只有在获得了一种更高层次的理性生命机能之后,他们才可能正确地意识到什么是"市场化",以及什么是一个人文学者在其中应该承担的责任与使命,从而在不可避免的市场化大潮中找到真正属于自己的"汪洋中的一条船"。由于理性的思考与抉择本身就包含着对主体道德判断与情感好恶的修正与检验,因而只有在经历了这样一个内在的过程之后,主体所获得的道德原则及审美观念才能真正变得坚固起来,并不易受到其他偶然性因素的干扰与影响。这时,无论是继续"反市场化",还是出于理智而顺应它,也都是有充足根据的。总之,一句话,只有理性的阳光才可以驱散人类眼前的幻象与心灵深处的阴霾。

寻找形象异化时代的文化启蒙资源①

由于文明时代本身固有的二律背反——即恩格斯所说的"它的全部发展都是在经常的矛盾中进行的。……对一些人是好事的,对另一些人必然是坏事"②——的普遍存在,因而在任何时代,人类对真实和真理的认识与把握,也总是如海德格尔所说的那种"既遮蔽又澄明的到来"。对有媒介社会之称的当代也是如此。一方面,信息传播技术的高度发达直接推动社会走向开放、透明和公正,另一方面,以图像制作和传播为基本生产方式的后现代文化,在很大程度上重创了主体用以认识真理的理性机能以及用以超越现实的自由意志,并造成了越来越严重的新的"思想愚昧"与"心灵黑暗"。这是人类在媒介文明时代巨大的"退步"。就此而言,如何破除媒介社会的"愚昧"与"黑暗",已成为当今世界最重要的启蒙主题和现实需要。

---

① 原载《社会科学报》,2011 年 8 月 4 日,题目作《真正揭开形象异化的秘密》,发表时有删节。
② 《马克思恩格斯选集》第 4 卷,人民出版社 1972 年版,第 173 页。

一、媒介时代的启蒙问题：
从劳动异化到形象异化

在冷战结束、全球不同程度地深陷消费意识形态的当今，思想启蒙的问题正从现代的"劳动异化"转变为后现代的"形象异化"。

从生产方式决定社会生产及精神生产的角度，以现代工业为基础的现代文明最根本的问题在于马克思揭示的"异化劳动"。所谓"异化劳动"，就是"他的活动属于别人，这种活动是他自身的丧失"以及"他个人的生命……转过来反对他自身的活动"。[①] 在异化劳动中，人"不是肯定自己，而是否定自己，不是感到幸福，而是感到不幸，不是自由地发挥自己的体力和智力，而是使自己的肉体受折磨、精神受摧残"。[②] 在某种意义上，"异化劳动"可以看作现代世界一切苦难和悲剧的深层结构。而现代人的全部的精神探索与现实努力，都直接指向或最终要归结为如何解决由"异化劳动"造成的"筋肉与生命""感性与理性""功利与审美"等一系列二元分裂与对立。这是一个至今未能完成的理论和历史任务。但在以信息传播技术为基础的后工业社会，正如一位西方学者所说："如果你偶然还能在大街上发现一张有人性光泽的脸，那她在无所不在的电子屏幕的照耀下很快也会消失。"由此可知，真正威胁当代人生存和发展的主要矛盾，正由传统的物质生活贫困逐渐转向主体的内在精神贫困。而最令人困惑的是，这种精神贫困不是由于缺乏精神生产条件和精神食粮，而是由于当代信息传播技术造成的另一种新异化。我们把它称为"形象异化"，即在电子画面上消费得越多，在实

①　马克思：《1844年经济学哲学手稿》，人民出版社1985年版，第51页。
②　马克思：《1844年经济学哲学手稿》，人民出版社1985年版，第50—51页。

际生活中享受得就越少;人们创造了无奇不有的电子画面,却使自身的心理世界变得更加畸形;一个人奉献、凝聚在电子媒介上的劳动越多,他的生命本身就越匮乏和无力。

在某种意义上,"形象异化"源于社会生产工具在当今世界的巨大变化。如果说每一个伟大的变革时代都源于生产工具的突飞猛进,如远古人类与人工取火、工业革命与蒸汽机发明等,那么在被称为"第三次浪潮"的当今世界,其发明的信息传播技术与传统生产工具出现了严重的变异。以往所有生产工具的发明主要针对大自然,目的是凝聚智力与体力以获取更多的生活资料。而作为信息革命产物的传播技术工具,在本质上则直接针对主体的精神结构。在原理上看,前者如马克思讲的"人的本质力量对象化",这是一种把主体的"力必多"(生理本能)理性化、伦理化、审美化、人本化的进程。后者可以称为"人的本质力量非对象化",与前一个程序相反,这是一个把已充分生成的精神主体再生理化或再本能化的进程,因而,不是启蒙"理性"和"民智",而是再现"身体"与"欲望";不是新教伦理的"积累财富",而是消费社会的"肉体狂欢";不是改造"自然"而是解构"文化"。这是第三次浪潮的主题。正是在这样的时代背景下,原本具有解放和自由功能的"形象",已成为影响人类生存和文化创造的巨大障碍。

正如后现代性是现代性的延伸一样,"形象异化"与"劳动异化"也是相互缠绕的。法国学者德波曾指出:"商品物化的最后阶段是形象,商品拜物教的最后形态是将物转化为物的形象。"也可以说,"形象异化"是"劳动异化"在以信息传播技术为主要生产工具的后工业社会的进一步延续与变异。尽管"形象异化"表面上不像"劳动异化"那样痛苦、悲惨,但究其实质同样是"他的活动……是他自身的丧失",是主体丧失自由自觉的生命活动意志,两者之间不仅有深刻的共同性,前者还是后者进一步的恶性发展。就此而言,如何揭示信息传播技术及其形象文化温情脉脉背后的残酷面目,已成为当今世界启蒙的最重要主题和任务。

二、那喀索斯麻醉:形象异化的秘密机制

审美会导致现实感丧失,这样的事情自古就有。对当代大众文化以形象欺骗大众,法兰克福学派就已开始了文化批判。但由于形象异化的根源主要在于信息传播技术这种后现代生产工具,因而到了麦克卢汉才正式揭开了形象异化的秘密机制。对此问题麦克卢汉的论述很多,这里仅从三方面作简要疏解。

首先,从人类社会演变的角度,形象文化的出现具有历史必然性。麦克卢汉从感官角度把人类社会生活分为两类:一是文明前期的"听觉空间"文化;二是文明后期的"视觉空间"文化。他认为直到电子媒介出现之前,"视觉"只能占相对的优势,无法完全取代听觉的活动。但到了德波所说的"直接存在的一切全都转化为一个表象"的"景观社会",①这种历史上由对立造成的互补与和谐状态必然走向终结。麦克卢汉指出:"新的传播媒介不是人与自然之间的桥梁,它们就是自然……超越了书面文字,我们重新获得了我们的整体,我们不是在一个国家或一种文化的层面上,而是在宇宙的层面上获得这一整体性。我们唤起了超级文明化的后原始人……我们回到了听觉的空间。我们开始再次建立原始的感觉和情感,3 000 年的文化使我们脱离了这

---

① [法]居伊·德波著,王昭凤译:《景观社会》,南京大学出版社 2006 年版,第3页。

种感觉和情感。"①问题的关键就在这里,尽管电子媒介可以克服感觉的分裂,有助于在文明中分裂的人性重新统一,但由于它只能建立在"原始的感觉和情感"基础上,因而在很大程度上可以说又是以"人的东西变成动物的东西"这一异化方式实现的。当代形象文化中的暴力、性等问题愈演愈烈,都与"视觉空间"与"听觉空间"的生态失衡直接相关。

其次,正如劳动工具同样塑造着人自身一样,信息传播技术也在当代世界中培养和创造着新的生命存在。关于信息传播工具对人自身再生产的影响,麦克卢汉有一个著名的比喻,他说电子传播技术扩展的不是我们的眼睛,而是我们的中央神经系统。根据现代科学研究,人的大脑至少包含着意识、意志和审美三种基本功能,其中理性的意识功能是人与动物的本质区别所在。一旦这种结构在信息传播技术中被损害,人的神经系统就会完全听命于各种视觉影像,这就从生命物质本体层面上,取消了人作为主体同客观现实世界发生联系的可能。其直接后果是"我看故我在"取代了"我思故我在",最根本的问题就是混淆了真与伪、主观与客观、审美与现实,并在本质上解构了人与现实打交道的理性能力以及过真实生活的能力。随意浏览一下当下电视中的各种节目,就可以知道这个问题已经变得非常严重。而最根本的原因则在于麦克卢汉指出的电子媒介已侵入大脑的中枢神经。

再次,从形象异化的内在机制看,是导致了那喀索斯式的麻醉。那喀索斯是古希腊传说中的美少年,他因为迷恋自己倒映在水中的影子而死亡。一个人是爱真实的自我,还是爱一个虚假的自我形象?这可

---

① [美]切特罗姆著,曹静生等译:《传播媒介与美国人的思想》,中国广播电视出版社 1991 年版,第 188 页。

以说是麦克卢汉关于形象异化的最大理论贡献。麦克卢汉指出:"年轻的那喀索斯误认为他自己的水中的影子是另一个人。……我们每日使用技术,对我们的技术持续地信奉,这就使我们像那喀索斯那样,对于我们自己延伸的形象产生下意识和麻醉的状态。由于持续信奉技术,我们便将自己作为伺服机构和它们发生关联。这就是为什么我们使用了这些技术,就不得不把这些客体,即我们的延伸体看作神明或几乎是一种宗教。"①麦克卢汉提出的"那喀索斯的麻醉",揭示了形象异化的秘密机制,即人被他使用电子媒介所创造的各种关于自身的文化幻象所异化,不再知道幻影与真实自我的区别,甚至把幻影凌驾于真实的生命之上。在马克思看来,在人的全面的自由的生命活动中,"人不仅通过思维,而且以全部感觉在对象世界中肯定自己"。但在异化的生命活动中,人是以片面的生命机能进行再生产。与异化劳动在现实活动中扭曲劳动者的筋肉和生命需要不同,形象异化是在个体的观看活动中丧失他真实的存在与需要。在很多情况下,人们会感到奇怪,有些人为什么会因为走上星光大道一类的节目而发狂,根本原因就是这种"那喀索斯的麻醉"。如果明白了这一点,就不会大惊小怪了。

麦克卢汉正是我们这个时代为数不多的启蒙者和探路人。

三、形象化生存与"媒介婴儿"的自觉

在当代社会中,那喀索斯问题具有普遍性,并且越来越成为影响当代人生存的重要问题。值得注意的是,在以往并非没有形象遮蔽真实的事件,但正如丹尼尔·贝尔所说的"现代美学如此突出地变成了一种

---

① 〔美〕切特罗姆著,曹静生等译:《传播媒介与美国人的思想》,中国广播电视出版社1991年版,第192页。

视觉美学",①对文化形象的关注才越来越多,这与信息时代的话语霸权有关。

在更深层的意义上,影像化的自我不可能成为"真实的事物",而只是经过信息技术处理后获得的"欲望形象"。这些欲望形象并非由自然之眼或者中立的科学技术手段观物所获,而是电子之眼根据传媒本身的实际需要摄取光线、构图成像的结果。由于商业利润就是电子之眼的神经中枢,所以建立在电子技术基础上的当代文化就成为一种欲望的生产和销售商。当代文化服务于消费、发泄种种现代性欲望的后现代需要,因而本质上是自我的丧失,导致价值扭曲了知识,心理扭曲了意志,形象扭曲了存在。当代大众传播媒介的产生,实际上起到的正是这一遮蔽作用。但实际上,在形象文化时代中,所有形象背后不平等的、真实的现实关系并没有被取消,只是被暂时遮蔽起来,一切现实的矛盾也没有解决。不过是在商业社会利用文化幻觉,掩盖现实中依然存在的种种政治的、经济的、法律的、文化的特权与不平等而已。但是特别需要注意的是,后现代主义一心沉醉于所谓的形象文化,回避现实中的种种真实关系,鼓吹一种以幻觉为中心的生命意义,这就严重损害了人作为生命主体的现实意识与判断力的再生产;它所造成的那种"人人平等"的虚幻现实感,也正成为技术剥夺人自身存在本质的手段,这是形象异化的实质所在。

如何面对西方的精神遗产?有些说法乍听像是故作惊人之语,其实它们是西方现代哲人对世界、对人生的一种更深刻、更理性的思考。在给学生上课时,我有时会讲这样一句话:"西方现代哲学界那么多聪

① [美] 丹尼尔·贝尔著,赵一凡等译:《资本主义文化矛盾》,三联书店 1989 年版,第 155 页。

明的大脑,不是因为吃饱了撑得慌才去研究人的情绪呀、潜意识呀、性呀,是有清醒的自我意识与现实需要作基础的。"如果对这些成果,这些人类的另类智慧不加关注与学习,就等于丧失了一些真正把握当代文化的有力思想武器。与一般的文化研究者不同,我有一个看法是在感性领域中出现的问题要比理性领域中出现的问题麻烦、严重得多,而且需要有更高的理性能力才能意识到、把握住。

如果说听觉世界的主要问题是如何运用理性分辨声音和获取语义,那么视觉时代的主要问题就是如何识别形象和视觉的真伪。

与传统的精神觉醒不同,已是"媒介婴儿"的当代人如何从形象异化中觉醒?麦克卢汉的思考无疑可以提供一种重要的启蒙文化资源,可以为文化建设提供重要的观念与方法论资源。

尽管在现实的历史进程和社会生活中,遮蔽人类心智的黑暗和愚昧在形态上不尽相同,但正如古希腊传说中的普罗米修斯,总会有真正的哲人和思想家把光明带给人间。在"社会碎片化"和"知识泡沫化"的后现代,要想做到这一点可以说尤为不易。在某种意义上,麦克卢汉是我们这个时代不多的盗火英雄之一,他紧紧抓住信息社会的本质,通过对传播媒介的技术分析与文化研究,揭示了我们心灵和眼睛被遮蔽、被欺骗的部分根源。哲人其萎,传播技术和商业化导致的"心灵黑暗与愚昧"仍在沧海横流,这是我们在今天感念先哲之忧患与慧识并以更坚毅的信念去完成其未竟之业的原因。

中华文化自信的主体考量与阐释①

文化自信是人类特有的一种具有超生物性、超自然性、超现实性的文化生命机能，是人类社会实践在个体生命内部建构的高级文化结构，也是人类主观能动性和文化创造性的具体表现。其超生物性、超自然性在来源上并不神秘，悠久的文明传承、深厚文化积淀及其胎育的文化生命基因是文化自信的基本条件。而其超现实性则主要建立在个体悲剧性的文化自觉、历史担当意识以及由此产生的改造现实、追求更高层次发展的族群或个体的生存需要之上。以是之故，文化自信的主要功能在于弥补自然、社会与历史条件的不足、局限与束缚，通过意识、符号、精神的刺激与再生产为主体提供推动文明进步、社会发展的思想、激情、智慧、意志和创造力。"先进于礼乐"的古代中华文明，不仅在现实世界中创造了令人叹为观止的物质文明与非物质文化，早在轴心时代，就一直努力在主体内部发蒙和培育"仁者不忧"（《论语·泰伯》）、"仁者无敌"（《孟子·梁惠王上》）、"开物成务"（《易经·系辞上传》）、

---

① 原载《江海学刊》，2009 年第 1 期。

"与天地参"(《中庸》)的文化信念与实践理性机能,并最终形成了"为天地立心,为生民立命,为往圣继绝学,为万世开太平"(张载《近思录拾遗》)的文化理念和文明理想。千百年来,正是凭借这种内力深厚的文化历练与践行能力,中华民族才在多灾多难的历史进程中苦撑苦熬、顽强生存下来。即使在大故迭起、风雨如晦的近现代,这种文化自信与弘道精神也一直是激励人们回应现实挑战的核心机制。但正如自然界的有机体一样,这种源自轴心时代、具有原典与原型意义的文化生命机能,在风险浪恶的历史进程中由于遭受过多的创伤与恶性损耗而日益式微。① 毋庸讳言的是,这种状况在当今消费文明和后现代文化中变得更加严重。从文化经济上巨大的贸易逆差到文化产业与文化事业的落后,从学术研究中的失语与克隆现象到日常生活中洋快餐与洋节日的泛滥成灾,特别是在以"自主创新"和"中国创造"为关键词的意识形态焦虑中,部分地印证着民族文化创造力衰落、老化与自信心低迷不振的事实。和谐世界是全球化时代的大同理想,但它绝不是可以坐享其成的真实存在,尤其是在环境资源日益紧张、生存竞争日趋激烈的当下,修复与重建近百年来被严重损害、过度消费以及剧烈污染的民族文化生命机能,为中华文明的可持续与更高层次发展提供理性、意志与热情等主体资源,具有重要的理论价值与及时的现实意义。

一、文化发展的主体考量与文化自信的语境辨析

如同学术问题,要想真正深入地讨论文化自信问题,关键在于如何

① 刘士林:《苦难美学》,湖北人民出版社 2004 年版,第 8—11 页。

建构一个合法性的学术语境。这不仅关涉人们思考与讨论的前提与背景是否正确，也在很大程度上决定着能否发现问题的实质并找到真正的原因。

从大的方面看，中国学人最关注的一直是文化发展的物质条件与客观环境，并由此形成的"物质在前，精神在后"客观语境。从墨子的"食必常饱，然后求美；衣必常暖，然后求丽；居必常安，然后求乐"(孙诒让《墨子闲诂·附录·墨子佚文》)，到孟子的"明君制民之产，必使仰足以事父母，俯中以畜妻子，乐岁终身饱，凶岁免于死亡；然后驱而之善……"(《孟子·梁惠王上》)；从古代儒生认为"大兴礼乐"的前提是"积德百年而后"(《史记·刘敬叔孙通列传》)，到当代硕学之士强调"经济基础决定上层建筑"，[1]莫如此。文化发展当然不能脱离开一定的物质条件，正如马克思把"有生命的个人的存在"看作"任何人类历史的第一个前提"，[2]物质生活资料的获得当然是精神生产与文化创造的基础。但另一方面马克思早就指出"关于艺术……它的一定的繁盛时期决不是同社会的一般发展成比例的，因而也决不是同仿佛是社会组织的骨骼的物质基础的一般发展成比例的"，[3]因而我们同样也不能把这个"物质条件"片面地扩大化，尤其不能把它膨胀为文化发展研究中的"经济决定论"。因为在"物质生产"与"精神生产"之间还存在着过多的

---

① "从社会发展规律上看，经济基础决定上层建筑。比如，宋代史学很发达，但它是到了宋仁宗以后才发达起来的。也就是说，在发展了一百年以后，国家安定了，政治稳定了，生活问题也解决了，才能发展起来。清朝也是这样，为什么是乾隆年间修《四库全书》，而不是康熙、雍正年间呢？道理很简单，当时还没有这个综合国力。从近代开始，中国就致力于现代化，现在，新中国成立快60年了，随着经济建设的发展，我们必然会迎来一个真正的文化建设高潮。"(任继愈：《为中华文化建设的高峰筑基铺路——就编纂〈中华大典〉答河北学刊主编提问》，《河北学刊》2008年第4期。)

② 马克思、恩格斯：《马克思恩格斯选集》第1卷，人民出版社1972年版，第24页。

③ 马克思、恩格斯：《马克思恩格斯选集》第2卷，人民出版社1972年版，第113页。

中间与中介环节,它们的存在与作用是绝对不能被忽视的,否则就会重蹈机械决定论的覆辙。

但在某种意义上,"物质在前,精神在后"的思维定式在当下不仅相当流行,而且已成为影响当代文化研究的一个深层病症,很多虚假的学术问题与错误判断正是由此而生。这当然有现实的原因。中国经济在改革开放 30 年的迅速发展与巨大成就是有目共睹的,以至于美国《时代》周刊的乔舒亚·库珀将中国发展道路称作"北京共识"。特别是 2008 年以来,随着美国金融动荡和经济增长减缓,"看好中国"的论调在全球范围内更是此起彼伏。如国际货币基金组织 2008 年年初预测,以中国和印度为首的新兴经济体在全球经济不景气的背景下仍将强劲扩张。① 世界银行 4 月发布的《东亚经济半年报》则认为东亚、特别是中国越来越成为世界经济的"增长极"。② 法国总统萨科齐则预言冷战结束后的"单极世界"局面已经结束,未来 30 年至 40 年内世界将进入"相对大国时代",中国、印度、巴西等国的地位将日益重要。③ 美国佐治亚理工学院一份关于科技竞争力的研究报告甚至提出,在科技方面世界将首次出现中美两国平分秋色的新局面。④ 这当然都是令人振奋的。在经济实力与综合国力迅速增长的基础上,素有"礼乐之邦"的中华民族也不失时机地开启了"文化推广"的国家战略,从全球 140 余所孔子学院的开设,到世界各地"中国年""中国文化节""中国艺术节""中国非物质文化遗产节""中国春节庙会"的举办,都取得了良好的效果。⑤ 与之相应的是地方政府在文化建设上的巨额资金

① 徐启生:《2008 年全球经济增长将减缓》,《光明日报》,2008 年 1 月 31 日。
② 吴成良:《中国越来越成为世界经济"增长极"》,《人民日报》,2008 年 4 月 2 日。
③《萨科齐:超级大国已过时　世界将进入相对大国时代》,新华网,2008 年 1 月 19 日。
④《美佐治亚理工学院报告:中国科技竞争力赶超美国》,新华网,2008 年 1 月 30 日。
⑤ 郭扶庚:《孔子学院:给世界一个温暖积极的中国》,《光明日报》,2007 年 4 月 10 日。

投入。凡此表明,中国文化发展在政策、资金与环境方面已不存在大的问题。但与"中国文化走出去"中相当普遍的"赵本山现象"①一样,许多地方政府的文化大项目建设,如甘肃省永靖县 3 000 万元建黄河三峡孔子大殿、华亭县 3 000 多万元建秦皇祭天文化广场三期工程、临洮县 8 000 万元建老子文化园,还有被 115 名全国政协委员联名上书反对、预算投资达 300 亿的中华文化标志城项目等,向人们表明的是有了发展文化的物质条件,并不意味着就可以取得令人满意的实际效果。其中也不乏趣味低下、辱没斯文的"坑蒙拐骗"伎俩。对此加以反思则不难发现,文化的发展与繁荣绝不是简单的经济决定论,相反,在特定的时期与背景下,畸形的经济投入或文化资本的膨胀只能导致文化生产的异化与变态发展,并严重影响或损害文化的生态与价值。

　　"物质在前,精神在后",不仅在现实中站不稳脚跟,在历史上也是没有根据的。以人类早期文明的发生为例,马克思在《资本论》中曾指出:"我想不出,有什么事,还比位置在生活资料食料大部分靠自然生产,气候使人无需为衣服住宅担忧的地带这件事,对人民全体来说,更可诅咒。……不管怎样劳动也得不到果实的土地,和不劳动已经可以供给丰富产品的土地,是一样不好的。"②无独有偶,芒福德指出,古希腊民主、自由的社会氛围与独立、自力更生的希腊性格,正是由于自然条件与经济基础的贫瘠与薄弱才形成的。③ 中国古代文明也是如此,相对艰苦的资源环境与生产条件,使先民饱尝了"觅食"的不易与"人

① 刘士林:《2007 中国都市化进程报告》,上海人民出版社 2008 年版,第 53 页。
② 马克思著,郭大力、王亚男译:《资本论》(第 1 卷),人民出版社 1963 年版,第 555 页。
③ 〔美〕刘易斯·芒福德著,宋俊岭、倪文彦译:《城市发展史——起源、演变和前景》,中国建筑工业出版社 2005 年版,第 134 页。

世"的艰辛,是他们在知识上倾向于"实用理性",在伦理上选择"社会本位",在情感上变得格外内敛与深沉的重要原因。这当然会影响人性的全面发展,如"实用理性"压抑了"抽象思维","社会本位"桎梏了"个体自由","以礼节情"则异化了感性的冲动与审美的快乐,但只有这样才能把有限的资源、力量、创造性智慧集聚起来,为精神生产与文化创造提供优秀的主体条件与良好的精神生态环境。中华文明及其文化创新在古代世界中一直遥遥领先,正根源于此。艰难困苦的环境之所以不会影响文化的发展,是因为它可以培育出更有创造性与活力的文化主体。这当然不是说优裕的物质环境与条件必然导致主体热情与创造力的衰退或经济发展一定导致文化衰落,只是要证明文化发展基于多元因素与多重关系,特别是与物质条件相对,还有一个同等重要的方面是主体。就中国文化发展的现状而言,在文化发展的物质条件与外部环境解决以后,主体方面的素质与能力正在变得更加重要。而对文化发展主体因素与语境的忽视与无知,在某种意义上正是当代文化思考和建设出现混乱与闹剧的根源。要想深入探讨中国文化发展问题,首先要做的是进行"从客观到主体"的语境调整。中国文化的发展不仅需要强大的经济实力与综合国力,同时也需要主体具有一定的特殊结构或达到相当的发展水平。

对于文化自信这种文化生命机能也是如此。自近现代以来,人们普遍将中国文化自信的衰落归结为物质条件或社会制度等"硬件"方面的问题,这是形成文化发展客观语境或经济决定论的重要原因。从主体语境开始意味着,需要一种什么样的主体条件,才能理解或完成中华文化自信的当代建构。由此可知,主体语境构成了文化自信的研究、阐释与现实重建的深层理论框架。

二、伦理理性与知识理性：文化
自信的两种主体基础

在主体语境中，文化自信的消长取决于其作为文化生命机能的性质与存在方式。在逻辑分析上，主体可细分出知识、伦理与审美三种文化生命机能。但正如康德所说审美机能在人类身上"总是很薄弱的"，[①]真正影响主体文化生命建构与实践的是知识与伦理机能。知识与伦理是人类一切实践活动的内在条件，也是文化自信发生和消长最重要的主体基础。在经验层面上，主体的知识机能在西方民族生命中走向了成熟形态，主体的伦理机能在中华民族生命中发育出最高环节，前者以西方古典哲学与现代科学技术系统为代表，后者则以中国古典诗学与中国诗性文化为典范。对这两种机能的发生与演化进程做比较，可以为中华文化自信的历史消长与现实重建找到主体方面的真实原因。

在发生学意义上，伦理理性与知识理性是人类在轴心时代（公元前8世纪—前2世纪）的新产物。在轴心时代之前，人类与自然同体合流，"其生也天行，其死也物化；静而与阴同德，动而与阳同波"（《庄子·刻意》），一方面，由于自然资源十分丰富，不需要发育知识理性以获取必要的生活资料，另一方面，由于原始人的"见素抱朴，少思寡欲"（《老子》第十九章），也不需要建构礼法系统以控制社会资源。但随着原始食物链的中断和私有制的出现，这个漫长的黄金时代很快走向终结。其具体环节主要有二：一是第四纪冰川以及大洪水时代对原始食物资

---

① ［德］康德著，编译组译：《宇宙发展史概论》，上海人民出版社1972年版，第209页。

源的巨大破坏,直接解构了人类与自然界的原始和谐关系,并在食物资源再分配的过程中逐渐发育出对立于自然的人的"类意识";二是随着青铜时代原始公有制的瓦解以及轴心期私有制的成熟,进一步加剧了人类社会内部食物分配的激烈竞争,从而促发了个体精神生命的觉醒与独立。正是由于"觅食"与"食物分配"的现实需要,在人类自然生命的基础上逐渐萌生出"知识"与"伦理"这两种理性生命机能。简而言之,伦理理性是人的"类意识"的集中体现,这以中国诗性文化为代表。知识理性则是人的"个体意识"的精魂所在,其以西方理性文化为代表。从它们发生的精神背景看,两者都是"死亡意识"的产物。原始文化的核心是人类学家命名的"永生的信仰",这是"天人合一""物我无对""四海之内皆兄弟"的前提。原始食物链的中断与私有制的产生所带来的巨大生存压力,迅速解构了原始时代的"永生的信仰":"从人类生命内部来看,死亡意识割断了个体与群体混沌不分的天然纽带,由于死亡意识在本质上是人与自身最大的分裂与对立,……是曾经存在过的个体生命变得不再存在,并完全同世界失去任何联系,这对于拥有永生信仰的原始思维无疑是毁灭性的打击。它使个体的生命活动在沉重的疑问、焦虑和痛苦的挤压下向内在方面凝结,形成一个内在的存在物,这就是原始时代中从不曾有过的自我意识。"①这是朴素的原始生命在文明初期遭遇的最大挑战,也是刺激原始文明进行文化创造和生命进化最重要的历史杠杆。在回应挑战的过程中,古希腊人以主体内部逐渐凝聚的理性因素与机能为基础,选择了不受情感困扰的"过理性生活"原则,并最终形成了以古典哲学为根基与代表的理性文化谱系;中华民族则以原始氏族与部落中遗存的自然血缘与亲属关系为基础,选择了

---

① 刘士林:《中国诗性文化》,海南出版社 2006 年版,第 45—48 页。

超越个体死亡本能的"集体生活原则",在综合了血缘、家族和社会诸种需要之后发展出诗性文化谱系。尽管都属于自然生命中所没有的理性机能,但由于发生的背景与选择不同,所以这两种理性还是有重要差别的,知识理性作为一种充分个体化的文化生命机能,其主要特点是头脑冷静、不易受情感与偶然因素干扰。在伦理理性,由于渗透了过多的心理情感和社会关系因素,则往往难免于"一切以时间、地点和利害关系为转移"。在某种意义上,这两种具有原型意义的基因与基本素质一直渗透在中西方后来的一切精神与实践活动中。对于中华民族的文化自信,也要从伦理理性这一主体基础来理解和把握。

在考察中华文化自信的历史流变时,不难发现一种相当普遍的矛盾现象。一方面,在面临国家、种族与文化兴亡的紧要关头,中华民族很容易通过文化认同和召唤生发出排山倒海的巨大精神力量,这在历史上是屡试不爽的。但另一方面,这种巨大的主体力量与激情又不够坚实或不能长久持有,在某些特定环境下很容易被腐蚀或自我糜烂掉。这也是中国人的基本体验,如《增广贤文》上说:"有茶有酒多兄弟,急难何曾见一人。"鲁迅先生说:"中国一向就少有失败的英雄,少有韧性的反抗,少有敢单身鏖战的武人,少有敢哭抚叛徒的吊客;见胜兆则纷纷聚集,见败兆则纷纷逃亡。"[①]要理解中华文化自信的这种二重性,仍要回到伦理理性的内在构成上。从积极的意义上看,中华文化自信建立在充分发展了的伦理主体之上,具有超功利、自律、"以气为之"的诗性文化特征。这与以理性、逻辑或分析推理为前提的西方实践理性有重要差别,如果说知识主体的长处是善于分析和思考,那么伦理主体的优势则是"率性而为"和"明其道不计其功"。对于后者而言,由于一切活

---

① 鲁迅:《鲁迅全集》第 3 卷,人民文学出版社 1981 年版,第 142 页。

动的目的在于检验主体意志的崇高与自由,因而根本不需要分辨其行为的利害与得失。又由于"美""善"不分的中国文化传统,此种伦理实践常被赋予极高的审美价值,这也有助于伦理实践在短期内就激发出和集聚起改造现实的巨大精神力量,而不像知识主体一样因思虑过多,时常沦为"思想上的巨人与行动上的矮子"。由于在判断与选择上缺乏一个理性的审视与反思程序,伦理主体的最大弱点是容易陷入怀疑和自我否定中,因为他只知道"这是应该的"而始终无法确定"这是否正确"。在某种意义上,这恰好显示出西方知识主体的优点。建立在知识机能上的西方文化自信,尽管由于程序繁多而出台缓慢,但在较长的反思过程中已将那些容易使主体动摇的情绪、念头、利害因素清理出去,因而一旦形成和确定就不容易再动摇和变化。如康德的先验道德,尽管人们可以批评它是"不结果的花",但也正由于它与经验和现实功利无关,所以很少受个人心理和历史因素影响,显得更结实,很少发生变化,即使发生变化,其过程也要艰难得多。也就是说,作为一种文化机能或精神资源,具有更长久与更可靠的价值属性。在这个基础上生成的西方文化自信也是如此。西方学者之所以经常出现自杀、疯狂等极端行为,是因为他们在一些原则上"转不过弯来"。与之相比,中国历史上的那些遗老遗少,只要新的君主能够"亲释其缚"或"动之以情",他们马上就会折节谢恩甚至杀身以报。这是由于伦理理性比知识理性更容易变化造成的,同时也折射出中国伦理主体及其实践能力存在的深层问题。

由此可知,尽管影响文化自信的原因很多,但缺乏一个坚实可靠的理性主体基础,这无疑是中华文化自信不能长久或容易腐烂变质的重要原因。在某种意义上也意味着,要想建设更高层次、经久耐用的文化自信系统,首先必须清理出一种更加可靠、经得起全球化风雨涤荡的主体环境。

三、"援康德补孔孟"：中华文化自信
重建的主体考量与理性规划

伦理主体的优点是在短期内可以生产出激情与力量，而其根本问题则是不够坚实与长久。如何保持已有的优势，弥补自身的不足，成为中国文化主体可持续发展的关键所在。这也是重建中华文化自信的深层问题所在。从中西比较的角度看，最重要的是发蒙与养护中国文化生命的知识机能。在某种意义上，这在现代时期就已经提出，具体体现在现代学人提出的作为现代学术标志的"学术独立"上。如王国维先生说"必视学术为目的，而不视为手段而后可"；[1]宗白华说他最佩服的是古印度学者的态度，最敬仰的是欧洲中古学者的精神，前者是"绝对的服从真理，猛烈的牺牲成见"，后者是"宁愿牺牲生命，不愿牺牲真理"；[2]熊十力大声疾呼"今日所急需者，思想独立，学术独立，精神独立"；[3]冯友兰说"我们必须做到在世界各国中，知识上的独立，学术上的自主"。[4] 学术不独立，表面上是依附于政治、经济，但其深层原因是伦理主体的理性素质低，对许多问题不能看清楚、想明白，因而本身特别容易怀疑、动摇。学术独立尽管在表面上与现实无关，甚至还有脱离现实生活的倾向，但由于它在深层直接关涉伦理主体中知识理性机能的现代发育与成长，因而直接表达和呼应着民族文化生命的现代性发展潮流。

---

① 傅杰：《王国维论学集》，中国社会科学出版社 1997 年版，第 214 页。
② 宗白华：《美学与意境》，人民出版社 1987 年版，第 12—13 页。
③ 蔡仁厚：《熊十力先生学行年表》，台北明文书局 1987 年版，第 121 页。
④ 冯友兰：《三松堂全集》第五卷，河南人民出版社 1986 年版，第 482—483 页。

　　令人遗憾的是,现代学术独立的启蒙理念与价值很快就夭折了。这其中除了政治、军事、经济和社会环境等方面的原因,从主体语境上看,现代学术群体固有的实用理性机能也是一个直接而重要的原因。以中国学者对康德哲学的态度为例,在某种意义上,选择康德就把握了知识理性的核心要素,因为只有先验理性才把知识机能提升到最高、最纯粹的境界。反观20世纪中国学术史,可以发现一种最深刻的矛盾:"如牟宗三意识到中国哲学的中心问题是探求如何应付现代知识论的课题,但却是从儒家良知良能优先立场出发,在批判康德知识论与形而上学(道德)的'有执'、矛盾、分裂的前提下进行的。……认为康德式认知主体的建立,应以儒家的良知为根基,即'儒家道德主体自我坎陷而为认知主体'。这里所谓'坎陷'即道德主体出于良知(或某种功利考虑)而降低层次、并在降低了的层次中转成为知识或认知主体,由此打开科学知识探求之路。如李泽厚,有时他是非常清醒也非常深刻的。他能够敏锐看出康德与朱熹道德哲学的本质不同,指出宋明理学一个无法解决的矛盾即混淆了必然与应该……但另一方面他又这样批判康德:'……逻辑与现实的转化、逻辑与历史的统一,则康德远未能触及'①。"②从基本路数上讲,这仍是以伦理理性改造知识理性,直接遮蔽从诗性主体发蒙理性机能的现代之路,结果是伦理理性与知识理性纠缠在一起,使中华民族在现代以来一直渴望的思路清晰、意志坚定的当代主体一次次成为泡影。正是由于这个原因,我对牟宗三、李泽厚诸先生的"康德批判"不敢苟同,并提出与之在基本理路上完全相反的"援康德补孔孟",即通过吸收先验理性、知识理性的清晰与批判力量,使建立

---

① 李泽厚:《批判哲学的批判》,人民出版社1984年版,第82页。
② 刘士林:《新道德主义》,百花洲文艺出版社2002年版,第310—311页。

在血缘关系上的中国文化心理结构与主体机能得以完成其现代转型。① 在某种意义上,这也直接关系到传统士大夫精神与气节的可持续发展。"援康德"的目的在于为儒家伦理学提供不受经验干扰的道德概念和实践原则。正如康德所说:"道德形而上学所以绝对不可少,不特因为在理论方面要探讨超乎经验而存在于我们理性内的实践原理之来源,而且因为假如我们没有那种线索和最高原理,可以正确地作道德的判断,那末,道德自身就很容易腐化。"②传统伦理主体之所以容易蜕变为假公济私、"为之仁义以矫之,则并与仁义而窃之"(《庄子·胠箧》)的"伪道学",其根源就在于此。文化自信也是如此。无论乐观地向往经济发展必将带来文化盛世,还是悲叹中国传统文化在经济全球化的背景下日益式微,都没有切中现实的本质与要害。真正关键的问题在于如何建构出一种不受情感与欲望刺激、建立在真正理性基础上的文化自信。否则除了再制造一场新的闹剧,不会有更多的意义。这一点和俄罗斯人对康德的态度和践行相比,是再明显不过的了。

中华文化自信的流失与异化是中国伦理理性未完成其现代启蒙的结果。因而在当下最重要的是如何为之建构理性的主体基础与条件。其基本路向应该是以马克思哲学为本体,在充分吸收西方理性文化精神的基础上完成中国传统伦理精神的转型与提升,为中华文化自信的改造、重建与当代发展提供一个坚实、可靠的理性基础。尽管它没有漂亮的口号与动人的诗性激情,但作为一个历史的必然要求,我们必须完成这一工作。如果仍然建立在伦理主体的"一鼓作气"上,那么"再而衰,三而竭"仍将是其悲剧性的宿命。

---

① 刘士林:《一个新道德主义者的生命本体论》,《孔子研究》2002 年第 5 期。
② 〔德〕康德著,唐钺重译:《道德形上学探本》,商务印书馆 1959 年版,第 4 页。

中国话语与中国情感[①]

一、从"扬子江诗会"谈起

我的专业是美学和古典诗学,尽管不能说与当代诗歌无关,但毕竟是"隔着几层"的。从我今天发言的这个有点怪怪的题目,大概也可以看出几分。产生这个题目,缘于我去年参加的"江苏文艺论坛·扬子江诗会"。在那个会议上,我重新听到一些久违的声音,主要是诗人与评论家对现状的不满、失望与忧伤,与我们十几年前在大学时代的感受与陈述并没有太多区别,可见当年那些挤压着、伤害着青年学子的东西,仍然在挤压与伤害着今天的诗和诗人。但今日之我毕竟不是当年的青年学生了,所以除了心理上仍会有所触动外,我更希望找到真正的原因。

找来找去,就找到了这样两个概念,一个是"中国话语",另一个就是"中国情感"。什么意思呢? 简单地说,中国话语就是一种直接再现

① 原载《人民日报》,2007 年 6 月 28 日,发表时有删节。

中华民族真实当下经验、反映他们在现代化进程中内在生命需要的"诗家语",而中国情感就是这种现代性的"诗家语"形式所涵盖的内容,或者说是它所指称的这个民族与其他民族有着本质不同的现代性经验。为什么要提出这两个概念,而不是其他的东西,简单说来,因为中国的现代化进程从一开始就是被胁迫的,在这个被胁迫的过程中,古典的"中国话语"与"中国情感",比如说直接寄身于唐诗、宋词中的那些审美经验,它们对现代中华民族的价值、意义早已荡然无存了。取而代之的是西方文化霸权话语与西方民族生命经验满天飞,一个当代的中国人,他的意识活动与审美活动,不是在"诗云"与"子曰"中,而是在西方文化叙事中。我们在各种会议上都可以见到,人们只要一发言,就算不是一开始就说西方某某哲人或艺人怎么说,结尾也一定要归结为某一西方大师怎么说。人们发言的亮点也是转引的那几句古典的、现代的或后现代的西方名人名言。如果对这些东西敲一下删除键,很可能就没有任何有意义的"剩余价值"了。

对西方经验与话语的引进与复制,不管你模仿得如何惟妙惟肖,阐释得如何天花乱坠,但那毕竟是"第二义"的东西,属于其他人的创造性成果,它的发明权无论如何也不会归到你的名下。那么,你在人类文化与诗歌经验中究竟有什么独特的贡献,仍然是一个令人痛苦的问题。换言之,如果一个民族甘心做一个没有任何创造的民族,它只要消费其他民族的文明成果就心满意足,或者说,一个诗人仅仅甘心做一个"机械复制时代的艺术家",只要用现代汉语把西方民族创造出的诗学经验"翻译"一下就以为不辱使命了,那么这两个概念就没有任何意义。而如果不是这样,如果还想在人类文明或艺术的宝库中增加一点只有当代中华民族才能增加的东西,那么,所谓的"中国话语"与"中国情感"就是必须关注的对象。对每一个当下的汉语诗歌写作者来说,都可以提出这样的问题：第一，你讲的是不是"中国话"？它们是否表达了这个民族当下的生存经验与真实需要？第二，它有没有"中国经验"？能否让拥有特殊精神性格的中华民族在现代世界中敞开它的存在？如果有了这两点，当人们需要了解中国时，你的文本就是一种无法回避的东西。反之，如果在你这里看到的与西方文本中没有什么差别，而别人又写在前、写得更好，那么批评家与学术史家还有什么必要阅读、提及这种"第二手"的东西呢？退一步说，在同一个现代化过程中，中西方当然会有共通的东西，比如都要搞市场经济，都要在市场条件下从事精神生产，但由于文化传统、政治制度、主体结构、审美心理等方面的不同，所以即使是做同一件事情，在本质上也有很大差别。这些差别是中华民族独有的，在逻辑上也是最应该被中国诗人记录与陈述的。它们既是人类现代化进程中一种有着"质"的意义的"地方性经验"，也是这个民族在恶劣的现代化条件下生命意志与精神苦痛的"本体论证明"，是无论如何都不应该被遮蔽的，要使它们在后现代的众声喧哗中澄明出来，当然这是需要一种特殊话语系统的。如果说，只有一种特殊的"中国话语"，才能使内涵特殊的"中国情感"出场，那么也可以说，只有以真正的"中国情感"为对象，"中国话语"才可以从"鹦鹉学舌"的叙事困境中解脱出来。所以，谈"中国性""中国现代性"与"中国诗歌的现代性"，是无论如何都不可能绕开这两个概念的。

二、严重的"边缘化"与极度的"陌生化"

在当下全球化语境中，谈"中国话语"与"中国情感"十分困难，多数人可能还没有这个意识，少数人则会以"民族主义"为借口对之不屑一顾。而这种状况，在我看来，不但不能说明它毫无讨论价值，反而说明它正是"中国话语"在现代世界中严重"边缘化","中国情感"在中华民族生命中极度"陌生化"的恶果。它的根源仍然在于中华民族的现代化是一个被胁迫的历史进程,人们仓促应战,在各方面的准备都严重不足,它的后果也是在经历了一百多年以后的今天才表现出来。就诗歌方面而言,一方面以西方诗歌话语霸权地位的建立中断了"中国话语"在现代的延续性与重建的可能,另一方面又以西方民族的审美经验彻底清洗、置换了中华民族的审美心理结构,使"中国情感"丧失了自身再生产的主体基础。它的后果也是两方面的,对于诗人来说,由于精神劳动工具已经彻底改变,由于工具的改变同时也直接改造了主体,所以即使他仍然在使用现代汉语"说话",但发出的声音与西方诗人在很多方面没有什么差别。何况这个新的精神劳动工具本身的合法性也是问题,如陈寅恪就说直接奠定了现代汉语基础的"马氏文通""不宜施之于不同语系之中国语文",是一种"非驴非马,穿凿附会之混沌怪物"。对于读者来说,则是由于精神消费对象的巨大转变,而直接改写了他们传统的"思想情感方式"与"真善美"价值标准,使他们在审美感觉、心理结构、价值态度上越来越不可能认同传统的一切。

这里可以举两个例子,香港理工大学有一个校长,特别提倡对学生进行中国古典人文教育,什么原因呢?据说与有一年招收研究生有关,这一年校长突发奇想,面试时除了专业考察之外,他请每个学生背一首古诗。这一年他一共要招七个学生,结果每个一上来,张口就是"床前明月光"。在悲哀与感慨之余,校长就下狠心要抓中国古典人文教育了。我自己也有这样的体会,在每次给学生开"中国诗学"选修课时,我总是要问一个问题,就是有谁通读过《唐诗三百首》和《古文观止》,结果不知什么原因,这么多年没有一个学生敢站出来。要问为什么,我想是由于深层审美心理结构的问题,他们无法在唐诗宋词中找到令人激动、愉快的东西,所以宁可把剩余精力与时间花费在各种后现代文化餐桌上。这就是马克思所说的"再美的音乐对于不懂得音乐美的耳朵也是毫无意义的"。这种局面特别是对中华民族来说是相当尴尬与令人悲哀的。人们常说中国是一个诗的国度,但由于主体心理基础的迁移和日常生活世界的炎凉,也许要不了多久,诗就会像昆曲一样成为一种需要保护的中国非物质文化遗产。古典诗歌的式微,除了文化变迁的原因之外,实际上也与新诗写作密切相关,因为在前者的死亡中后者扮演了一个急先锋的角色,发挥了很大的主观能动性,而且这种发挥可能今天还在继续着,比如一些先锋诗人就把传统看作一堆"臭狗屎",不屑一顾。但有一个问题他们可能没有想到,这个问题可以称为"弑父者的后遗症",正如陀思妥耶夫斯基《罪与罚》中的主人公拉斯柯尔尼科夫,他在杀死放高利贷的老太婆后却发现:"我杀死的不是一个人,而是一个原则。"一旦"原则"被破坏,问题就麻烦了。杀死权威当然是要树立自己的新权威,但是由于在杀死权威的同时也杀死了权威不可被杀的权威性,所以后继者自身的合法性也就时刻面临着拷问与被颠覆的危险。对于20世纪初的新诗,还有颠覆了朦胧诗的当代先锋诗,最根本的困境也在这里,解构传统经典并不要紧,但问题是它同时也摧毁了诗歌本身的社会基础,这正是他们不能获得被他们亲手杀死的父辈诗人的荣耀与声名的根本原因。进一步说,由于要解构传统经典,一是必须使用一种不同的"话语",二是必须树立一种新的价值标准。所以中国新诗必须采用"西方现代叙事",当代先锋诗歌必须采用"西方后现代叙事",它们必须把旧体格律诗与20世纪80年代朦胧诗的审美理想、价值观念用抽象概念糟蹋得体无完肤。但这两个中国诗歌传统的"弑父者"没有想到的是,由于在这个"革命"过程中彻底消解了权威的意义,也就等于在中华民族深层心理结构中抽空了自身存在的本体论根据。这个责任与后果,是他们不愿意承担的,这就是他们越来越不愿意与"他者",特别是"持不同见解者"对话、交流,实际上也不可能对话、交流的原因。要想从困境中解脱出来,我想唯一的方法就是,老老实实地"认罪",勇敢地承担应该接受的"惩罚",重新发现传统的"现代性价值",治理被自己错误行为破坏的精神生态环境。如果不想这样也行,那就要更勇敢一点,像现代存在主义者那样勇敢地承担起一个没有意义的荒诞世界与人生,而不再寄希望于世俗的安慰与快乐。而我们的大多数诗人,是没有这种现代存在主义的主体素质的,他们的行为使人总是可以想到康德嘲讽的"道德庸人",整天幻想着怎样既犯罪又可以逃避惩罚、既生前纵欲无度又可以死后升上天堂。人间哪有这样的好事呢?现实的真实道路就只能是认真地找原因,让曾经的痛苦人生转化为解救自身、留赠来者的智慧。

人们不喜欢诗的具体原因有很多种,也可以从许多方面加以考察。不过从主体自身的角度追问,最重要的无疑是在诗与主体审美机能之间出现了障碍,使诗的"声音""节奏""内容""意义"不能在主体心理结构中刺激、生产出相应的审美愉快,如同一个儿童在看动画片、一个青年人在欣赏流行音乐时那样。要改变这种状况的方法也有很多种,不过从主体方面考虑,最关键的无疑是如何在诗与主体审美机能之间重建一种可持续的良性生产关系,终止20世纪以来日渐形成的那种冷漠甚至是恶性损耗的纯粹消费关系。在这个基础重建的过程中,我想最关键的又是如何改变我们现代以来形成的诗歌生产观念。马克思讲,人和动物的根本不同,是人可以按照内在生产观念,有目的的来活动,这个活动的结果是可以改变许多自然过程的。也可以说,正是由于内在生产观念的混乱与倒错,才使人常常做与他的实际需要与真实利益完全相悖的选择。比如一个中国诗人要赢得中国读者,要占有这个市场，他最应该做的是，一方面在生活中努力发掘纯粹的中国经验，引领读者发现他们真实的存在与需要，另一方面则是通过纯粹的中国话语书写，努力培育读者对中国诗歌的感受力与判断力。但实际上诗人所做的往往相反，他们不仅以西方诗学观念来解构种种传统诗学的价值，而且在写作中反复表现得也都是西方的现代或后现代经验，结果就是自己挖自己的墙脚，最后发现自己辛苦建立的"语言之家"，竟然是一个"豆腐渣"工程。他只能提心吊胆地居住在这里，别无选择，甚至还需要时刻警惕其他的"入侵者"来分割本来已十分狭小的资源与空间。中国的先锋诗人经常"打嘴仗"，很难因为共同利益而结成牢固的同盟，原因大概就在这里。这时你再埋怨环境、读者、批评家、学术史家，又有什么用呢？我今天提出"中国话语"与"中国情感"两个概念，就是希望通过内在观念的调整，改变汉语诗歌在 20 世纪以来形成的这种异化的生产方式。

"中国话语"应该是中华民族最熟悉、最亲切、外祖母般的"声音"，而"中国情感"则是精神生命发育与成长的母体与摇篮，正是由于一种异化的精神生产方式在现代的出场，才使得这两种本该属于中国人精神天性的东西，即使在无意识中也十分熟悉与亲切的东西，最终与它们的主体落到相对如陌生人，甚至是相视如寇仇的地步。如果说一种异化的精神生产方式，源于一种有严重问题的内在生产观念，那么现代百年中国诗歌在生产观念最严重的问题，恰恰是它严重偏离了传统话语方式与传统思想情感方式。当然，我不是诗歌变革的反对者，只是在一百年后置疑这种变革的理性基础。在话语方式上，当然可以用白话文取代文言文，但问题一在于，是否应该为文言文以及附着其上的传统文化、为萧公权那样的不反对白话诗但有志于旧体诗的学者诗人保留一块地盘？问题二在于，如何论证西方诗学话语解释中国审美经验时的合法性？这些十分重要的问题当时的激进主义者都是不予理会的。在思想情感方式也是如此，中华民族的传统精神生命是以儒家哲学为本体基础的，不管是思想，还是情感，都有一个近乎先验的条件就是"人兽之辨"。知识因为受到道德理性的牵制而削弱了其固有的功利性，审美活动则因为与伦理缠绕在一起而不至于完全走向欲望与本能。但儒家哲学在 20 世纪的命运更是不必叙说了。对于抛弃文言文与"打倒孔家店"，人们过去的态度是它们都是不以人的意志为转移的。但事实果如此吗？今天借助后现代的知识观，看出它不过是一种话语斗争、是一种西方文化叙事压倒了固有的中国文化叙事的结果。正是这个结果，改变了现代中华民族从事精神再生产的内在观念，直接再生产出大批"不讲中国话"以及"没有中国情感"的"身份不明"的存在者与书写者。没有了"中国话语"在中国的先验合法性，结果就是各种"非驴非马"文化叙事的沧海横流，没有了"中国情感"在主体的历史积淀，主体就只能在模仿与追逐的跑马场上反复轮回。

三、中国话语与中国情感："一生都治不好燎伤的苦痛"

还有没有希望呢？希望当然有，原因有二：一是当我们说在中国现代文本中没有"中国情感"时，并不是说一种纯正的汉民族思想情感方式已经在中华民族生命中绝迹了，只是说它在现实世界中失去了再现自身的"语言条件"，自身不是被压抑在黑暗的无意识中，就是在具体的再现过程中被涂改得面目全非。比如中国人的爱情经验，它在中华民族的传统生活中是明白无误的，如汉乐府、南朝民歌与宋词中的那种痛苦的细腻感受，它的一个基本特点就是与西方人的爱情观完全不同，

有着非常纯粹的"中国质"。然而自从 20 世纪新文化运动以来,特别是
当时有一个说法,叫"中国没有爱情诗",有的只是单恋、相思或悼亡诗。
把西方标准拿来以后,所有的问题都来了。但人们没有想到的是,你凭
什么说单恋、相思甚至悼亡就不是"爱情",唯一的解释很可能是它们没
有"身体的亲密接触",但是有身体接触就有爱情吗? 西方的性解放、后
现代的肉体狂欢,难道有什么爱情吗? 退一步说,即使可以论证爱就是
性,那么对于中华民族来说,还有一个尴尬,就是它不是属于你的发明,
只是对西方爱情观的复制,特别是中国一些所谓的现代主义诗人,不管
你怎么复制,在感受的深刻性、经验的独特性上也是比不了西方人的,
所以还是没有创造出什么属于中华民族的现代爱情经验来。或者说,
你可以有一种"新的思想情感方式",但无法证明它是"中国的"。二是
与学术界近年来的一个精神觉悟相关,就是大家越来越深刻感受到的
"失语"问题,并开始把怀疑与否定的目光移向语言这种最基本的精神
生产工具,这种反思如果继续深入下去,就会把"内在生产观念"提到前
台,找到所有话语问题的根源。一种新的理性反思与批判精神,我想是
有助于中国诗歌发生一些变化的,尽管不可能指望它"立竿见影""速战
速决",因为一百年结成的"话语"寒冰,以及给中华民族现代审美机能
留下的阴影,都是需要时间才能消除的。

就像"内容"与"形式"一样,"中国情感"与"中国话语"在逻辑上是
相互缠绕的,很难说谁先谁后,一方面,一种纯粹的"中国情感",必待一
种纯粹的"中国话语"才能不被扭曲地再现于经验世界之中,另一方面,
一种纯粹的"中国话语"本身就是发现一种纯粹"中国经验"的前提,没
有这种特殊的话语工具,即使有再多的"中国经验",也不可能获得显现
自身的"语言条件"。我觉得,正是在这种错综复杂的局面中,才呼唤
着、期待着真正的先锋诗人出现,他们可以在汉民族经验被普遍遮蔽的

当代语境中,用一种地道的"中国话语"使纯粹的"中国情感"再现于现代世界。这是他们最有发言权的地方,也是最应该承担的使命。如果这种特殊话语谱系在他们的精神劳动中不能被现实地生产出来,如果他们生产出来的东西仅仅是其他民族生命经验的仿制品,那么,不仅他们自身始终不可能有一个安身立命的精神空间,中华民族现代性的文化、生命与诗歌经验也只能成为一种能指的游戏。

"中国话语"与"中国情感"是一个很重要的问题,也是一个深层次、涉及面很广的问题,这里只是初步提出来,至于如何解决需要进一步的探索。总之,被突如其来的现代化风暴卷入全球化格局的中华民族,就像舒婷笔下那棵"雷击之后的老松",而"中国话语"与"中国情感",很可能就是这个民族"一生都治不好燎伤的苦痛",但在意识到这个问题之后,是不应该无动于衷的。

附　篇

情人节让哲人走开[①]

——纪念康德逝世 200 周年

今年(2004 年)的二月十二日,是康德逝世二百周年的日子。

而在 200 年后的今天,到处是情人节的喧哗与热浪。

我不知道情人节在西方起源于何时何地,也不知它是借助什么样的聪明头脑才风行于世的。只要稍微闭目想想这两个在时光中联系如此密切的事件,一种相当隐秘的讽刺意味就暗暗袭上心头。如果它在 200 年前就已出现,那么对于思考了一生而又终生不知道关关雎鸠为何的老人,难道不是极具喜剧效果吗?如果它是晚近年代的产物,在肉体狂欢的时代氛围中回忆、纪念严肃的先哲,岂不是对纪念者本人的黑色幽默吗?想到真正的哲学家本就难免要成为生活的笑料,如《红楼梦》中所谓的"尴尬人难免尴尬事",多半是善意或至少是无恶意的,所以今天也就不必为贤者讳,斗胆谈谈伟大哲学家的隐私吧。

大约是 1985 年前后,当时的我还在郑州大学读书。在一片尼采、弗洛伊德与海德格尔的热浪中,一位高年级的学长向我推荐了前苏联

① 原载《出版广角》,2004 年第 4 期。

哲学家阿尔森·古留加的《康德传》。推荐者是 1981 级的王舟波。他当时发表过文艺心理学的论文,并正在参与编写鲁枢元老师主编的文艺心理学教材,所以在低年级同学中很受欢迎。经他推荐后,我马上就去借了一本,回到宿舍迫不及待地打开,就在"作者的话"里看到了这样一段话:

> 哲学家一生的标志就是他的那些著作,而哲学家生活中那些最激动人心的事件就是他的思想。就康德而言,除了他学说中的历史之外,他自己就再没有别的传记。他的一生几乎是在一个叫哥尼斯堡的城市里度过的,他从来没有越出过东普鲁士疆域一步。他既不追逐功名,也不攫取权力,无论是公务还是爱情都不能使他受到无端的烦扰。他一辈子没有结婚。

特别是"他一辈子没有结婚"这一句,在我的脑海中一下子掀起了波澜。尽管当时已初步知道了"情感与理智""理性生活与世俗快乐"的矛盾,甚至是柏拉图的"精神恋爱"以及西方哲学家关于"快乐的猪"的著名比喻。在传记文学中也了解到许多如雷贯耳的伟大人物,在婚姻生活上都是十分不幸的。与当时那一代可爱的谈性色变的大学生一样,我尽管对爱情与异性只是有一种最初的朦胧感受与思考,但毕竟过于年轻,所以还是在这个缥缈的对象上寄托着过多的幻想与憧憬。我很自然就产生这样一个疑问:像康德这样,用生活的幸福特别是美好的爱情去换取一个哲人或诗人、作家的桂冠,真的值得吗? 在以后很长一段时间之内,它一直成为一个压抑自我、又使我不敢深想的问题。"林花谢了春红",青春的岁月在校园中流逝起来特别快,很快我就走上了工作岗位。而大学以后的生活比我们当时想象的要艰难得多,那些学生时代的幽幽心绪与小小悲欢，也很快在"买白菜还是买豆腐"的现实选择中随风而逝了。

直到前不久，劳承万先生打电话来，说今年是康德逝世200周年，他想组织一组笔谈以示纪念，要我也写一篇。我当时脑子里嗡地响了一下，固然知道圣人的"逝者如斯夫"，但没有想到连康德也离开人们整整200年了。在接下来的一段时间内，我一想到劳先生的吩咐心里就乱糟糟的，直到有一天，重新打开因为岁月磨损而特地请人"线装"过的《康德传》，在"作者的话"里再次看到"他一辈子没有结婚"时，我才明白了自己这些天不能像过去那样平静的原因。在我脑海中整天旋转着的是一个与"康德笔谈"几乎无关的问题，就是"他为什么不结婚"，或者是"如果康德结婚了，情况会怎么样"。对西方的生活我了解不多，对中国人的"西方解释"一般又总是持狐疑态度，所以即使这个问题，也一直理不出头绪来。我的一个坏习惯是遇到问题时不是迎难而上，比如把手边各种康德材料重读一遍或几遍，而是希望能尽快从问题中抽身出来，这样的结果就是去乱翻与康德八竿子打不着的书。正所谓歪打正着，在一位中国老先生的人生告白中，我似乎找到了那个困扰了我多年的问题的答案：

……换为直说，是愿意生在这样一个家，既有金银财宝，又不少经史子集。有这些，早年，易得温饱事小，大事是可以多读些书，救成年后的浅陋，又借家世的余荫，书"外"也会走来颜如玉吧？如我的业师化为先师的俞平伯先生就是这样，曾祖曲园先生是晚清的大学者，父亲阶青先生是清末的探花，不用说幼年就有了读万卷书的方便，成年之时呢，用不着出入公园、电影院，拼死拼活，就迎来仁和许氏才貌双全的小姐莹环女士陪唱"良辰美景奈何天，赏心乐事谁家院"。对比之下,我就如由乔木而堕入幽谷,且不说衣食,幼年是吸收能力最强的时候,家里却没有书,语云,良机不可失,却失了,人间没有卖后悔药的,想到,也只能叹口气而已。气叹完又能如何? 不幸是还有后话,是因为贫困出身,就不能如有些人,旧家是"百足之虫,死而不僵",纵使世不清平,也小,可以不愁温饱,大,可以安坐在室中读《高士传》。我则无此条件,以至小就不能温饱,大就不能退隐。正如不久前写观我生性质的《流年碎影》时所安排,借先贤子路在《礼记·檀弓》中说的"伤哉贫也"为题,竟出现了三次。再而三,是因为困苦确是深重。主要表现在两个方面:一是八口之家不能无饥;而是所从事,或所谓职业,几乎没有一种是兴趣所在并可以看作事业的。二是直到近年,老一辈需要仰事的已经往生净土(假定有),小一辈需要伏蓄的已经自力更生,我可以不再慨叹"伤哉贫也",善哉,可是又来了烛之武所慨叹:"今老矣,无能为也已。"(张中行《不合时宜》)

这段话的要义是讲学者的人生痛苦有三:一是早年的教育环境恶劣,二是青年时代没有美好的爱情,三是终生不能从事自己喜爱的职业。而上述这三条,都让倒霉的康德碰上了。简单说来,康德的父亲约翰·乔治·康德是哥尼斯堡的马鞍匠,而母亲安娜·列根娜是皮匠的女儿,所以肯定不属于"钟鸣鼎食"的文化世家。与一般的出身贫寒者一样,康德的精神发育很早,也希望早日成功,所以他从大学四年级就开始独立撰写物理学著作。"但是写作进行得很慢。这不仅是因为缺乏素养和知识不足,还因为大学生康德的生活十分困窘。他考进大学之后就不再住在家里。这时他的母亲已经去世(她死的时候岁数并不大,当时康德刚满十三岁),父亲勉强度日。伊曼努尔经常中断学业。

他不得不靠有钱同学的资助,遇到困难时只好领受他们在物质上的接济。"在这样的经济条件下,当然是不可能有什么爱情奇遇的。与中国叙事中"落难才子总有佳人舍身相就"相反,除了哲学家善良的母亲,在青年康德的生活世界中,很少有"巧笑倩兮,美目盼兮"的"人面桃花"开放。还有就是在很长一段时间内,康德都无法从事自己喜爱的职业。他大学毕业后先是当家庭教师,后来好不容易在大学谋到一个"编外讲师"的教席。编外讲师"即编制以外的教师,其薪俸由学生方面负担",想来跟我们现在的一些代课教师差不多。编外讲师薪水不高,但课程繁重,康德有一次曾抱怨:"我每天都被束缚在讲台上,而从一节课到另一节课,我简直是在受折磨。"顺便要讲的是,康德一教就是十五年。所有这些文人的不幸,似乎都让康德赶上了。

把简单问题复杂化,是人类一个顽劣的嗜好。像康德的婚姻这样的话题,当然也少不了乱七八糟的研究。如有人从精神分析学立论以为康德有恋母情结,他不结婚是因为"对母亲的崇拜"。也有人考证出在哲人生活中也出现过"神秘的女人"。更有甚者,从康德说性欲是一种同"精神恋爱毫无共同之处"的"强烈的肉体快感"与"特殊的快感",推断出康德很可能有过性经验等。其实,如果走出这种复杂化的阐释语境,康德不结婚的原因一点也不神秘,主要是阮郎羞涩的经济原因。"青年男子谁个不善钟情?妙龄女子谁个不善怀春?"所以从"人性中至真至纯"中引发"血泪飞迸",正是由于他不能获得物质上的支持。中国启蒙读物中有一句话,"人不风流只为贫",讲的正是这个意思。对此哲学家本人也说得异常明白:"当我需要女人的时候,我却无力供养她,而当我能够供养她的时候,她已经不能使我感到对她的需要了。"更详细的细节一位英国人在《康德小传》中记录过:"据说有两次康德就要结婚了,或者至少是要求结婚。但他为了看看他经济上能否承受得起,精确地计算他的收入和支出的时间花得太长了，以至第一位女士早已结婚，而第二位在他下定决心前也离开了哥尼斯堡。在他70岁的时候，一位好管闲事的朋友实际上印了篇关于婚姻的对话，为的是劝说我们的哲学家结婚。康德给了他印刷的花费，但在那个年龄，自然认为这个建议实在是太晚了。"这与张中行借烛之武"今老矣，无能为也已"所抒发的感慨完全类似。也正是由于这个原因，我一见到"国家不幸诗人幸"或者是"为了学术牺牲爱情"之类的见解，就总是有一种想呕吐的感觉。

像这样简单朴素的道理，为什么会成为我年轻时解不开的谜呢？现在想来，大约是当时对物质与精神的认识仍然停留在抽象的观念领域吧。而后来之所以渐渐知晓了其中的秘密，也与自己的一些情感经历有关。在我年轻时，也曾疯狂地爱上过一个小女孩。但由于贫困的原因，最后也只能不了了之。有时与好友在酒酣耳热之际，也总是要讲到自己年轻时的两大憾事：一是在最能喝酒的时候只能喝那种一块多一点的伏牛白，二是在遇到自己最喜欢的女孩时，却没有能力成家。后来尽管有了家庭与可爱的女儿，但回想往事，难免有一种说不出的酸楚。《红楼梦》所谓的"纵然是举案齐眉，到底意难平"，或古代诗人所说的"终不似，少年游"，也许很难表达我的那种幽昧心态吧。当然，有这种经验的人应该为数不少。我去年底到广州开会，与一个离别七八年的朋友见面。他仍在过着"有酒万事足，无妻一身轻"（这句话源自《儒林外史》，是我们当年用来自我解嘲的。但它深层的辛酸，也是不难体会的）的日子。当我再次问起他的婚姻大事时，发现他仍在怀念着一个远在太平洋彼岸的女孩子。而我这个朋友，恰好也是搞中国哲学的。

严译《天演论》开篇云："赫胥黎独处一室之中，在英伦之南，背山而面野。槛外诸境，历历如在几下。乃悬想二千年前，当罗马大将恺彻未到时,此间有何景物?"

　　200 年前的昨天,哲人倏然而逝,而明天就是甚嚣尘上的情人节了。这很可能就是我再一次想到这段话的原因吧。

2004 年 2 月 12 至 13 日于南京白云园寓所

人是审美教育的产物[①]

——纪念席勒逝世 200 周年

一、康德与席勒:一段需要 梳理的问题史

去年(2004 年)的 2 月 12 日,是德国哲学家康德逝世 200 周年。今年的 5 月 9 日,又到了德国伟大诗人、剧作家与美学家席勒逝世 200 周年的日子。

巧的是要谈席勒,实际上是不能离开康德的。首先,席勒对康德十分敬佩,他说过一句广为流传的话,就是他最重要的美学文献《审美教育书简》"大多是以康德的原则为依据"。其次,按照朱光潜先生《西方美学史》的看法,席勒最主要的美学著作,都是在接触康德的《判断力批判》以后"五年之内发表的","康德在哲学上所揭示的自由批判的精神,他的本体与现象,理性与感性等对立范畴的区分,以及他把美联系到人的心理功能的自由活动和人的道德精神这些基本概

① 原载《江苏大学学报》(社会科学版),2005 年第 5 期。

念,都成为席勒美学的出发点"。这个阐述对一般人了解席勒与康德的关系来说,是举足轻重的。由此形成的一个常识性看法是席勒的原创性不够,更多是为康德哲学做阐释、普及与传播工作,两人的关系有点像"哲学导师"与"文学助手"一样。也有人认为,由于席勒更懂艺术,所以对过于晦涩的康德体系恰好是一种必要补充,在两人之间存在着的是一种理性与感性、逻辑与历史、理论家与实践家相辅相成的和谐互补关系。

这些解释尽管听起来相当美妙,但并不见得就与真实情况相符合。比如说"康德不懂艺术"就是一个需要小心求证的问题,一般人会产生这个观念,恐怕主要是被康德迷宫一样的哲学体系所困惑,但实际上,在日常生活中哲学家本人不仅相当风趣与机智,而且他的判断力与鉴赏力也同样是很发达的。即使在哲学著述中,他也很善于用生动、具体的事例来说明抽象、深奥的原理,比如用"脑袋里的一百元"与"口袋中的一百元"来解说"概念"与"存在"的区别,用印度人不懂得"啤酒泡沫如何被装进啤酒瓶"来说明喜剧的发生心理等,它们是如此的形象、生动与风趣,哪里像是一个整天只知道做"逻辑算术"的人讲出来的呢?而对于席勒来说,尽管大家都知道他是优秀的诗人与剧作家,但由于他深受古典主义戏剧观念的影响,所以在创作上经常有"以观念直接入戏剧"之嫌,马克思批评他的戏剧是"时代精神的传声筒",根本原因也在于此。由此可知,在人们观念中许多已常识化了的东西,在今天都是需要重新反思与阐释的。澄清被混淆的真实,梳理被搞乱的脉络,把那些由于种种历史原因而被遮蔽的东西重新打开,是后人对人类历史与精神遗产的一个基本职责。对席勒也是如此,在他逝世 200 周年的日子里,做一点"洒扫庭除"的工作,我想这应该是对这位已逝先哲最好的缅怀与纪念。

二、"人是教育的产物"与
"人是审美教育的产物"

"人是教育的产物"是康德晚年的一个重要思想。在他看来,人的最高目的是道德—文化的人,如何驯化与改造人的自然本能或使生命摆脱固有的野蛮状态,正是哲学最需要做的启蒙工作。至于产生这种思想的原因,在我看来主要有两个方面:一是源于哲学家直接生活其中的"理性时代"的精神背景与时代氛围;二是与康德美学中某种"不纯粹性"或"内在矛盾"直接相关。

就前者来说,康德生活的时代,正是理性精神朝气蓬勃、天天向上的年代,像后来西方非理性哲学特别重视的感性本体、生命本能、意志自由等,在那个时代尚没有进入、或已被驱逐出哲学研究的范围。以康德晚年提出的"世界公民"论为例,在他看来,由世界公民构成的社会是"大自然给予人类的最高任务",是"一切需要之中的最大需要"。世界公民当然要有"自由",但它完全不是源于自然天性的"没有限制的自由",而是一种在"外界法律之下的自由",是在理性精神许可范围之内的自由。教育的根本目的就是运用各种手段使人领悟到"天命"或"本质",用康德的话说就是"每个轮到头上的人都要以一切聪明和道德的示范来促使对这个目的的逼近"。在某种意义上,这种理性时代的思潮也影响到席勒,就像康德不赞同"无限制的自由",席勒也指责过"用暴力夺取他们认为被无理剥夺去的东西",他们一致希望通过教化来改造原始野蛮的人性。

就后者来说,它表明的是康德美学自身存在着暧昧与矛盾之处。在《判断力批判》中,康德一共提出两个基本的美学命题,一是"美在于形式"，二是"美是道德的象征"。前者在肯定"形式"与"内容""功利"无关的基础上，突出了美学与知识学、伦理学的根本性差异，为美学研究建立了一个十分纯粹的对象与范围，使之作为一种独立人文学科的地位得到确立。在这个意义上，康德于美学学科当然是功莫大焉。但由于不可能放弃哲学家心目中更重要的"道德的文化的人"，所以康德并没有把这个区分美学与知识学、伦理学的立场坚持到底，这正是他在《判断力批判》中又提出"美是道德的象征"的学理根源。由于沾染上古典哲学特有的道德气息，美学自身的纯粹性必然要大打折扣。我在《澄明美学》中说康德之于美学是功过相当的，也正是基于这种认识而作出的一个判断。当然，这不是康德一个人的问题，而是寄身于那个"理性时代"的所有古典美学研究者的"逻辑通病"。席勒有时候很看重艺术的道德教育作用，原因也在于此。在康德这里出现的问题，除了受时代思潮的影响之外，还有一个重要原因是与康德的"哲学家身份"相关，因为他毕竟是一个哲学家，最关心的是"人是什么"，而不是"美是什么"，而"道德与文化"作为人与自然相区别的根本性"内容"，必然要渗透在哲学家研究的每一个对象上。美学也不能例外。

如果席勒的探索仅仅到此为止，那他当然是康德美学的一个"好学生"；而实际情况并不是如此，如果对《审美教育书简》仔细解读，就不难发现他在许多方面都突破了康德的体系与原则，表达出美学史上前所未有的"思想"与"智慧"。这个分道扬镳的进程开始于这样一个问题，即"道德与审美，谁更重要"。康德对美学成为独立学科尽管功莫大焉，但他本人毕竟又是一个理性时代的哲学家，一旦个体的审美需要与群体的伦理需要发生冲突，他只能牺牲审美，维护他心目中像天上星辰一样神圣不可侵犯的"道德律令"。而席勒则有所不同，尽管他也重视道德的作用，但当道德与审美发生冲突时，也许是出于一个美学家的直观反应,他的基本立场可以称作"让审美女神先行一步"。在《审美教育书简》中,席勒提出了一系列重要命题,如"让美走在自由的前面""道德状态只能从审美状态中发展而来""人们为了在经验界解决那政治问题,就必须假道于美学问题,正是因为通过美,人们才可以走到自由"等,这与康德强调的"判断在前,享受在后""以理性为基础的意志自由"等,是有区别的。而如果看不到这些学理上的重要差别,那么就不可能理解席勒美学真正的价值与意义。

在两人之间的所有区别,都是由于哲学家不同于美学家才发生的。尽管哲学与美学的对象笼统说来都是"人",但由于具体的方法、层面与需要不同,最后的结果往往是"差之千里"的。具体说来,哲学家关注的是"人类如何可能",是如何使人类作为一个整体生存下去,在这样的背景下,与"类"的生存相关的社会机能(如伦理、理性等)就变得最为重要,一切其他东西都要服从这个根本性目的,这正是康德从"美在于形式"悄悄滑向"美是道德的象征"的根本原因。而美学家更关心的是"个体如何可能",是如何使个人的生命本身成为一个整体,尤其是如何避免在现实世界中被分裂为"碎片"或异化为"手段"。席勒的目光不再停留在康德无论如何都不能舍弃的"大写的我",转而凝聚在"近代机械生活"中"欣赏和劳动脱节,手段和目的脱节,努力与报酬脱节"的"小写的我"之上。与康德出于关心人类整体的命运,把"最完美的国家制度"看作"人类终极目的",把"教育"看作达到目的的手段不同,对席勒来说,他的美学思想的全部精髓在于"人是审美教育的产物",因为只有没有任何功利目的审美活动,才能解除个体在现实生存中的扭曲与异化状态,使个体成为自由的生命。席勒反复说"只有美的观念才能使人成为整体",只有当人"游戏"时,"他才是完整的人",都旨在强调审美教育对"自由的人"——这个比"道德的文化的人"更加全面发展的人生境界——所具有的无比重要的意义。马克思说席勒是"新思想运动的预言家",当代的哈贝马斯把《审美教育书简》称作"现代性的审美批判的第一部纲领性文献",都是由于"人是审美教育的产物"这个天才思想与光辉预言,直接指向了人的自由生存与全面发展这个具有永恒魅力的最高理想目标。

三、审美教育对人类应该
有更大的作为

由于贫困与疾病,席勒只活了46岁就过世了,比康德、歌德等人要短命得多,但他还是给后人留下了足以与他同时代的最伟大哲人与文学家相媲美的文学作品与思想文献。

就美学领域而言,如果说,康德最伟大的贡献是以《判断力批判》为美学学科划出了本体论园地,使美学得以与知识学、伦理学并列为人类三种基本人文学科,那么也可以说,席勒不朽的理论贡献在于以《审美教育书简》为审美教育提供了现代性"理念",第一次使审美教育与知识教育、道德教育在逻辑上区别开。在《审美教育书简》中,席勒指出:"有促进健康的教育,有促进认识的教育,有促进道德的教育,还有促进鉴赏力和美的教育。这最后一种教育的目的在于,培养我们的感性和精神力量的整体达到尽可能和谐。"在人类思想史上,这是第一次明确提出有"促进鉴赏力和美的教育",它的目的不是培养知识机能,也不是锻炼人格情操,而是"培养我们的感性和精神力量的整体达到尽可能和谐"。

"促进鉴赏力和美的教育"的理念,在人类思想文化史上具有划时代的伟大意义。在席勒以前,人类并不是一点也不关心感性需要,而是

如康德那样把感性需要的满足建立在"理性的基础"上。也就是说,他们不会给审美教育以独立的本体论地位,而是要求它必须紧紧围绕道德化或理性化的太阳运转。这在中西方历史上是一致的,如《乐记》的"乐者,通伦理者也",贺拉斯的"寓教于乐""诗歌指出了生活的道路"等。如果把这种审美教育看作一种古典形态,那么它的核心就是康德所说的"美是道德的象征"。正如劳承万先生所指出的:"只要终极目标是道德的人,而非审美的人,那就不可能超越康德体系。"反过来说,只有把终极目标锁定在"自由的人"而非"道德的人",才能真正地超越康德的美学框架,开启人类思想史的新航程。在这个意义上,席勒美学的核心命题"美是自由的象征",及其在审美实践中提出的与"德育"等相并列的"促进鉴赏力和美的教育",对康德美学与古典审美教育形态来说,都是革命性的。具体说来,这种革命性的意义主要表现在两方面:一是在逻辑上真正完成了"审美教育"同"智育""德育"的"区分",二是在历史上真正终结了"与伦理教育不分"的古典审美教育模式,开辟了以"感性和精神力量的整体"和谐发展为理念的现代审美教育模式。一句话,席勒是"现代审美教育之父"。

可惜的是,长期以来,特别是在中国学术界与教育界,大多数人对席勒的理论贡献并不认可。一个最突出的例子是在对审美教育与道德教育的区别与界限上,大多数人从来就没有真正搞清楚过。其最大的负面影响就是"以德育代美育"。由于不知道审美教育的目的是"培养我们的感性和精神力量的整体达到尽可能和谐",人们总是习惯通过思想品德教育去解决现实中越来越严重的"心理—情感"问题。由于这两种教育模式在观念、功能与技术手段上存在着很大不同,所以运用道德教育方法去解决对象深层存在的情感、心理、欲望问题,结果不是"隔靴搔痒""固不及质",就是"风马牛不相及""南辕北辙",甚至完全陷入失败的困境与尴尬中。原因固然有多方面,其中不知道这两种教育的区别,以及在"以德育代美育"的观念指导下直接影响了审美教育原理研究与技术手段开发,应该是最重要的原因。尽管在学理上区别审美教育与道德教育并不困难,但由于长期以来对席勒遗产的重视不够及解读上存在问题,所以不仅使人们在观念认识上一直低于《审美教育书简》的水平,也使当下的审美教育往往蜕变为一种道德的赞美诗。而那种能够有效协调理性与感性、思想与情感、理智与身体的审美教育,在当代教育结构中始终是付之阙如的,这已经严重影响了当代人的精神生态与生命健康。

正本清源。按照马克思的观点,人是一种按照内在观念来生产的生命。也就是说,要想有行之有效的当代审美教育,首先需要的是一种正确的审美教育观念,这是提高当代教育人性含量,使教育本身承担起促使人类身心和谐全面发展的基本前提。这一切都需要我们重新认识与真正继承席勒的精神遗产。一旦达到了这个目的,审美教育必将对人类有更大的作为。

午后的阳光与非主流美学①

一

提出非主流美学这个话题本身就包含某种失望。然而，只有在充分论证什么是中国非主流美学，以及为什么可以在非主流中发现美学之后，才能使这种失望超越它的感性品质获得坚实的逻辑基础。

什么是非主流美学？从逻辑分析上讲，只有在与主流美学语境之间划出一个"硬的界限"之后，才能使这个处于边缘地带的话语空间澄明出来。这种划界实际上是十分困难的。不仅非主流美学由于受主流话语的压抑与异化呈现出相当的模糊性，而且即便是主流美学自身，由于一直挣扎在20世纪剧烈震荡的意识形态语境中，也始终处于不断的变化与重建之中，不仅在一种主流美学流派内部，可以发生"三十年河东、三十年河西"的价值变迁，而且大多数主流美学理论也都经历过从中心到边缘或从边缘到中心的话语沧桑。但是从学

---

① 原载《湛江师范学院学报》，2002年第1期。

术史的特定视角,仍可以相当清晰地勾勒出中国主流美学的逻辑
构架。

我认为中国主流美学有两种主要特征:一是以中国现代"民族—
国家"意识形态为理论基础的情感再现原则。在这个层面上所有与政
治意识形态密切相关的美学研究都在主流美学的阵营中,其中最典型
的当然是认识论美学。二是以西方现代主流文化叙事为深层话语结构
的各种中国现代美学元叙事。如以西方心理学为基础的心理学美学,
以德国哲学为基础的积淀论美学,以西方现代哲学为基础的后实践美
学等,它们虽然与认识论美学这一主流美学话语形态积怨甚深,但本身
绝不是什么非主流美学。也可以说,尽管它们在"民族—国家"意识形
态中带有一定的边缘性,但在百年中国美学学术史上是大权在握的另
一个中心。我把它们称之为反主流美学。它们和非主流美学的区别在
于是否能够使中华民族的审美经验获得真实的再现。正如我多次强调
的,由于以西方主流文化叙事为深层话语结构,这些在 20 世纪 80 年代
以来声名显赫的美学语境,正在越来越严重地异化和扭曲着中国本土
审美经验的再现和表达。因此,只有首先完成了对这两种主流美学形
态的学术梳理,才可能在逻辑上为中国非主流美学的出场提供真正的
话语空间。在这一意义上,中国非主流美学,不仅与思辨型的西方古典
美学、以语言分析和存在主义为理论基础的现代西方美学有着质的区
别,而且也与这些在西方主流叙事影响下孳生的各种"西学为体"的中
国美学研究截然不同。就其内在规定性而言,它是一种以汉语言为表
述媒介,以诗性智慧为审美认知图式,以中国民族的生命自由活动为研
究对象的美学叙事方式。

在当代的话语狂欢中梳理这种相对纯净的中国话语,本身就可以
在非主流中发现中国美学的逻辑根据。这样一种美学话语的必要性

首先是由主流美学的内在表述危机显示的。主流话语的根本问题在于，或从属于意识形态而遗忘了美学自身，或从属于德国古典哲学而遗忘了中国艺术传统，或从属于西方现代哲学而遮蔽了中国民族当下的审美需要。这一切都是因为在这种西方化的语境中，无论如何都不可能使中国民族的审美需要获得真实的再现。为此我曾建议区分开"中国底美学研究"（Study of Chinese Aesthetics）与"中国的美学研究"（Study of Aesthetics in Chinese）。前者是指以中华民族为生命主体，以汉语言的言说方式为思维基础，以中华民族的审美经验与审美活动为研究对象，以探索中华民族审美共通性为最高目的的纯粹美学话语。在这种叙事中，中华民族将敞开与澄明它固有的自由本性。后者则是指以一种不具有民族身份的话语与思维方式所进行地异化的美学研究，在这个以西方主流叙事为深层结构的审美语境中，中华民族对美学本身说得越多，自身的审美存在也就被遮蔽得更深。在中国现代主流美学中人们之所以感到"美学不美"，就是因为在其中除了枯燥的西方逻辑与方法术语之外，再也没有什么"剩余之物"了。尽管一个世纪中到处都是主流美学的喧哗与骚动，但那种可以再现本土审美经验的中国话语并未"于今绝矣"。它们本身只是被边缘化或者说从主流语境中逃遁而去。最根本的原因是一个民族人性中固有的审美需要实际上不可能被消灭，只是人们尚未发现那种可以使之走向澄明的话语与语境而已。这不仅指示出中国美学精神的真正栖居之地，同时还表明正是由于主动地从主流话语的束缚中抽身而出，中国非主流美学才得以有效地避开主流文化叙事的控制和异化，从而使自身血脉中直承的纯洁的源初的审美语义保存下来。这既是必须在学理上清算中国现代主流美学的原因，也是在非主流话语中发现中国美学的逻辑根据。

二

除了上述的逻辑需要之外，一个世纪漫长而痛苦的美学学术史，也为当代美学重新审视自身提供了十分宝贵的现实条件。而现代中国"民族—国家"意识形态在结构上的巨大变化，是包括美学在内的所有现代人文学科进行真正学术反思的总体背景。具体说来，是现代"民族—国家"意识形态在时间上的迁移，照亮了现代学术史中一直黯淡无光的非主流空间。

诗人说"云淡风轻近午天"，对于中国现代主流意识形态来说，它的确是一种意味深长的政治寓言。在汉语言中，人们一般都把主流意识形态比喻为太阳，并习惯把它看作永恒不变的象征。其实这种观念完全是一种宏大的空间叙事学的产物。就是太阳本身，在早晨的霞光万道、午间的云淡风轻与黄昏的残阳如血之间，也存在着很大的差别甚至是根本性的不同。一旦把恒星般的意识形态神话投诸一切皆流皆变的时间语境中，人们就会发现，"星星不是那颗星星，月亮也不是那个月亮"，不仅白天与夜晚的太阳区别很大，即使早上七八点和下午二三点也迥然有别。对于一种主流意识形态来说也同样如此。在时间叙事学语境中，至少可以在中国美学中区分出两种不同的意识形态"语音"，一是朝气蓬勃的朝阳形态，二是云淡风轻的午后形态。前者年轻气盛雄心勃勃，或是希望美学研究可以把所有的现实问题都统摄进来，或者把美学抬高为"拯救世界"的最高学术。从西方人"诗是人类最后一个上帝"，到中国主流美学在整体上"以美学代哲学"，本身上都是根据这种朝阳意识形态来复制自身的。关于这个问题，我在《20世纪中国美学的学术史批判》中曾指出："中国主流美学全都混淆了'人的本质'与'美的本质'这两个不同的知识命题,所以无论李泽厚强调'庄子的哲学是美学'、'以美启真'和'以美储善'说、'美学解决的是'自然的人化'这样一个根本的哲学—历史学问题'、是代宗教又超道德的本体境界;还是高尔泰指出的:'研究美,……也就是研究人。美的哲学是人的哲学,它的目的……是证明一种有价值的、进步的生活理想和人格理想,以及我们对于这些理想的渴望和追求何以是正确的和必要的。通过这种证明,它也推动历史前进。'最后都把美学变成了哲学。……而作为其衣钵传人的后实践美学,也一仍其旧,其理论意向性仍然是人的存在问题,而不是美的学术问题;是人在现实世界中的'生存'问题,而不是美的本体论问题。所以,在'美的本质即人的本质',以审美方式来解决人的现实问题这一根本点上,后实践美学与实践美学不仅不存在逻辑上的超越关系,而且正是所谓的殊途同归。"①

在这种美学研究的朝阳形态中,尽管可以把美学抬高到人的哲学的顶峰,尽管可以大声疾呼"美拯救世界",尽管可以有许多的辉煌和无限的风光,但是由于这些炫目的光环并非源于美学自身的澄明,而仅仅是在朝阳意识形态照耀下幻化的一种不真实的光晕,它们本身甚至还是美学迷失自性的结果,所以,就不可能获得知识上与逻辑上的坚实结构。而随着当代后现代思潮对各种主流意识形态的罢黜与抵制,中国主流美学在 20 世纪 90 年代必然要迎来门前冷落的黄昏。也可以说,在朝阳意识形态强烈地刺激、生产出人类对美、自由的学术冲动与现实热情的同时,也把过多的非美学内容(尤其是哲学与伦理学内容)暗渡进美学研究的"知识学"框架中,从而在中国美学语境中产生了太多的、必须加以清理的文化杂质。"一朝风月,万古长空"。一旦主流意识形

---

① 刘士林:《20 世纪中国美学的学术史批判》,《求是学刊》,1999 年第 6 期。

态从早晨过渡到午后,所有笼罩在美学颜面上的云蒸霞蔚景象也就迅速风流云散。主流意识形态在时间境域中这种不可避免的历史运动,当然会直接影响到在它照耀下成长起来的各种人文学科,其中尤其以与主流意识形态关系密切的美学研究为甚。如果说中国主流美学在20世纪80年代的美学热直接源于朝阳意识形态,那么也可以说非主流美学的提出本身就是出于午后意识形态的现实需要。这当然是两种很不相同的美学话语,在"早上七八点钟"的美学研究中,"为真理而斗争"的呐喊,把美学提升为"未来的伦理学"的悲壮努力,以及美学自身在这种喧哗和奋斗中的异化,都具有历史的合法性和逻辑的必然性。而在午后二三点钟的美学语境中,在云淡风轻的午后意识形态中,"亢龙有悔"的中国美学也必然要重新进行自我认同,并一点点地意识到它绝不是这个世界上最重要的东西。这种内敛式的觉悟虽然不够崇高、悲壮,却是美学发现自身、走向纯粹学术的逻辑起点。

当午后的阳光照在当代美学家身上时,更是别有一番滋味在心头。这当然也和整个意识形态的"午后化"直接相关。从全球化视野中作观,可以把20世纪一分为二。在它的大部分岁月中,人类一直沉醉于或被迫卷入战争或社会革命的洪流中,其最显著的标志是两次世界大战,以及战后东西方因为政治体制与意识形态引发的长期冷战。而在20世纪最后的二三十年中,在历史上始终占据文明中心的政治结构终于为技术革命与消费文明所取代。政治革命以"价值""理想"为动力,而后者的核心则是中立的知识与庸俗的利润。在前者看来,人类的"知识"与"财富"只是政治理想的必要手段,它们服务于主体征服、改造世界的生命活动。在后者看来,"知识"与"利润"本身成为唯一的目的,它直接否定了人的政治性欲望与主体性结构的再生产、再增殖。这时人的政治欲望与道德理想,也就不可能成为整个社会生产过程的中心。

于是古典时代中人的本质，诸如精神、意志、热情、悲剧性消失了，取而代之的是各种所谓的人的后现代性特征，如理性毁灭、深度消失、平面性、零散化等。这种意识形态的巨变对中国美学家的影响是刻骨铭心的。昨天还是"胸怀祖国，放眼世界"，而今只好灰溜溜地"看好自己的门，管好自己的人"；"烈士暮年，壮心不已"还余音不绝，蓦然回首却已是"廉颇老矣"和"提前退休"。意识形态的"午后化"，对充满了现代性精神的中国美学家来说，是一道特别难以逾越的门槛。

三

"人过中年日过午。"

在这样一个午后的世界中，中国美学家的主体结构也发生了根本性变化。他们不再像现代主体性那样坚信"世界是我们的"或以"天下之美为尽在己"，不再像 20 世纪 80 年代那样对所有的知识和学术以及它们之外所有的现实问题都兴趣浓烈，更不再以为只有自己才是最伟大、最光荣和最正确的。像实践美学那样否定认识论美学，以及像后实践美学那样激烈地要推翻实践美学的场面，已经被历史化和梦境化了。这时如果回忆一下"年轻时的所作所为"，他们许多人也许都会报以轻哂。在早晨意识形态中，不同意见的美学家经常幼稚到像小孩子一样"不说话"，即使他们经常借助政治运动来进攻，那也是因为他们在心智上不成熟，天真地以为通过这种方式就可以解决美学领域中的知识论争。而一个世纪中的风雨沧桑，使这些曾希望"运天下于美学指掌"的少年，终于到了萨特所说的"懂事的年龄"。这时主体的权力意志和暴力型欲望急剧衰退，成为一种"没有劲"的主体和"没有意思"的生活。在 20 世纪 90 年代的美学会议和问题讨论中，即使彼此的观点针锋相对,但大家在态度上也都客气起来。甚至可以说,尽管仍可以"现代性的大声"争论,但实际上已经没有人把它当真了。这种心平气和的对话方式,对于尚未接受午后意识形态的人们来说,是十分不习惯的。从某种意义上,尽管可以对美学在当代的失落耿耿于怀,但只要意识到失落的只是一种意识形态"口音",以及那种往昔的辉煌,就会觉得这实在是"好得很"而非"糟得很"。更进一步讲,只有在意识形态"午后化"之后,中国主流美学才能露出庐山真面目,也只有在此时,被驱逐在主流学术边缘的非主流美学话语,才能显示出它们自身以及它们对人类生活的真正意义。

20 世纪 90 年代以来,在美学研究中当然不是说没有意识形态了。只能说这是一种与"早晨"完全不同的价值类型。"多少事欲说还休"。也可以说,午后的意识形态更类似于一种"有限责任公司",它不是无限地扩展而是尽量地收敛精神,不是尽情地发泄和释放,而是开始学会珍惜有限的生命资源。这既有 20 世纪对"主体"过度损耗的前因,也有大众文化对当代精神资源恶性消费的原因。它可能会有很多负面影响,但对于中国美学研究来说,至少有一点是值得肯定的,它重新界定美学家的主体功能,即从作为人类灵魂和良知的知识分子走向更纯粹的美学知识生产者。"各人自扫门前雪,莫管他人瓦上霜",尽管听起来不够有面子,但可以使一种相对纯粹的美学研究成为可能。而这种关于美学、关于艺术的"小声说话",这种午后的话语,对于摆脱主流叙事(由于中国话语在 20 世纪丧失,所有的主流叙事都带有严重的西方"口音"),催生一种可以再现中华民族审美经验的美学话语,可以说是十分必要的。

最后要指出的一点是,由于午后的意识形态对主流文化叙事的天然消解作用,那种不同于西方的中国美学话语,那些在中国主流美学叙事中被扭曲与埋没的美学工作者的工作,如宗白华先生的散步派美学研究、王朝闻先生的艺术家美学,才能真正获得一种再现自身的学术语境。这些在 20 世纪一直十分低调的"声音",一直被各种主流美学话语曲解和遮蔽的"语义",一直在边缘徘徊的中国非主流美学思想,也才能真正揭开神秘的面纱。

呵,午后的意识形态,午后的美学,午后的话语,午后的阳光……

关于"非主流"的学术倾向①

劳承万

　　刘士林的"诗性文化系列"丛书，一共四大册，近 150 万字，最近（2006 年）由海南出版社隆重推出。捧着这四大册丛书，手感乎其重量，而心感乎其不凡……联想起他的学术道路，真是"杂感联翩"，很难作逻辑连续性的思考，只有不断跳跃的片段……故有此文之写作。

　　刘士林今年刚好步入"不惑"之年。何谓"不惑"？注释《论语》者有多种说法。我们暂且离开那艰难的训诂学阐释，只"望文生义"就足够了。在现当代中国，要做一个"不惑"的学者，谈何容易！君不见千百万的"知识"学者，终其一生都在为"稻粱谋"而奋斗，为职称、住房以及各色各样的"光环"，使出吃奶之力，乃至于夭折……急赶时髦，大量抄袭；即兴思维，随机理论铺天盖地而来。文化垃圾，令人目不暇接，这难道不是身陷囹圄而不知其"惑"吗？

　　庄子有言："吾生也有涯，而知也无涯。以有涯随无涯，殆已。"这是人生哲学的最佳"二值逻辑"理性，亦是可怕的"价值理性"。这里的"无

① 本文为未刊稿，系劳承万先生写给本书作者的长信，写作时间为 2006 年。

涯"之"知"，正是人类文化大智慧的延绵链条。庄生有如此之认识，只此一点，即为大哲者矣！如果以之对照当今学者所从事的"知"，那真是不可同日而语。以先天不足的有涯之血肉生命，去追逐那自我欺骗式的生产"文化垃圾"的"知"（也是一种无涯），值得吗？庄生云"知"，是人类文化大智慧之知；而当代"文化垃圾"生产者之"知"，纯是一种自我陶醉、自我欺骗之低劣的精神游戏，是掏空了本真内容，重新注入了杂质的"知"。在中国现当代学术界，我以为最大的危机（亦是最大的知识分界线）便是未对以上两种"知"作严格区分。庄子在两千多年前便已预见后世之恶劣倾向了："大知闲之，不知间间；大言炎炎，小言詹詹。"（《齐物论》）真正的学者，应该"大知——大詹"，而不能陷于"小知—小言"之域，更何况乎陷于"邪知—邪言"的泥潭中呢！

读刘士林的书，使我常想起以上所述的两种"知"。如果刘士林在深层意识中缺乏两种"知"的严酷界限，年纪轻轻能有如此学术建树吗？刘士林在反思中，也深深觉察到"野性"学术路子之危害，故早早地归依于严格的"巨人—经典"精神规范。他在穷困的生活或不得意的环境中，也要苦读康德、黑格尔、马克思，乃至海德格尔，请看他的学术简要路线图：自身生命中之强烈诗情冲动发端之后（高中与大学时代），他便急着规范这诗情之"野马"，于是沉入中国诗学以及诗性文化的远古文明智慧中；后来，在一片赶时髦的喧嚣声中，为"稻粱谋"的热恋中，虚假光环的诱惑中，他"急流勇退"，步入西方经典巨著的"冷宫"，去祈祷、读解、感悟，然后艰难地走出来，故有《文明精神结构论》《澄明美学》《苦难美学》等一系列异乎主流学术趋向的新作产生。从原始生命的诗性激情（A）至中国诗哲的审察、导范（B），再跨向西方经典巨作（C）的"反照"，此行可谓是艰难的历程。这里的 A—B—C 三点，不是一条直线，而是外向型的"螺旋上升"。如果他仅止于此，那只是学问的半吊子。最后"落叶归根",他要回到中国古老诗性文化的大智慧中,并以康德哲学与现当代西方哲学智慧的火花,来探照中国诗性文化最底层的"神秘"(D),于是,便有《中国诗性文化》(近 60 万言)的诞生,以及"江南诗性—审美"(以"江南话语"为主题的江南美学与文化系列论著)的新境界。从上面的 A—B—C,再落到 D,这是内向型的"螺旋钻探"。这种"外—内"双向的螺旋"上升—钻探"之求索,是远离当代学术主流方向的艰难历程(他不走当代学人研究中国诗学的单线路子),也是一条前途渺茫的"孤冷"之路,但他终于得意地冲了出来——满身泥巴,满身汗水。

他喜欢孔孟,但更热衷于老庄。对他来说,前者似乎是一种"硬件",后者才是"软件",前者为理性导范,后者为诗情(诗学)楷模。他要在康德哲学的"批判"意识中,把两者统一起来。这种"孔孟—老庄—先验批判"的一体化跨越工程,就是"大知—大言",区别于浅陋之辈的"小知—小言",更不是"邪知—邪言"可以同日而语的。

当今学界时有怪论说什么八十年代是汉学时代,九十年代是美学时代……还有人大言不惭地说:"我在××年代,曾提出××论,××说。"俨然以大师、圣人自况,俨然以历史裁判人的身份去画"历史漫画"。鉴于当代学术界的混乱、喧哗、狂躁,我又翻阅了班固的《汉书·艺文志》:

> 古之学者耕且养,三年而通一艺,存其大体,玩经文而已,是故用日少而畜德多,三十而五经立也。后世经传既已乖离,博学者又不思多闻阙疑之义,而务碎义逃难,便辞巧说,破坏形体;说五字之文,至于二三万言,后世弥以驰逐,故幼童而守一艺,白首而后能言;安其所习,毁所不见,终以自蔽。此学者之大患也。

　　班固所指出的正途是："存其大体""玩（味）经文""三年通一艺""三十而五经立"。而歧途——"学者之大患"则是每况愈下，其具体情形：一是后世之"博学者""不思多闻阙疑之义，而务碎义逃难，便辞巧说，破坏形体；说五字之文，至于二三万言"。二是后世接"博学者"之后遗症，在邪路上往而不返的"驰逐者"。从幼童到白首只"守一艺"，"安其所习，毁所不见，终以自蔽"。班固所讲的"正途"，当今能做到的学者，恐怕是凤毛麟角；相当多的学人，处于"歧途"上。请看当今的学术论著，"便辞巧说""说五字之文，至于二三万言"者，比比皆是（一个"后现代"的三字之文，可写出几十万字的大著来）。而"安其所习""毁所不见"者，亦不在少数。班固所云"学者之大患"，在当今学界异常应验。

　　笔者反思班固所指出的"学者之大患"，发端于思考刘士林所走的学术之路。可以说，他基本上是"赤裸裸"地走在学术的"正途"上，进行"三年而通一经"，"三十而五经立"的艰苦训练；他不求吃、不求穿，不热衷于当代的时髦娱乐与潇洒，他唯一的活力"背景"是那不甚识字的慈母与因工伤脚残的老父的崇高形象，只有"玩味经文"，"存其理之大体"才是他的"形上"乐趣，才是他的"存在"。他还具有古人称颂的"过目不忘"的"奇异功能"，诵诗如此，吟文亦然，你看他的理论型文章，写得多么漂亮——学理、性灵与诗情融合无间，行云流水。至于当代学人那种故作玄虚、扭捏作态或"东施效颦"的气质，与他无涉。当然，刘士林也走过"野性"路子（他自己在相关的文章中多次说过），但他觉醒得很快，且视之为"险途"。纵观他三百余万论著，绝无"便辞巧说，破坏形体（学理总体结构）"的毛病，更无"说五字之文，至于两三万言"的恶劣作风。总之，在我看来，刘士林所走过的学术路子，与当今"主流"性学术路子是很不一样的。

　　我们所处的时代，仅是新旧两个世纪转换的时代，是时间的一种机械运动,并非什么"转型"时代,什么"轴心"时代,更不是喊了近一个世纪的产生巨人的"文艺复兴"时代,我们唯一值得安慰的是家中多了三件东西:电脑、冰箱和电视机(变形的"船坚炮利"),与20世纪比起来,也仅是额外的"多收了三五斗"而已。我们是处在"五百年必有王者兴"的中途,或者说是马鞍型的低谷阶段。我们所从事的是两峰之间的"过渡"与"沟通"工作,前接"周公/孔孟/宋儒",后开"X或Y"的伟大工程。以自我封闭的"鼠目寸光"来观看历史、浓缩历史,多是错误的。我和刘士林君,在聊闲这些严肃得比"上帝死了"还严肃的历史课题时,不免露出伤感,露出无可奈何的"微笑"(以有涯随有涯),然而,"微笑"中的重负,与"伤感"中的求索,在他的"下意识"中也埋下了"火种"——促成他走上了"非主流"学术之路,"是故用日少而蓄德多",老老实实去充当两峰间之"铺路石"(不至于血脉中断)。想当年,我把他调来身边工作的时候,并非有什么远见和卓识,仅是出于一种被批判得发臭的"资产阶级人道主义"而已。大师的时代,总是呵护着大师的;非大师的时代,总是扼杀大师的;虚假的大师时代,总是产生着成批成批的冒牌大师的。反之亦然,呵护大师的是大师的时代;扼杀大师的是非大师时代;产生冒牌大师的是虚假的大师时代。如果我对刘士林真的有什么"影响"和"传染"的话,那就是不断地温习和牢记哥尼斯堡那位孤清老人(康德)的训词"人是这个世界的最后目的"。

在当今学界不甚"正气"的状况下,刘士林四大册"诗性文化"的出版,其意义绝不是说烂了的"开拓新领域""填补空白"等。它以自身的"群体"(四大册)力量与优势,显示了作者之功力与性灵。庄生"以有涯随无涯"的阴冷价值理性,只有在这些地方,才会绽放出强烈的光辉。刘士林步入不惑之年,也许感受不少,尽管世道沧桑,举世艰难,我想一切都不必去计较,只需论取朱子告诫自己与学人的伟大诗句"闻道无余事,翛然百虑空",便足矣! 足矣! 以佛家空灵的人类大智慧,去承担孔孟儒家的历史重任,在产生圣人、大师的马鞍型低谷阶段,去作两峰间的铺路石,这便是我们这几代或几十代学人之历史定位。只有定好了"位",才能真正做到闻道之时而百虑空,其硬功夫在"翛然"之中。

在"诗性文化"丛书出版之际,刚好又是刘士林步入不惑之年之时。作为昔年的同事与朋友,感慨良多。写了以上未经细密思考的话语,未知当否? 我们且以朱子的伟大诗句共勉吧——安闲地散步,安静地入眠,迎接那明天无限循环的壮丽日出。

人文建设在大众消费文化中突围^①

——访刘士林教授

大众消费文化是在全面败坏
我们的文化胃口

问：对当代大众文化，当代学者持有不同的态度，您似乎持的是悲观态度，不知这个判断是否正确？当代文化市场的问题的确很多，这一点也是人们一直在关注与批评的，您如何看待当代文化生产与消费的现状，您认为导致这种现状的根本原因是什么？

答：我的意思是，要把中国物质生产方式的市场化与中国精神生产的市场化区别开。前者市场化有着充足理由，这是毋庸置疑的。而至于精神生产则应另当别论，因为到目前为止，还没有办法证明经济活动的规律在精神生产领域中的合法性。更多的例子是中国文化传统在市场化过程中被扭曲、污染，以及在当代精神世界中带来的各种灾难性后果。对一个出身于中国文化背景的人文学者来说，如果对此麻木不

---

① 原载《中国教育报》，2004 年 4 月 8 日，发表时有删节。

仁，甚至"与众同乐"，是十分困难的。这也是我批评当代文化比较多且很严厉的原因。比如我批评电视文化的"形象异化"、批评《新周刊》"城市魅力排行榜"是"话语阴谋"等。

在当代文化生产与消费中，革命的话语权无疑是西方大众消费文化叙事。有人很喜欢宣扬大众消费文化对各种压抑人性的传统力量的解构作用，我不这样看。我把大众消费文化称为"两M"文化，即"麦当娜"与"麦当劳"，前者在突出性欲的同时剥夺了人类两性之间的丰富关系，而后者则是用单一的"垃圾食品"取代了异常丰富的传统饮食文化，它们分别从"食"与"色"两方面破坏了人自身的再生产。如果说理论上的讨论过于烦琐，也可以把这个话题转换为广大消费者的精神需要是否得到了真正的满足？记得周作人当年写过一篇《北京的茶食》，他说："我在北京彷徨了十年，终未曾吃到好点心。"尽管当代文化消费品在表面上丰富得过剩，但决不等于说文化消费者已经吃到了"好点心"，乃至真正满足了他们的精神需要。我对当代文化消费品也有一个比喻，就是"大棚菜"与"饲料猪"。尽管很廉价、很丰富，"想吃就吃"，但它们与人们记忆中真正的艺术享受毫无共同之处，更不用说还有大量的"注水猪肉"与"垃圾猪"之类的东西。而至于原因，我想主要有二：一是受西方大众消费文化生产模式的影响，它的根本问题是以商品原则取代了艺术自身的生产规律。二是由于中国当代精神生产群体的素质，主流是"在市场中变坏了的小农"，他们只知道坑蒙拐骗地赚钱，对西方大众消费文化不仅没有任何批判能力，而且十分乐意充当二级批发商。结果就是文化的异化，对于消费主体来说，就是主体消费得越多，他用来从事消费的文化机能就越残缺不全。他在文化消费中不是肯定自身，而是否定自身，是全面地败坏他的胃口，

以及严重磨损他从事精神创造与艺术享受的主体机能。这才是我们
要批判它的根源。

玩文化是一种致命的危险游戏

问：大众消费文化的档次不高乃至品位低俗，这是众所周知的。
一般人的态度是，大众消费文化本身只是娱乐与休闲，目的无非是在紧
张的工作之余排遣一下内心的压抑与焦虑，因而不会产生什么大不了
的后果。此外，我还注意到学术界的一种看法，就是不必对这种现状过
于担忧，它的意思是说，这些问题都是暂时的，并且会随着大众消费文
化本身的不断发展而得到解决，您觉得这种说法正确吗？为什么？

答：非但不正确，并且是当前最需要警惕与反思的。在某种意义
上，这两种看法类似，都是由于对感性活动本身认识不足而产生的。一
般人之所以觉得问题不大，或者如人文学者的掉以轻心，是因为大众消
费文化中的问题主要是感性领域的问题。根据一般人的哲学训练，感
性是理性的低级阶段，而且无论道路怎样曲折，最终都会上升到理性认
识的高级阶段。在这个高级阶段，所有的问题都会迎刃而解。这也就
是产生大众消费文化没什么大不了的态度的根源。实际情况当然不是
这样，比如现代哲学中讲的"新感性本体论"就认为，人的情绪、心理、本
能自身就具有本体论的性质，它们不是理性的初级阶段，相反是理性的
母体与根基。这些说法乍听像是故作惊人之语，其实它们是西方现代
哲人对世界、对人生的一种更深刻、更理性的思考。在给学生上课时，
我有时会讲这样一句话："西方现代哲学界那么多聪明的大脑，不是因
为吃饱了撑得慌才去研究人的情绪呀、潜意识呀、性呀，它是有清醒的
自我意识与现实需要作基础的。"如果对这些成果、这些人类的智慧不

加关注与学习,就等于丧失了一真正把握当代文化的有力思想武器。一旦把人的感性活动提高到本体论哲学的高度,这时表面上嘻嘻哈哈的大众消费文化也就不再是无足轻重的游戏。换句话说,游戏当然是可以的,但由于大众消费文化本身强烈的排他性,特别是排除了人类传统文化活动中的理性与伦理内涵,因而是一种致命的危险游戏。这也是不能对它掉以轻心的原因。

对于中华民族来说,大众消费文化的负面影响主要有二:一是它不是一般的损害脑子,而是直接损耗了这个民族在现代启蒙中好不容易积累的一点可怜的理性素质。同一种大众消费文化,对不同的消费主体的影响是完全不一样的。比方说,西方有一种"沙滩裸浴"活动。对于理性机能发达的西方人来说,这是人类亲近自然与生命的一种最自然与健康的户外活动,它类似一种没有任何利害关系的自由的游戏。然而在不具备这种理性的人眼中,它是被当作黄色图片来欣赏的。如果说前者由于排遣了生命的压抑与焦虑,使生命本身更加健康,那么对于后者来说则完全相反,它以大量的性幻想使主体心理变得更加畸形与苦闷。二是大众消费文化叙事还在深层涂改了中华民族的文化记忆。一个民族的文化记忆是这个民族再生产最深厚的土壤,是一个民族在历史中展开的文化性格与精神气质的基因库,因而应该是受到特别保护的。然而在当代大众影视那种颠倒黑白、混淆是非的"戏说"中,它早已被涂改、被"妖魔化"得面目全非了。由此产生的一个最严重的后果是抽空了新一代个体生命精神发育的中国文化背景。举一个例子,有一次本科生论文答辩,一个学生用西方精神分析理论解读《孔雀东南飞》,说刘兰芝悲剧的真正原因是婆婆对儿媳独占儿子的性嫉妒。当时我问学生:"你是不是琼瑶影视节目看多了?"如果学生对中国的历史与现实了解得更多一点,就应该知道一般中国母亲一生最大的愿望就是儿子娶一个好媳妇。这虽然只是一件小事,也能部分地透露出中国历史记忆与文化传统在当代文化叙事中的命运。所以,与一般的文化研究者不同,我有一个看法,在感性领域中出现的问题要比理性领域中麻烦、严重得多,也需要有更高的理性能力才能意识到、把握住。

人文建设关键在于让每个人
"自己思考"

问:"市场经济中的道德滑坡",在当下已成为人们越来越关注的问题,与此相应,也有人提出通过人文素质的培育与建设来解决问题的主张,您如何看待这个问题,怎样才能使目前这种状况得到有效的治理?

答:当代道德状况堪忧,这是毋庸讳言的。市场经济不仅对个体欲望以极大的刺激,而且也给这种欲望提供了体制上的保护,因而说它引发了"道德滑坡"是有充足理由的。但这只是问题的一个方面,而且只是客观方面的解释。与之相比,我更喜欢从主体方面找原因。从主体方面看,"市场经济中的道德滑坡",更直接的原因还是在于市场经济主体自身素质的低下。中国当代的市场主体大体上是"在城市中变坏了的农民"。造成这种情况的原因,一是由于市场经济的诱惑而丧失了在小农时代固有的朴素与善良,二是由于理性启蒙在现代中国未完成,因而使得主体的一切精神与实践只能完全听凭本能与利益的驱使。"坏农民"的基本特征有三:一是没有代表着理性生命尊严的思想,二是没有伦理主体应该承担的伦理职责,三是没有自由生命的情感。在三者中间,理性素质低下是最致命的,因为对一个现代人来说,无论是他要承担的伦理职责,还是一种超功利的情感体验,都离不开理性尺度的审查与评判。

至于如何改变这种状况,一般说来,不外乎两条道路:一是教化,通过灌输一种关于善与恶的知识与信念,使个体内在的伦理本性觉醒并表现出来。这也是中国传统最拿手的方式。另一条道路是启蒙个体的理性机能,在这个理性基础上建设出真正属于个体的思想、意志与情感。不管现实本身怎样复杂多变,有了这样一种理性基础,一个人就可以在真、善、美三方面作出正确的判断与选择。两条道路相比,教化方式用恩格斯的话说就是"这样的诗已经过时了",因为它与现代文明"重个体"的基本理念是背道而驰的。因而,我对当代文化建设的基本设想是"教化过后是理性",既然教化之路不通,那就只有通过启蒙每个人的理性机能,使他独立承担起属于他的职责与使命。在康德看来,理性生命的一个永恒不变的格律是"自己思考",对于现代中华民族来说,最根本的问题不是他们"不思考",而是他们不能"自己思考"。这种不能"自己思考"的主体恰是传统教化的产物,也是中华民族在现代启蒙中应该完成而未完成的工作,也是我们今天应该补的一课。由教化方式培养出来的"不能自己思考"的主体,过于脆弱,经不起现实风暴的洗礼。尽管这种主体也有思想,但由于是灌输进来的,所以在很多情况下很难把思想贯穿于实践之中。所以到底是知难行易还是行易知难? 如何才能做到知行合一? 一直是中国传统思想家最头痛的问题。而启蒙个体理性机能与此截然不同,因为在经过了理性主体的反思与抉择之后,无论是思想观念,还是伦理职责与审美趣味,都已经成为个体生命的有机部分。由于这时的主体行为是建立在理性思考基础之上的,所以才不容易因为受其他因素干扰而发生动摇。

问: 您的新作《苦难美学》很快就要问世了,据说这本书您思考、写作历时十年之久,是作为一种生命本体论提出来的,其中也涉及中华民族的当代启蒙问题,请您具体谈谈其中的内容好吗?

答:《苦难美学》的副题是《关于精神生命的本体论阐释》,它要论证的是一个人作为精神生命存在所必需的条件与原理。具体说来,我主要讨论了理性主体、伦理主体与审美主体(包括它的后现代变种即欲望主体)的再生产问题。而"教化之后是理性"的提出,正是要探索如何在伦理主体基础上开辟出一种具有现代性内涵的个体理性机能,它与中华民族的当代启蒙是密不可分的。在这个问题上,我主要提出两种批判对象,一是中国传统的伦理主体,它的最大问题是由教化而来,没有经过一种高度发展的个体理性机能的分析与审查,因而很难在当代文化的全球化风暴中站稳脚跟,作出正确的判断与选择。二是对当代大众消费文化的批判,由于大众消费文化不仅不生产个体的理性精神,相反还在剥夺着中华民族本就十分脆弱的理性基础,这正是对它要特别小心、警惕的原因。这两种批判实质上指向一个目标,就是如何通过严肃的文化批判来完成中华民族的个体精神启蒙,使主体能够获得一种真正属于自己的大脑,并在此基础上生产出属于自己的思想、情感与意志。

诗性学者的文化之旅①
——记刘士林教授

一、从青年诗人到诗性学者

刘士林教授在大学时代写诗,是知名的校园诗人,同时从事中国诗学的评论与研究。早期著作有《中国诗哲论》《语言与它的梦——诗学、美学、文化哲学论集》《文明精神结构论》。在 1999 年出版的《中国诗性文化》中,建构了具有原创性意义的"中国诗性文化"理论。

早在《中国诗哲论》中,刘士林教授就提出:中国文化的本体精神是诗,中国文化的根本秘密在于中国诗学。与西方文化精神存于西方哲学不同,中华民族的文化精神直接表现在中国古典诗学中。而这同时也意味着,中国文化的本体精神与内涵,不仅可以而且必须从这一角度才能被认识和发现。

刘教授在研究中发现,"诗"的初文为甲骨文的"寺","寺"的原始内涵从"手"、从"足",分别是古代中华民族用来分配食物与土地的度量单

① 原载《上海师大报》,2006 年 5 月 30 日。

位,所以"寺"的本义是以食物与土地分配为中心的中国上古政治体制。这也是中国古代诗歌不同于西方诗歌的审美与娱乐,表现出与现实政治、生活资料分配密切相关的现实主义特色。只是在经历了殷周、秦汉和魏晋"三变"之后,这样一种实用性很强的诗性文化,才逐渐从自身发展出审美形式与抒情意味。

"诗性文化"是一种以"诗"为本体结构转换出的文化形态。在诗性文化研究中,刘教授重点借鉴了维柯的"诗性智慧"思想与张光直的"中国青铜时代"研究,但对他们又有所发展与改造。这一理论成果在学术界已越来越受到认可。在理论意义上,它提供了一个关于中国文化的本体论结构,可以有效抵制学术研究中的"文化殖民"话语。在实践意义上,则为中国传统文化的扬弃与重建提供了一种理性的参照系。

中国诗学是刘士林教授学术研究的重要武库,其"诗性思维"也一直延伸到他的美学研究与文化研究中。

二、师承与早期训练

作为知名青年学者,刘士林教授在中国诗学、美学、当代文化研究多个方面均有独到的见解和成就,如"非主流美学""新道德主义""先验批判""学人之诗""江南美学与文化"等。这当然需要有良好的学术训练与厚实学养。从大学开始,刘士林教授就一心向学,先后师从文艺心理学家鲁枢元、康德美学专家劳承万、中国文化学者及现代学术史家刘梦溪、文艺学家曾繁仁等著名学者问学,受到了良好的现代学术训练,培养了宽阔的学术视野。

刘教授告诉记者,他的知识结构最初依托于大学时读的四部著作:王夫之的《庄子解》,马克思、恩格斯的《马克思恩格斯选集》,海德格尔的《存在与时间》及台湾版汤因比的《历史的研究》。

刘教授是 20 世纪 80 年代中期的大学生,恰逢思想解放运动。用他自己的话说,"那是一个激动人心的年代",不仅拓展了个人的学术视野,同时也在根本上改变了一个青年人的生命气质。刘教授说,阅读《庄子解》,最大的收获是了解了中华民族个体审美活动的理想与内在机制,由于直接接触古文,所以既避免了被一些流行解释误导,也是一个很好的古文献阅读训练;阅读《马克思恩格斯选集》可以使一个年轻人真正认识与理解他所生活的现实社会;阅读《存在与时间》可以使人产生一种深刻的现代个体意识;而《历史的研究》则以宏大的历史叙述真正打开一个青年人的视野与胸怀。这几种知识谱系,在一个 80 年代大学生的心中冲突、激荡、融合,成为他从事学术研究最初的主体基础。他后来的许多研究,都可以溯源至这个原型结构。如他的第一本书《中国诗哲论》,是用庄子与海德格尔解释古代诗人;《中国诗性文化》提出的"文明产生于青铜—轴心时代原始食物链中断",就有综合马克思社会研究与汤因比历史研究的意味;《苦难美学》强调审美活动的"痛苦先行"原理,也与《中国诗哲论》提出的"痛苦的智慧"等相关。

有年轻时这样的经历,刘士林教授经常对他的学生说,要读经典与原著,虽然最初有点苦,但会受用终生。

三、探究美的真谛

中国美学是一门在 20 世纪诞生的新学科,由于受"西方哲学美学"和"中国伦理美学"的双重影响,中国主流美学一直存在着两种误区:一是受西方影响混淆了"真"与"美",将"美学"研究偷换为"哲学"研究;二是受中国传统思想影响将"美"混同于"善",于是"美学"研究异化为

"伦理学"研究。在梳理与批判20世纪中国美学的基础上,刘士林教授发表了《澄明美学》,建构了不同于主流美学的"非主流美学"体系,旨在使美回归于"心灵的愉快与不愉快、生命的自由与不自由"这个本体。

刘教授的美学研究包括两大块——非主流美学和苦难美学。

非主流美学,是在对主流美学批判基础上的建设。他举了一个非常生动的例子:"在火车上看到个美丽的女子,每个人都会在当下作出'她很美'的判断,因为女子在形式上引起了我们的愉快感。但过一会儿,女子却被警察戴上了手铐,这时一般人都会改变原来的想法,觉得女子不美了。"刘教授继续说:"我们一般的美学研究也是这样来说明什么是美的。其实,它恰好说明主流美学把'善'与'美'混同起来。这里有一个偷换概念的问题,第一个判断属于审美判断,而第二个判断是伦理判断,在伦理判断中,并不是女子不美了,而是她不善、恶。非主流美学的目的,就是要在理论上讲清楚'什么是真正的美'。它所提供的美的观念与理论,对于人们从事审美教育等活动,是十分重要的。"

《苦难美学》是刘士林教授美学研究的另一重要成果。刘教授说:"这主要是把非主流美学的原理,即什么是真正的审美愉快与自由原理,运用到对后现代文化的反思与批判中,以便为当代中国文化建设、特别是审美文化建设提供一个可靠的理性基础。后现代文化,不仅反理性、反伦理,同时也是反美学的。使人不再有理性的思想能力、崇高的行为实践以及发自内心的愉快与自由体验。"《苦难美学》的核心是"新道德本体论",目的是重建理性机能以区别人与物、重建伦理机能以区别人与禽兽,以及重建审美机能以区别自由的人与异化的人。所以,有学者在《人民日报》上发表评论称《苦难美学》是"当代人的性命之学"。

四、关注都市文化

以前就曾听闻"都市文化"一词,但始终不得其解。在刘教授看来,都市文化与当代城市化的新模式相关。在当今世界中,不是"城镇化",也不是"中小城市化",而是以建设"国际化大都市"或"世界级都市群"为发展目标的"都市化进程",才构成了当代人最重要的生存与发展背景。这是在城市化水平并不算高的当代中国研究都市文化的根本原因。

刘士林教授说,孙逊先生最先在学科建设意义上将"都市文化研究"界定为一门"世界性的前沿学科",以世界性的眼光关注中国的城市化进程,对于中国社会的可持续与良性发展,具有重要意义。

都市文化研究在国外早有历史,在国内仅是一个刚刚起步的新学科。上海师范大学在这个方面走在了前列,目前已建有教育部人文社会科学重点研究基地、上海高校都市文化E-研究院、上海市重点学科、自主设置的"都市文化学"二级学科博士点、都市文化研究创新团队,共五个平台。刘士林教授对记者说:"我有幸加入这个行列,感到研究的责任重大,我们面对的不仅是上海一个城市,因为上海今天的社会与文化问题,也是其他城市明天或后天的问题。为这些城市的发展提供一些有益的帮助,是我们最大的光荣与梦想。"

最后,刘士林教授向记者简要介绍了"都市文化研究创新团队"的一些情况。创新团队在研究方向上分"基础研究"与"应用研究"。在"基础研究"方面,下设"都市文化原理""近代传媒与都市变迁""西方城市理论与城市史"三个方向,涵盖了基础理论、历史研究及西方理论资源,构成了一个相对完整的体系,对于解决中国都市文化研究基本理论匮乏、文献材料相对不足、研究水平相对较低等问题,具有重要的意义。
在"应用研究"方面,以"基础研究"所取得的成果为基础,以创新团队为
主体,适当吸收国内外其他相关学科的专家、学者组成课题组,以"长江
三角洲世界第六大都市群建设的可行性研究""上海率先建设'艺术之
城'的可行性研究""城市文化竞争力指标体系研究"为抓手,努力提升
都市文化研究的社会服务水平。

　　他说,创新团队的总体建设目标是,以创建有中国特色的都市文化
基础理论与学科体系为中心,立足中国城市发展的历史与现状,通过吸
收当代国际都市文化的先进知识与技术手段,实现理论创新与学科建
设的前沿性,推出一批体现上海师范大学文科综合竞争力的标志性科
研成果,培养出一支可以体现上海师范大学"应用文科"最高水准,在国
内具有领先水平、可与国际都市文化研究进行平等交流与对话,为上海
建设"国际化大都市"及长江三角洲"世界第六大都市群"提供都市文化
基本理论与应用研究的高层次人才队伍。

　　我们真诚地祝愿刘士林教授和他带领的创新团队早日实现他们的
理想。